高等职业技术院校汽车类专业教材

汽车配件销售实务

（第二版）

人力资源社会保障部教材办公室　组织编写

主　编　夏志华

中国劳动社会保障出版社

简介

本书主要内容包括汽车配件行业经营管理概述、汽车配件市场销售业务、汽车配件购进业务、汽车配件仓储管理、汽车配件物流管理与电子商务等。

本书由长春工业大学人文信息学院夏志华担任主编，长春汽车工业高等专科学校牟琼坤和吉林交通职业技术学院刘涧秋、宋晓担任副主编，吉林交通职业技术学院丛元英、姜伟、高伟参与编写。其中，夏志华编写了模块一（任务 1 和任务 2），牟琼坤编写了模块二（任务 2、任务 3 和任务 4）和模块五，刘涧秋编写了模块二（任务 1、任务 5 和任务 6），宋晓编写了模块四，丛元英编写了模块一（任务 3），姜伟编写了模块三（任务 1 和任务 2），高伟编写了模块三（任务 3 和任务 4）。

图书在版编目（CIP）数据

汽车配件销售实务 / 人力资源社会保障部教材办公室组织编写；夏志华主编 .-- 2 版 .-- 北京：中国劳动社会保障出版社，2021

高等职业技术院校汽车类专业教材

ISBN 978-7-5167-4897-8

Ⅰ. ①汽…　Ⅱ. ①人…　②夏…　Ⅲ. ①汽车－配件－销售管理－高等职业教育－教材
Ⅳ. ①F766

中国版本图书馆 CIP 数据核字（2021）第 161206 号

中国劳动社会保障出版社出版发行

（北京市惠新东街 1 号　邮政编码：100029）

*

北京市白帆印务有限公司印刷装订　　新华书店经销

787 毫米 ×1092 毫米　16 开本　15.75 印张　274 千字

2021 年 11 月第 2 版　　2025 年 6 月第 3 次印刷

定价：35.00 元

读者服务部电话：（010）64929211/84209101/64921644

营销中心电话：（010）64962347

出版社网址：http://www.class.com.cn

http://jg.class.com.cn

前　言

为了更好地适应全国高等职业技术院校汽车类专业的教学要求，全面提升教学质量，人力资源社会保障部教材办公室组织有关学校的骨干教师和行业、企业专家，在充分调研企业生产和学校教学情况、广泛听取教师对现有教材反馈意见的基础上，吸收和借鉴各地高等职业技术院校教学改革的成功经验，对现有全国高等职业技术院校汽车类专业教材进行了修订（新编）。

本次教材修订（新编）工作的重点主要体现在以下几个方面：

第一，合理更新教材内容。

根据企业岗位和教学实践的需求变化，确定学生应具备的能力与知识结构，调整部分教材内容，使知识点与技能点的深度、难度、广度与实际需求相匹配；根据相关专业领域的最新发展，淘汰陈旧过时的内容，补充新知识、新技术、新设备、新材料方面的内容；根据最新的国家技术标准编写教材内容，保证教材的科学性和规范性。

第二，加强实践技能的培养。

根据就业岗位对技能型人才所需能力的要求，进一步加强实践性教学内容，采用理论知识与技能训练一体化的编写模式，以体现“做中学”“学中做”的教学理念。

第三，精心设计教材形式。

在教材的呈现形式上，尽可能使用图片、实物照片和表格等将知识点生动地展示出来，力求让学生更直观地理解和掌握所学内容。

第四，提供全方位的教学服务。

本套教材配有习题册、电子课件、习题册答案和二维码微视频，电子课件和习题册答案可通过中国技工教育网（http://jg.class.com.cn）下载。

本次教材的修订（新编）工作得到了辽宁、吉林、江苏、山东、河南、广东等省人力资源社会保障厅及有关学校的大力支持，在此我们表示诚挚的谢意。

人力资源社会保障部教材办公室

2021 年 3 月

目 录

CONTENTS

模块四 | 汽车配件仓储管理

模块五 | 汽车配件物流管理与电子商务

模块一

汽车配件行业经营管理概述

任务1 国内汽车配件行业经营现状

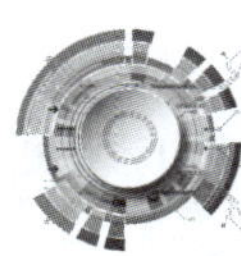

任务目标

- 了解国内汽车及零部件行业现状。
- 了解并掌握互联网时代对汽车零部件行业的影响。
- 能够分析国内汽车配件行业经营现状。

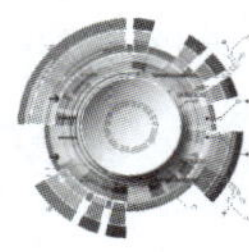

任务引入

王涛大学毕业后，在某市鑫泽汽车配件有限公司担任销售员，该公司主要经营速腾、迈腾、大众CC、宝来等品牌汽车配件。由于目前宏观环境对汽车配件市场的影响很大，产品的销售情况起伏不定，王涛所在公司的经理为企业的经营情况殚精竭虑。作为企业经营者，把握汽车零部件行业经营现状是非常重要的。

如果你是汽车配件销售员王涛，应该怎样了解国内汽车配件行业经营现状，为领导出谋划策呢？

任务分析

信息化与工业化高度融合时代的加速到来，为我国传统零部件制造企业带来了前所未有的机遇和挑战。面对“互联网 +”时代的到来，传统企业要积极推动自身转型，重构经营体系，以积极开放的思维迎接互联网时代。

国内汽车及零部件行业经营现状是汽车配件从业人员需要了解的最基本的内容，除此之外，还需要了解国内汽车及零部件行业的发展趋势，分析“互联网 +”时代对汽车零部件行业的影响。

相关知识

一、国内汽车及零部件行业现状

随着全球汽车产业的不断发展，汽车零部件行业的规模也越来越大。一些国际知名的汽车零部件企业具备强大的研发能力和雄厚的资金实力，能够引导世界零部件行业甚至整车行业的发展方向。

1. 汽车行业发展现状

进入 21 世纪后，中国汽车行业开始飞速发展，2003 年国内汽车产量同比增速达到 50.4%，2006 年销量同比增速达到 81.6%。2008 年金融危机以后，全球汽车产业格局发生深刻变化，全球汽车市场重心由欧美转移至亚洲，以中国为代表的新兴市场迅速崛起。2009 年我国汽车产销量分别为 1 379.10 万辆和 1 364.48 万辆，一举超越美国，成为世界第一大汽车市场。

2017 年，我国汽车产销量达到峰值，其中全年产量为 2 901.58 万辆，销量为 2 888.85 万辆。随后连续两年出现下滑，2019 年，我国汽车产量为 2 572.07 万辆，同比下降 7.51%，销量为 2 576.87 万辆，同比下降 8.23%。2019 年，我国汽车产销量占全球汽车产销量比重约为28%，仍是全球第一大汽车市场。截至2019年，我国汽车产销量已连续十一年蝉联全球第一。图1-1-1所示为2003—2019年中国汽车产销量走势。

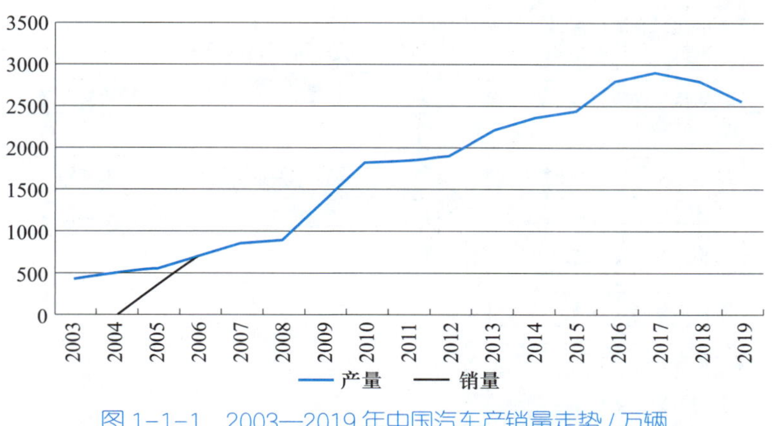

图1-1-1 2003—2019年中国汽车产销量走势/万辆

2020年，新冠疫情在全球范围内快速蔓延，抗击疫情已经成为各国需要共同面对的考验。随着国内新冠疫情得到有效控制，在国家一系列利好政策的支持下，国内汽车市场加速回暖，正在成为拉动全球汽车产业的主要引擎。中国汽车工业协会最新统计数据显示，2020年6月，我国汽车产销量分别为232.5万辆和230万辆，环比增长6.3%和4.8%，同比增长22.5%和11.6%，连续三个月实现正增长。中国汽车流通协会发布的报告显示，2020年7月高端车市场依旧保持良好的增长态势，预计还会有30%左右的增速。

2. 汽车零部件行业发展现状

汽车零部件是汽车工业的组成部分，也是汽车工业发展最为重要的基础。目前，我国基本建立了较为完善的零部件配套供应体系和零部件售后服务体系，为汽车工业发展提供了强大支持。

（1）汽车零部件产业

汽车零部件产业处于整个汽车产业链的中游，其上游产业为钢铁、橡胶、塑料等，下游则为整车厂商及其零部件配套供应商。汽车产业链如图1-1-2所示。

汽车零部件产品主要分类及代表零件见表1-1-1。

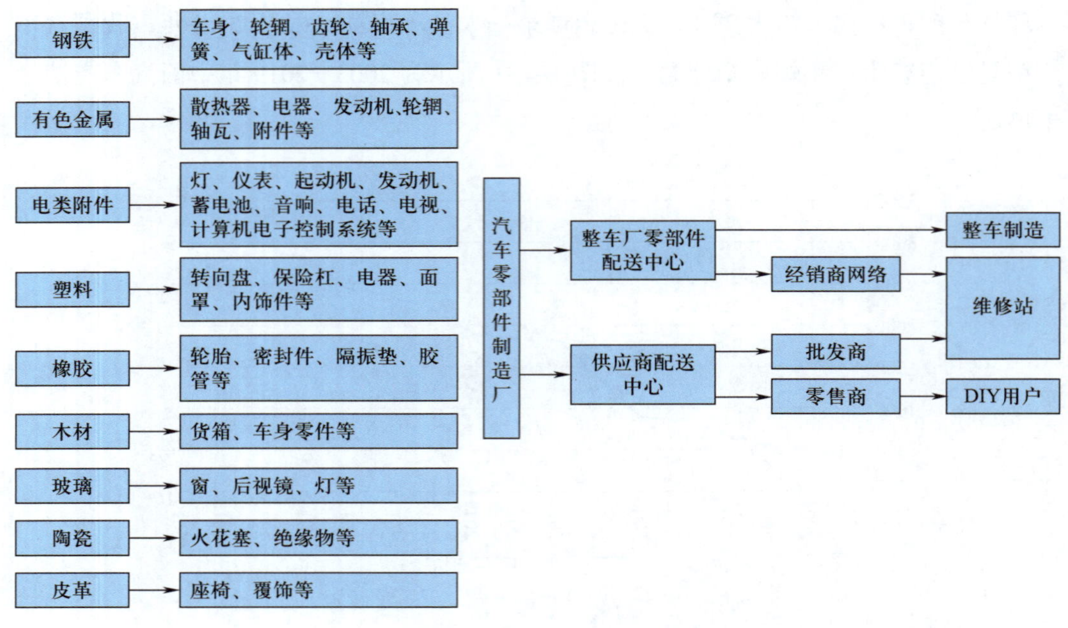

图 1-1-2　汽车产业链

表 1-1-1　汽车零部件产品主要分类及代表零件

分类	零部件
发动机系零部件	节气门体、发动机、发动机总成、油泵、油嘴、张紧轮、气缸体、轴瓦、水泵、燃油喷射器、密封垫、凸轮轴、气门、曲轴、连杆总成、活塞、传动带、消声器、化油器、油箱、水箱、风扇、油封、散热器、滤清器等
传动系零部件	变速器、变速杆总成、减速器、离合器、磁性材料、电子元器件、离合器盘、万向节、万向滚珠、万向球、球笼、分动器、取力器、同步器、差速器、差速器壳、行星齿轮、轮架、齿轮箱、中间轴、齿轮、挡杆拨叉、传动轴总成、传动轴凸缘、同步器环等
制动系零部件	制动蹄、制动片、制动盘、制动鼓、压缩机、制动器总成、制动总泵、制动分泵、ABS-ECU 控制器、电动液压泵、制动凸轮轴、制动滚轮、制动蹄销、制动调整臂、制动室、真空加力器、驻车制动总成、驻车制动器总成、驻车制动器操纵杆总成等
转向系零部件	主销、转向器、转向节、球头销等
行驶系零部件	后桥、空气悬架系统、平衡块、钢板、轮胎、钢板弹簧、半轴、减振器、钢圈总成、半轴螺栓、桥壳、车架总成、轮台、前桥等
汽车灯具	装饰灯、前照灯、探照灯、顶灯、雾灯、仪表灯、制动灯、尾灯、转向灯、应急灯等

续表

分类	零部件
电器仪表系零部件	传感器、汽车灯具、蜂鸣器、火花塞、蓄电池、线束、继电器、音响、报警器、调节器、分电器、起动机、单向器、汽车仪表、开关、熔丝、玻璃升降器、发电机、点火线圈、点火器等
汽车改装	轮胎打气泵、汽车顶架、汽车顶箱、排气管、节油器、天窗、隔音材料、保险杠、定风翼、挡泥板等

《中国汽车报》发布了“2020 年全球汽车零部件企业百强榜”和“2020 年中国汽车零部件企业百强榜”，两份榜单以 2019 年汽车零部件企业业务营业收入为唯一评价依据。其中博世公司以 3 673.29 亿元的收入荣登全球汽车零部件企业百强榜榜首，潍柴集团以 2 164.67 亿元的收入荣登中国汽车零部件企业百强榜榜首。2020 年全球汽车零部件企业百强榜前十名见表 1–1–2。

表 1–1–2　2020 年全球汽车零部件企业百强榜前十名

序号	企业名称	所在地区	2019 年零部件业务收入 / 亿元
1	博世（Bosch）	德国	3 673.29
2	大陆（Continental）	德国	3 476.18
3	电装公司（Denso）	日本	3 384.68
4	麦格纳（Magna）	加拿大	2 748.59
5	采埃孚（ZF Friedrichshafen）	德国	2 625.74
6	爱信精机（Aisin）	日本	2 501.9
7	现代摩比斯（Hyundai Mobis）	韩国	2 296.04
8	潍柴集团（Weichai Group）	中国	2 164.67
9	普利司通（Bridgestone）	日本	1 893.71
10	米其林（Michelin）	法国	1 886.2

在2020年中国汽车零部件企业百强榜中，突破千亿元收入的企业仅有2家，分别是潍柴控股集团有限公司和华域汽车系统股份有限公司。2020年中国汽车零部件企业百强榜前十名见表1-1-3。

表1-1-3　2020年中国汽车零部件企业百强榜前十名

序号	企业名称	2019年零部件业务收入/亿元
1	潍柴控股集团有限公司	2 164.67
2	华域汽车系统股份有限公司	1 440.23
3	北京海纳川汽车部件股份有限公司	653.06
4	宁波均胜电子股份有限公司	617
5	宁德时代新能源科技股份有限公司	457.88
6	中国航空汽车系统控股有限公司	355
7	广州汽车集团零部件有限公司	319
8	广西玉柴机器集团有限公司	294.9
9	中策橡胶集团有限公司	276
10	中信戴卡股份有限公司	265.75

（2）汽车零部件的六个成长方向

随着科学技术的进步和社会需求的日益变化，我国汽车零部件的成长方向也在不断改变，可以总结为以下六个方面。

1）进口替代

汽车零部件自主化水平不高，具备较大的成长空间。截至2019年，我国汽车产销量已连续十一年蝉联全球第一，是全球最大的汽车市场，然而我国却没有能够与之相匹配的大型国产汽车零部件企业。据中华人民共和国商务部统计，我国汽车零部件行业外资/合资厂商数量仅占总厂商的20%，而营业收入却占全行业的80%左右。尤其在汽车电子和发动机关键零部件等高科技含量领域，外资市场份额高达90%。

近年来，我国自主零部件供应商加大研发力度，经过多年的发展，自主零部件与外资/合资零部件的技术差距已逐渐缩小。随着自主零部件性价比高、反应速度快等优势不断突出，自主零部件供应商对合资品牌主机厂供应链的渗透率逐渐增强，会进一步加速零部件进口替代。

2）产品升级

汽车零部件产品升级主要包括三个方面的驱动因素：消费者对于汽车除交通工具属性之外的其他功能属性的需求越来越多；主机厂力图通过产品差异化为用户带来更佳的体验；近年来电子及芯片技术、互联网技术等快速发展并陆续投入到汽车产品中使用。三个驱动因素的合力共同推动了汽车零部件产品升级。

3）电动化

2011—2018 年，我国新能源汽车产销量逐年增长，2018 年新能源汽车产销量分别为 127.15 万辆和 125.62 万辆。2019 年，受宏观经济压力较大、国五标准燃油车降价挤出效应、相关政策支持退坡等因素影响，我国新能源汽车产销量出现下滑，但全年产销量均超过 120 万辆，保持全球领先地位，新能源汽车长期向好的发展态势仍未改变。

汽车电动化对汽车零部件行业的影响较大，一方面传统动力系统零部件的销售情况将受到冲击，主要包括发动机、涡轮增压器、变速器、燃油系统、排气系统、油箱系统等；另一方面对新能源汽车“三电”系统及热管理系统的需求将增加。

4）智能化

在智能汽车产业链中，高级驾驶辅助系统（ADAS）位于最前端，是汽车厂商进入智能驾驶领域的主要方式之一，市场前景广阔。ADAS 主要包括传感器感知层面、识别及算法决策层面和操控系统执行层面等，涉及环境感知、图像识别、编程算法、路径优化、人机互联等领域。ADAS 的功能基本可以分为三类，分别为主动控制类（ACC/AEB/LKS 等）、预警类（FCW/LDW/PCW 等）和其他辅助性功能（BSD/ADB/ 全景泊车等）。从全球范围来看，目前 ADAS 的主要功能模块在新车市场上的渗透率平均不足 10%，在国内的渗透率不足 5%，未来发展空间巨大。

国家发改委于 2018 年初公布《智能汽车创新发展战略（征求意见稿）》，提出到 2020 年我国智能汽车新车占比将达到 50%，由此预计未来数年 ADAS 在新车中的搭载率将呈快速上升趋势。随着车厂不断导入 ADAS 功能，同时叠加政府政策的助推，ADAS 市场将加速成长。

5）轻量化

目前，世界范围内汽车排放相关法规日趋严格，对汽车油耗标准的要求越来越高。

根据国务院颁布的《节能与新能源汽车产业发展规划（2012—2020 年）》，2020 年我国乘用车平均燃料消耗量要求降至 5.0 L/100 km。另外，《中国制造 2025》中提出到 2025 年我国乘用车平均燃料消耗量要求降至 4.0 L/100 km。

单纯通过改进发动机、变速器以及改善车身空气动力学性能等技术手段很难将油耗降低至目标值，而汽车轻量化是降低汽车油耗的重要途径之一。汽车轻量化是指在保证汽车结构安全性的前提下，通过使用高强度钢、铝合金、复合材料等，尽量减小汽车的整备质量，提高车辆动力性，进而实现车辆的节能减排。通常来讲，汽车整车质量降低 10%，燃油效率可提高 6% ~ 8%；整车质量每减少 100 kg，油耗可降低约 0.3 ~ 0.6 L/100 km，CO_2 排放可减少约 5 g/100 km。

6）环保升级

随着国六排放标准的到来，汽车环保将再度升级。相比国五标准，国六标准增加了若干试验项目，测试工况更为复杂，并且缩减了污染物排放限值，其严格程度大幅提升。

国六标准带来的汽车产业链变化，一方面是汽车尾气检测服务相关企业将受益，如中国汽研；另一方面是严格的国六标准将促进发动机技术和尾气处理技术的升级。

二、互联网时代对汽车零部件行业的影响

互联网大潮的来袭，导致大批互联网企业进军汽车后市场，汽车服务也逐步互联网化，汽配企业要在“互联网 + 汽配”模式下发挥价值，就必须了解互联网时代对汽车零部件的影响。

1.“互联网 +”的含义

“互联网 +”代表一种新的经济形态，即充分发挥互联网在生产要素配置中的优化和集成作用，将互联网的创新成果深度融合于经济社会各领域之中，提升实体经济的创新力和生产力，形成更广泛的以互联网为基础设施和实现工具的经济发展新形态。

2.“互联网 +”战略下的创新商业模式

“互联网 +”或互联网化创造了一个新的业态，它不是传统业态和互联网的简单叠加，而是颠覆传统的商业模式，重构整个商业价值链。

互联网发展至今，已经形成了不少全新的商业模式，比较典型的商业模式有：以微信为代表的社交叠加商业模式、以阿里巴巴电子商务为代表的平台商业模式、以余

额宝为代表的跨界商业模式、以 360 安全卫士为代表的免费商业模式和以上品折扣为代表的 O2O 商业模式。

3. “汽车零部件 + 互联网”的五种模式

很多汽车零部件企业都在积极探索，希望通过互联网来实现传统企业的转型。目前，“汽车零部件 + 互联网”主要有五种模式。

（1）积极投资入股，布局车联网

代表企业为浙江亚太机电股份有限公司（简称“亚太股份”）。围绕“打造智能汽车生态园”的目标，亚太股份以基础制动及电子辅助制动领域的研发经验为基础，结合汽车智能化、电动化的未来发展趋势，通过对钛马信息股权的投资，加快环境感知、主动安全控制、移动互联等智能驾驶领域的布局，向车联网技术延伸。

（2）构建电子商务平台，进行零部件产品销售和服务

代表企业为风神轮胎股份有限公司。在“互联网 +”思维浪潮下，零部件企业的网络销售模式主要有两种：一种是企业自身搭建电子商务平台，另一种是依托第三方平台开设官方旗舰店。风神轮胎股份有限公司不仅在天猫与京东开设了官方旗舰店，还在微信开设了微商城。线下则创立了支持线上销售的售后服务品牌——爱路驰，消费者在线上购买轮胎，可以选择在就近的线下门店享受后期服务。

（3）设立“互联网 +”基金，寻求投资并购机会

代表企业为安徽中鼎密封件股份有限公司（简称“中鼎股份”）。该公司参与发起设立的田仆中鼎“互联网 +”基金将聚焦汽车后市场 O2O 服务和消费产品、消费服务，帮助互联网技术等领域进行投资并购，为中鼎股份在互联网领域进行业务拓展和做大做强汽车后市场业务服务。

（4）与互联网公司合作，植入互联网因子

代表企业为德尔福公司。德尔福公司通过与百度合作将“Car-life”整合到下一代车载互联信息娱乐平台中，包括 Carplay、Android Auto、Mirror Link 等多种最新的车载互联技术，并且可升级、可扩展，可与更多车载互联平台进行整合，同时能帮助驾车者将车载系统与任何类型的移动设备在任何时间和任何地点无缝连接，实时共享导航、媒体、文本、电话等各种功能。

（5）投资建立网站平台，提供先进技术服务

代表企业为天津天海同步集团有限公司。阿基米德先进技术网是天津天海同步集团有限公司投资设立的互联网创新技术服务平台，它围绕先进技术，通过先进技术包、先进技术服务系统等核心产品和服务，运用全景图和大数据，源源不断地为中国汽车零部件等行业输送欧美先进技术、专利成果和专业人才，为加快中国汽车零部件等行业的企业转型升级提供创新方案。

三、国内汽车配件行业经营现状

当前我国汽车配件市场存在许多问题，主要有以下几个方面：

1. 配件市场管理混乱

目前，国内汽车配件市场管理比较混乱。有些经销商为了获得更大的市场，使用非法手段去赢得客户，如恶意降价、出售伪劣产品等。

2. 配件质量参差不齐

我国汽车配件的质量参差不齐，有些甚至在安装之前就已经出现了严重的质量问题。当前市场上流通的汽车配件既有原厂件，又有国内合资厂产品和无证无照的小作坊产品，这些产品看似相差不多，实则质量参差不齐，购买劣质汽车配件会给人身安全带来巨大威胁。

3. 流通环节过多

流通环节过多直接导致汽车配件的销售价格偏高。例如，某进口配件的流通，首先要从国外的汽车配件生产商经过国外的4S店，到国外的汽车配件经销商，再经过国内的汽车配件经销商，最后才到达客户手中。要解决流通环节过多的问题，应从两个方面入手，一是尽量缩短销售渠道，二是尽量实现进口车型配件国产化。

4. 售后服务质量有待提高

大部分汽车配件经销商单方面注重配件的销售量，很少重视售后服务，这与从业人员的素质有关。提高汽车配件销售量不能仅通过降低价格来实现，更应该提高其售后服务质量。

5. 从业人员专业水平偏低

目前，相当多的汽配行业从业人员文化程度偏低，专业知识不足，没有经过专业

培训就上岗工作，严重影响汽配市场从业人员的整体素质。从业人员的素质影响门店销售量和客户满意度，汽车配件经销商应重视引进专业配件管理人员，这将成为汽配市场经销商们在竞争中得以生存和发展的前提。

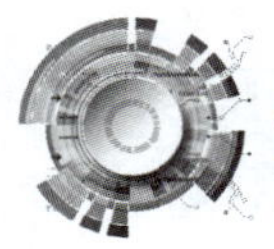

任务实施

通过相关知识的学习，了解了国内汽车及零部件行业现状、互联网时代对汽车零部件行业的影响以及国内汽车配件行业经营现状，接下来需要完成“任务引入”中提出的任务。

一、了解国内汽车零部件行业现状

王涛担任汽车配件销售员的工作，需要了解国内汽车零部件行业的现状，他可以通过网络资讯平台等渠道查询公司所经营的一汽大众汽车产品的生产、销售等情况，从宏观角度了解行业的发展动态。

二、了解并掌握“互联网＋汽配”模式

随着信息技术的发展，汽车网络营销平台越来越完善，与传统的分销模式相比，汽车网络营销具有很大的优势。王涛所在的鑫泽汽车配件有限公司应该与时俱进，在“互联网＋”思维的浪潮下，正确运用汽车零部件企业的网络销售模式，做好销售服务工作。

三、了解国内汽车配件行业经营现状

鑫泽汽车配件有限公司作为汽车配件经销商，应当增强自律意识，避免恶意降价、出售伪劣产品等违法行为；同时，加大从业人员技术水平和职业素质的培养力度，重视售后服务，这样才能在竞争中得以生存和发展。

思考题

1. 汽车零部件的六个成长方向是什么？
2. “汽车零部件＋互联网”的主要模式有哪些？

任务 2　汽车零部件行业发展趋势分析

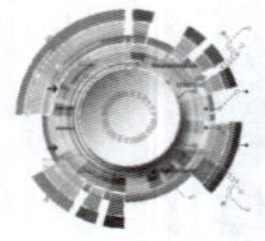

任务目标

- 能对汽车零部件行业的发展趋势进行分析。
- 理解汽车零部件制造行业的相关政策。

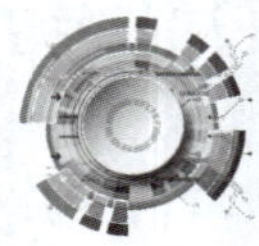

任务引入

李明大学毕业后一直在汽车零部件行业工作，在该行业已经摸爬滚打了十多年，并且成为一家上市公司的高管。他所在的公司成功地规避了 2020 年初新冠疫情的影响，之后的销售业绩不断攀升，成为汽车零部件行业的龙头企业。李明所在公司的成功得益于对市场的把握、对政策的理解以及对行业发展趋势的分析。

如果你是汽车配件从业人员李明，应该怎样分析汽车零部件行业的发展趋势，为企业领航呢？

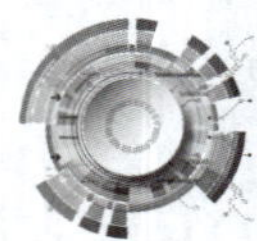

任务分析

持续增长的汽车产销量为汽车零部件行业带来了巨大的内需市场潜能，与整车市场相比，汽车零部件市场更具有成长性，国内整车生产配套需求、售后维修市场需求以及出口市场需求将成为推动零部件行业发展的三大市场驱动因素。汽车零部件行业的发展趋势和汽车零部件制造行业的相关政策是汽车配件从业人员需要长期关注的重要内容。

相关知识

一、汽车零部件行业的发展趋势

已有百年历史的全球汽车产业，正处于各种技术和创新应用层出不穷的大变革时期，新能源、智能互联和自动驾驶已经成为汽车行业未来发展的主要趋势。全球汽车行业正在发生全方位的变革与创新，迎来前所未有的机遇和挑战，而组成汽车的各个零部件则是引领其变革与创新的基础载体。汽车零部件行业主要呈现出四大发展趋势。

1. 采购全球化

在全球一体化背景下，面对日益激烈的竞争，世界各大汽车公司为了降低成本，在扩大生产规模的同时逐渐减少汽车零部件的自制率，采用零部件全球采购策略。同时，国际零部件供应商为了获取更大利益，减少甚至停止其部分不占竞争优势产品的生产，转而在全球采购比较具有优势的产品。

2. 系统配套、模块化供应逐渐兴起

日益激烈的市场竞争迫使整车厂商从采购单个零部件转变为采购整个系统。这一转变不仅有利于整车厂商充分利用零部件企业的专业优势，而且简化了产品配套流程，缩短了新产品开发周期。由于系统供应商日益深入地参与整车厂商新产品的研发、设计和生产过程，其技术和经济实力也逐步强大。系统配套催生了零部件企业的模块化供应，在模块化供应中，零部件企业承担起更多的新产品、新技术开发工作，整车厂商在产品及技术上越来越依赖零部件企业，零部件企业在汽车产业中的地位越来越重要。

3. 产业转移速度加快

欧美、日本等发达国家的劳动力成本较高，导致这些国家生产的汽车零部件产品缺乏成本优势。为应对市场竞争，上述国家的大型汽车零部件企业加快了产业转移速度，不但向劳动力成本较低的国家和地区大规模转移生产制造环节，而且将转移范围逐渐扩大到了研发、设计、采购、销售和售后服务等环节，转移的规模越来越大，层次越来越高。中国、印度等劳动力资源丰富、劳动成本较低、劳动力素质不断提高的国家成为吸引全球汽车零部件产业转移的主要目的地。

4. 优势企业市场份额渐趋集中

在专业化分工日趋细致的背景下，整车厂商由传统的纵向经营、追求大而全的生产模式向精简机构、以开发整车项目为主的专业化生产模式转变，行业内形成了一级零部件供应商、二级零部件供应商、三级零部件供应商等多层级分工的金字塔结构。一般来说，层级越低，该层级的供应商数量越多。而当前零部件生产企业的大型集团化，导致一级零部件供应商的数量不断减少，汽车行业日益形成了少数零部件企业垄断某个零部件的生产，而提供给多家整车厂商的结构。

二、汽车零部件制造行业相关政策汇总

由于每辆汽车需要的零部件多达上万个，而这些零部件又涉及不同的行业和领域，因此，它们在技术标准、生产方式等方面存在较大的差距。但无论对于哪一个产业，国家政策均是引领产业发展的风向标，政策引导着产业结构调整，改变行业产品格局，是包括零部件企业在内的所有企业的关注焦点。目前，国家对汽车零部件制造行业还缺少统一的法律规范和相关政策，关于汽车零部件制造行业的相关政策主要分布于其他相关产业的政策中。2015 年，国家层面的汽车零部件领域相关方针政策见表 1–2–1。

表 1–2–1　　2015 年国家层面的汽车零部件领域相关方针政策

颁布时间	部门	政策
2015 年 1 月	工业和信息化部	《轮胎生产企业公告管理暂行办法》
2015 年 3 月	工业和信息化部	《汽车动力蓄电池行业规范条件》
2015 年 5 月	国务院	《中国制造 2025》
2015 年 6 月	工业和信息化部	《汽车有害物质和可回收利用率管理要求》
2015 年 9 月	原国家质检总局	儿童安全座椅“3C”认证
2015 年 9 月	国家发展和改革委员会、工业和信息化部	《电动汽车动力蓄电池回收利用技术政策（2015 年版）》征求意见稿
2015 年 9 月	国家标准化管理委员会	《汽车零部件的统一编码与标识》（GB/T 32007—2015）
2015 年 9 月	交通运输部、环境保护部、商务部、国家工商行政管理总局等八部门	《汽车维修技术信息公开实施管理办法》

续表

颁布时间	部门	政策
2015年10月	国家质量监督检验检疫总局、国家标准化管理委员会	八项轮胎相关国家标准
2015年11月	工业和信息化部	《锂离子电池行业管理办法》
2015年11月	工业和信息化部	《内燃机行业规范条件》
2015年11月	国家质量监督检验检疫总局	《缺陷汽车产品召回管理条例实施办法》
2015年12月	工业和信息化部	《铅蓄电池行业规范条件（2015年本）》和《铅蓄电池行业规范公告管理暂行办法（2015年本）》

随着国家层面汽车零部件领域相关政策的不断出台，与之相配套的地方政策也在不断推出。2015年的相关地方政策动态主要有江苏省强制安装北斗兼容车载终端、北京市拟要求新出租车配置智能终端等运营设备、四川省规范轮胎翻新行业发展、山东省明确轮胎等工业转型路径、天津市机动车实施国五排放标准、南宁市汽车维修标准执行新国标等。

任务实施

通过相关知识的学习，了解了汽车零部件行业的发展趋势和汽车零部件制造行业的相关政策，接下来完成“任务引入”中提出的任务。

一、分析汽车零部件行业的发展趋势

李明所在公司的成功得益于对行业发展趋势的分析。该汽车配件企业在全球汽车电动化的浪潮中，积极布局汽车电子产品市场，为电子水泵的发展提供电控、电机方面的技术支撑，增强了公司电子水泵产品的技术实力。据了解，该公司的汽车电子水泵产品市场占有率位居行业前三，现已有数十家新能源汽车厂商客户，覆盖了绝大多数新能源汽车电子水泵市场。

二、对汽车零部件制造行业相关政策的理解

2020 年 7 月，随着我国经济运行总体态势继续向好，在各项促消费政策的带动下，汽车产销延续了第二季度以来的回暖势头。

当前国内疫情影响逐渐减弱，各地基建工程项目陆续启动，各项消费促进政策逐渐出台，为汽车消费市场特别是汽车零部件市场产销量的增长提供了较大助力。李明所在的公司正是抓住了政策机遇，将经营范围合理扩大，同时加强新产品推广并持续提升服务体验，使企业的销售业绩不断攀升，成为汽车零部件行业的龙头企业。

思考题

1. 汽车零部件行业主要呈现出哪些发展趋势？
2. 列举三项汽车零部件领域的相关政策，并说明关注国家政策的意义是什么？

任务 3　汽车配件的认知

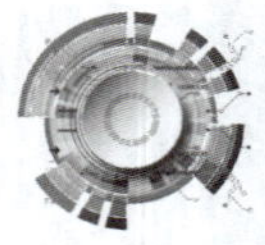

任务目标

- 了解汽车配件的含义及其分类方法。
- 了解汽车维修中需要更换的易损汽车配件。
- 能根据编码识别汽车配件。

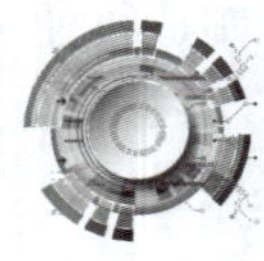

任务引入

最近，学校安排即将毕业的学生去华阳 4S 店的配件部门进行顶岗实习。第一天到店，配件经理李想安排他们熟悉配件仓库的情况。来到存放配件的地方，李经理告诉同学们：“这里的配件有三百多种。”同学们感到十分困惑，配件这么多，怎么找得着啊？有同学问：“李经理，它们是不是应该有标志或者编码啊？”李经理说：“是的，我们有一套配件的编码规则，配件编码可以使我们更好地区分配件类型。”听了李经理

的话，同学们不禁想到："汽车零部件的编码规则是什么呢？汽车维修中需要更换的易损汽车配件有哪些？"

本任务要求掌握汽车配件的含义及其类别，了解汽车维修中需要更换的易损汽车配件，并能根据汽车配件的编码识别配件。

任务分析

汽车配件既具有商品的一般属性，也有一些自身的特点，即品种繁多，代用性复杂，识别体系复杂，价格变动快等。配件查询是汽车配件管理人员的一项基本工作，快速、准确地查询到所需配件的信息是进行配件订货、仓库管理的基础。

相关知识

一、汽车配件及其类别

1. 汽车配件的概念

汽车配件有狭义和广义之分。狭义的汽车配件是从产品角度来说的，凡构成整车的系统组件、系统、总成、部件、零件及其他相关件均称为汽车配件，如发动机配件、传动系配件、制动系配件、转向系配件、行驶系配件、电器仪表系配件、车身及附件、汽车内外饰等。狭义的汽车配件又称汽车零部件、汽车零配件或汽车备件。

广义的汽车配件不仅包括构成整车各单元的产品，还包括汽车消耗性材料，以及随着车主个性化需求增多而产生的特殊附件，如发动机润滑油、冷却液、制动液、自动变速器专用油、制冷剂、轮胎、油漆、汽车挂饰、头枕、个性地垫、太阳镜支架等。

2. 汽车配件的分类

各国对汽车配件没有一个统一的分类方法，一般根据自己的目的进行单一原则的分类。汽车配件的种类较为复杂，其分类方法也有很多，如按标准化、实用性、用途和生产来源等分类。

（1）按标准化分类

广义的汽车配件分为汽车零部件、汽车标准件和汽车材料，其中汽车零部件可分为零件、合件、组合件、总成件和车身覆盖件等。汽车配件按标准化分类的情况见表 1–3–1。

表 1–3–1　汽车配件按标准化分类

分类	组成	说明	代表配件
汽车零部件	零件	汽车的基本制造单元，不可拆卸	活塞、活塞销、气门、气门导管
	合件	由两个以上的零件组装而成，是起单一零件作用的组合体	带盖的连杆、成对的轴瓦、带气门导管的气缸盖
	组合件	由几个零件组装而成，但不能单独完成某一机构作用的组合体，又称半总成件	离合器压板及盖、变速器盖
	总成件	由若干零件、合件、组合件组成，能单独起某一机构作用的组合体	发动机总成、离合器总成、变速器总成
	车身覆盖件	能使乘员及部分重要总成不受外界环境的干扰，并具有一定空气动力学特性的、构成汽车表面的配件	发动机罩、翼子板、散热器面罩、顶板、门板、行李舱盖
汽车标准件	按国家标准设计与制造的，对同一种零件统一其形状、尺寸、公差和技术要求，能在各种仪器、设备上通用，并具有互换性的配件		螺栓、垫圈、键、销
汽车材料	汽车的运行材料，即汽车在正常使用过程中不断消耗或耗损的材料		各种燃料、润滑液、轮胎等非金属材料

（2）按实用性分类

根据我国汽车配件市场的实用性原则，汽车配件分为易耗件、标准件、车身覆盖件与保安件四类，见表 1–3–2。

表 1-3-2　　汽车配件按实用性分类

分类	概念	代表配件
易耗件	在对汽车进行二级维护、总成大修和整车大修时，易损坏且消耗量大的配件	发动机易耗件、底盘易耗件、电气设备及仪表的易耗件、密封件
标准件	按国家标准设计与制造，对同一种零件统一其形状、尺寸、公差和技术要求，能在各种仪器、设备上通用，并具有互换性的配件	螺栓、垫圈、键、销
车身覆盖件	能使乘员及部分重要总成不受外界环境的干扰，并具有一定空气动力学特性的、构成汽车表面的配件	发动机罩、翼子板、散热器面罩、顶板、门板、行李舱盖
保安件	汽车上不易损坏的配件	曲轴起动爪、正时齿轮、扭转减振器、凸轮轴、汽油箱、汽油滤清器总成、调速器、机油滤清器总成、离合器压盘及盖总成、变速器壳体及上盖、操纵杆、转向节、转向摇臂和转向节臂

（3）按用途分类

汽车配件按用途可分为必装件、选装件、装饰件和消耗件四类，见表 1-3-3。

表 1-3-3　　汽车配件按用途分类

分类	概念	代表配件
必装件	汽车正常行驶所必需的配件	转向盘、发动机
选装件	非汽车正常行驶必需的配件，但是可以由车主选择安装，以提高汽车性能或功能的配件	CD 音响、导航系统
装饰件（精品件）	为了汽车的舒适和美观加配的配件，一般对汽车本身的行驶性能和功能影响不大	香水、抱枕
消耗件	汽车使用过程中容易发生损耗、需要经常更换的配件	润滑油、前风窗玻璃清洗液、冷却液、制动液和刮水器

（4）企业分类方法

除上述分类方法外，一般每个国际大型整车制造厂都有自己的配件分类方法，不同的汽车品牌制造商对于汽车配件的分类不尽相同，但是都应该满足定义中所提及的功能。例如，丰田汽车公司将汽车配件分为维修零件、汽车精品、油类和化学品三种类型。

（5）按生产来源分类

汽车配件按生产来源可分为原厂件、副厂件、自制件与同质件，见表 1–3–4。

表 1–3–4　　汽车配件按生产来源分类

分类	概念	说明
原厂件	与整车制造厂家配套的装配件，它们的性能和质量完全能够满足车辆要求	—
副厂件	由专业配件厂家生产，虽然不与整车配套安装，但按照制造厂标准生产，达到制造厂技术指标要求的配件	—
自制件	配件厂家依据自己对汽车配件标准的理解，自行生产的外观和使用效果与合格配件相似，但其技术指标由配件厂家自行保证，与整车制造厂无关的配件	自制件是否合格，主要取决于配件厂家的生产技术水平和质量保障措施
同质件	即“质量相当配件”，指该配件必须在质量标准上与原厂件相匹配，必须在材质、结构、制造与功能标准等方面与原厂件质量相当或比原厂件质量更高，同时应满足我国法律、法规的相关要求	国家工商总局和中国商标局给同质件特批注册了两个商标——“放心汽修”“放心汽配”，分别用于优秀的维修厂和优秀的同质件

另外，汽车配件按照使用周期和库存要求可分为常备件和非常备件，或者快流件、中流件和慢流件。按照材质可分为金属配件、电子配件、塑料配件、橡胶配件和组合配件。按照供销关系可分为滞销配件、畅销配件和脱销配件。

二、汽车维修中需要更换的易损汽车配件

汽车维修中需要更换的汽车配件通常是指狭义的汽车配件，即构成整车的汽车零部件。汽车零部件中最容易受损更换的部件称为易损件，包括发动机易损件、底盘易损件、车身易损件、电器与电控设备易损件等。

1. 发动机易损件

发动机是汽车的动力装置，以往复活塞式发动机为例，由两大机构、五大系统组成。

发动机易损件包括气缸体、气缸套、活塞、活塞环、活塞销、活塞销衬套、连杆、曲轴、连杆轴承与曲轴轴承、飞轮总成、气门、气门导管、气门弹簧、气门座圈、凸轮轴、气门挺杆、气门推杆、气门摇臂、凸轮轴正时齿轮、正时链条（齿形带）、进排气歧管总成、机油泵、机油集滤器、油底壳、汽油泵、汽油滤清器、空气滤清器、散热器、节温器、水泵、风扇传动带等。

2. 底盘易损件

汽车底盘由传动系、行驶系、转向系、制动系四部分组成。

底盘易损件包括离合器总成、离合器从动盘总成、离合器传动操纵机构、离合器液压主缸和轮缸、变速器、传动轴及万向节、主动和从动锥齿轮、半轴、转向节、轮毂、轮毂螺栓及螺母、钢板弹簧、螺旋弹簧、钢板弹簧衬套、减振器、转向盘、转向器、动力转向装置、纵拉杆与横拉杆、空气压缩机、液压制动主缸和轮缸、制动片、滚动轴承、汽车轮胎等。

3. 车身易损件

汽车车身由车身、驾驶室、车架等组成。

车身易损件包括纵梁、蒸发器、蒸发器壳体、驾驶室、翼子板和挡泥板、保险杠、牌照板、外后视镜、装饰条、车门槛嵌条、杂物盒、烟灰缸、手套箱、立柱饰护板等。

4. 电器与电控设备易损件

汽车电器与电控设备主要由各类传感器、执行器、发电机、起动机、灯光电器等组成。

电器与电控设备易损件包括传感器、执行器、发电机、起动机、前照灯等。

三、汽车零部件的编码规则

1. 传统的国产汽车零部件编码规则

（1）汽车零部件的编码规则

我国现在仍然用汽车行业标准《汽车零部件编号规则》（QC/T 265—2004）进行汽车零部件的编码工作。

1）汽车零部件编码

国产汽车零部件的编码由企业名称代号（企业内部使用时可以忽略）、组号、分组号、件号、结构区分号、变更经历代号（或修理件代号）组成。

以国产江铃全顺汽车的机油冷却器出水管（大）为例，对汽车零部件的编码规则进行说明，该零部件编码为1012012TAB1，如图1–3–1所示。

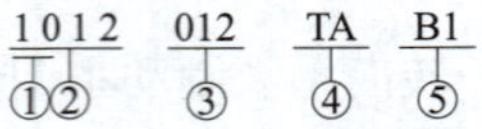

1012　012　TA　B1
①②　③　④　⑤

图1–3–1　汽车零部件编码

说明：

①——组号；

②——分组号；

③——件号；

④——结构区分号；

⑤——变更经历代号（或修理件代号）。

2）标准术语说明

①组号和分组号。用四位数字表示总成和总成装置图的分类代号。前两位数字代表它所隶属的组号，用来表示汽车各功能系统内分系统的分类代号。后两位数字代表它在该组内的顺序号。国产汽车零部件共有58个组号、638个分组号。如发动机零部件的组号为10，共有22个分组，即从1000到1022。图1–3–1所示的机油冷却器出水管（大）属于发动机零部件范畴，所以它的分组号为1012，在上述的22个分组内。

②件号。用三位数字表示零件、总成和总成装置图的代号。

③结构区分号。用两个字母或两位数字区别同一类零件、总成和总成装置图的不同结构、性能、尺寸参数的特征代号。

④变更经历代号（或修理件代号）。变更经历代号是指用一个字母和一位数字表示零件、总成和总成装置图更改过程的代号。当零件或总成变化较大，但首次更改不影

响互换性时用 A1 表示，之后类似的变更依次用 A2、A3、…表示；当零件或总成首次更改影响互换性时用 B1 表示，若再次变更且不影响互换性时用 B2 表示；若再次更改影响互换性，则依次用 C1、D1、…表示。

修理件代号是指在标准尺寸的基础上加大或减小尺寸的修理件，按其尺寸加大或减小的顺序进行编号。其代号用两个汉语拼音字母表示，前一个字母表示修理件尺寸组别，后一个字母为修理件代号，用“X”表示。如某一修理件有三组尺寸，其代号分别为“BX”“CX”“DX”。当该组修理件标准尺寸进行更改影响互换性时，应相应更改尺寸组别代号，其字母根据更改前所用的最后字母依次向后排列。如更改影响互换性时，标准尺寸的变更经历代号为“E”，则相应修理件代号分别为“FX”“GX”“HX”。

（2）汽车标准件的编码规则

1）不含专用隶属件的国产汽车标准件编码

下面以某种六角头螺栓的编码 Q150B0650T1F3Q 为例，对国产汽车标准件的编码规则进行说明，如图 1-3-2 所示。

Q	150	B	0650	T1	F3	Q
①	②	③	④	⑤	⑥	⑦

图 1-3-2　不含专用隶属件的国产汽车标准件编码

说明：

①——汽车标准件特征代号；

②——品种代号；

③——变更代号；

④——尺寸规格代号（修理件代号）；

⑤——力学性能材料代号；

⑥——表面处理代号；

⑦——分型代号。

2）标准术语说明

①汽车标准件特征代号。以“汽”字汉语拼音的第一位即大写字母“Q”表示。

②品种代号。品种代号由三位数字组成，首位表示产品大类（具体见表1–3–5），第二位为分组号，第三位为组内序号。结构功能相近的品种尽可能编入同一分组。表1–3–6列出了部分汽车标准件产品代号。

表1–3–5　汽车标准件产品代号（产品大类）

代号	产品名称	代号	产品名称
1	螺柱、螺栓	6	螺塞、扩口式管接件、卡箍、夹片
2	螺钉	7	润滑脂嘴、密封件、连接叉、球头接头
3	螺母、螺母座	8	卡套式管接件
4	垫圈、挡圈、铆钉	9	其他
5	销、键		

表1–3–6　部分汽车标准件产品品种代号

品种代号	采用标准	名称	说明
Q110	GB/T 902.1—2008	手工焊用焊接螺柱	—
Q150B	ISO 4014：1988（GB/T 5782） ISO 4017：1988（GB/T 5783）	六角头螺栓	粗牙，全螺纹段采用ISO 4017
Q151B	ISO 8765：1988（GB/T 5785） ISO 8676：1988（GB/T 5786）		细牙，全螺纹段采用ISO 8676
Q151C	ISO 8765：1988（GB/T 5785） ISO 8676：1988（GB/T 5786）		较细牙，全螺纹段采用ISO 8676

③变更代号。由于产品标准修订，虽然产品结构基本相同，但尺寸、精度、性能或材料等标准内容变更以致影响产品的互换性时，应给出变更代号。同一品种中不同螺纹系列，同一品种中不具有派生关系且不具有互换性的不同形式也采用变更代号加以区分。变更代号用一个大写字母表示，从B开始顺序使用（不用字母“I”“O”“Q”“Z”）。

④尺寸规格代号。尺寸规格代号直接以产品的主要尺寸参数表示，其位数为2 ~ 3位或3 ~ 6位。当用一个主要尺寸参数即可表示产品规格时，直接以该参数值的2 ~ 3

位数字表示。当需由两个或三个主要尺寸参数表示产品规格时，则以参数值按主次顺序相接的 3 ~ 6 位数字表示。若第一参数值仅有一位数字，则在左边加“0”补足两位，其余参数直接写入，不补位。若主要参数中含有带小数规格的参数，则以将该参数中的小数规格增为 10 倍的整数表示。图 1–3–2 中标注的尺寸规格代号为 0650，它所表达的含义是此六角头螺栓的螺纹规格为 M6，杆长为 50 mm。

⑤力学性能材料代号。产品标准中规定，基本的力学性能、材料不标注代号，其他可选用的力学性能、材料应标注相应代号。图 1–3–2 中标注的力学性能材料代号为 T1，它所表达的含义是此六角头螺栓采用的材料和力学性能等级为钢 8.8，可通过查表得到。

⑥表面处理代号。用法同⑤。图 1–3–2 中标注的 F3 所表达的含义是此六角头螺栓的表面经镀锌彩虹钝化处理，也可通过查表得到。

⑦分型代号。以一种结构形式为基础，通过改变局部结构形式或增加新的技术内容派生出的具有新增或不同功能的品种，其品种代号应与基本品种一致，但每种应分别给出分型代号。分型代号用一个大写字母表示，如准许制成全螺纹的品种，视为一种分型，分型代号统一采用字母“Q”。

3）含专用隶属件的国产汽车标准件编码

含专用隶属件的国产汽车标准件编码方式与不含专用隶属件的国产汽车标准件编码方式基本相同，唯一的区别在于含专用隶属件的国产汽车标准件编码中多了一位总成件专用隶属件代号，并用圆点将它与尺寸规格代号分隔开。下面以 C 型蜗杆传动式软管环箍、最大夹紧直径为 50 mm 的齿带为例，对含专用隶属件的国产汽车标准件的编码规则进行说明，该零部件的编码为 Q67550 · 1，如图 1–3–3 所示。

Q67550 $\underset{⑧}{\underline{\cdot}}$ $\underset{⑨}{\underline{1}}$

图 1–3–3 含专用隶属件的国产汽车标准件编码

说明：

⑧——分隔点；

⑨——总成件专用隶属件代号。

总成件专用隶属件代号仅用于某总成件的零件，以自“1”起的顺序数字表示。总成件专用隶属件代号应置于尺寸规格代号之后，并以分隔点“·”分隔。

2. 新标准下国产汽车零部件编码规则

《汽车零部件的统一编码与标识》（GB/T 32007—2015）中规定了汽车零部件统一编码的编码原则、数据结构、符号表示方法及其位置的一般原则，适用于汽车零部件（配件）统一编码和标识的编制。它提高了汽车零部件管理的信息化水平，实现了可追踪性与可追溯性，有助于汽车零部件和整车企业对产品的全生命周期进行管理及缺陷产品的召回，能够促进我国汽车零部件企业和整车企业在维修和流通领域的诚信和品牌建设。同时，标准的出台为汽车配件的生产、流通、维修和后市场的电子商务、移动互联网、质量保障体系、云服务平台的建立提供了有力支撑。

（1）编码原则

汽车零部件统一编码应遵循唯一性、稳定性、可扩展性、可追溯性、可兼容性的原则，适用于汽车生产、流通、维修、消费等环节。

1）唯一性

汽车零部件统一编码的唯一性是指汽车零部件产品的基本特征发生变化后，应编制新的全球贸易项目代码（GTIN）。产品的基本特征一般包括产品名称、商标、种类、规格、数量、包装类型等关键属性要素，同时还要考虑产品自身的特性和市场销售需要确定的其他属性要素。

2）稳定性

汽车零部件统一编码的稳定性是指只要产品的基本特征没有发生变化，就不能编制新的全球贸易项目代码（GTIN），而且考虑到多数汽车零部件产品的使用周期较长，曾经使用过的全球贸易项目代码（GTIN）不建议再应用于新的零部件产品上。

3）可扩展性、可追溯性、可兼容性

汽车零部件统一编码的可扩展性、可追溯性、可兼容性主要是指编码时应充分考虑汽车零部件产品的行业特性，结合信息化技术，通过数据库和信息交换对汽车零部件统一编码与企业内部产品管理码、采购方或总装企业的OE码、售后的追踪追溯码进行整合关联、映射对照，在不同的应用环节中通过自动识别技术识读条码信息，再通过网络调取数据库中零部件产品的详细信息，满足汽车生产、流通、维修、消费等不同环节中对于汽车零部件编码的信息化应用的需求。

（2）编码数据结构

汽车零部件统一编码的编码数据结构由基本数据和扩展数据组成。基本数据给出了唯一标识到单品零部件或整批标识到批次零部件的编码数据结构与标识方法，企业可根据生产的实际情况对零部件产品进行单品编码或批次编码。扩展数据则需要根据实际应用中汽车零部件产品的内部零部件号、零部件在客户方的代码（OE 码）、生产日期等产品属性信息进行编码。

1）基本数据

基本数据由全球贸易项目代码（GTIN）和零部件批号或零部件序列号组成，数据结构见表 1–3–7。其中应用标识符 01 为必选，应用标识符 10 和 21 至少选择一项。

表 1–3–7　　基本数据

应用标识符	数据格式	数据名称
01	n_{14}	全球贸易项目代码（GTIN）
10	a_{n-20}	零部件批号
21	a_{n-20}	零部件序列号

注：1. n_{14} 定长，表示 14 个数字字符。
　　2. a_{n-20} 不定长，表示最多 20 个字母、数字字符。

在实际应用中，如果汽车零部件是通过批号进行整批标识和管理的，则应采用应用标识符 01 字符串（全球贸易项目代码）和应用标识符 10 字符串（零部件批号）组合进行统一编码。如果汽车零部件是通过序列号进行单个标识和管理的，则应采用应用标识符 01 字符串和应用标识符 21 字符串（零部件序列号）组合进行统一编码。若个别产品既标识零部件批号又标识序列号，可以采用应用标识符 01、10、21 三个字符串组合进行统一编码，也可以把产品批号和序列号整合成一个既含有批号又包括产品序列号的单个产品唯一序列的标识。统一编码中的批号或序列号数据应与产品明文标识的批号或序列号一一对应、严格一致。

全球贸易项目代码（GTIN）由厂商识别代码、商品项目代码和校验码组成。例如，某汽车零部件生产企业已经注册厂商识别代码 69299999，该企业目前生产的气缸套、风冷气缸套、轴瓦三个大类共计 22 种产品使用统一编码标识，其商品项目代码按 0001 ~ 0022 连续编号，如再增加一种新的产品则商品项目代码编为 0023，以此类推。

全球贸易项目代码（GTIN）06929999900013是全球唯一的一组数字代码，它表示该产品的厂商识别代码为69299999，商品项目代码为0001，校验码为3。其表示的发动机型号、原厂OE代码等产品描述性信息均可通过GTIN从数据库中调取。

2）常用扩展数据

常用的扩展数据见表1–3–8。

表1–3–8 常用扩展数据

应用标识符	数据格式	数据名称
92	a_{n-20}	供应商在客户方的厂商代码
240	a_{n-20}	零部件号
241	a_{n-20}	零部件在客户方的代码
400	a_{n-20}	客户购货订单代码
11	n_6	生产日期（年、月、日）

注：1. n_6 定长，表示6个数字字符。
2. a_{n-20} 不定长，表示最多20个字母、数字字符。

常用扩展数据作为汽车零部件统一编码的可选项，需要企业根据自身生产经营的管理需要和市场销售流通及售后维护的应用需要，根据《商品条码 应用标识符》（GB/T 16986—2018）选择合适的应用标识符AI及其对应的数据编码。结合汽车行业的应用特点，编码规则规定了应用标识符AI（92）、AI（240）、AI（241）、AI（400）和AI（11）作为常用扩展数据。常用扩展数据所表示的编码信息仅作为基本数据的补充，不能脱离基本数据单独使用。如总装企业或整车企业要求在汽车零部件统一编码中加入OE代码，即可选择应用标识符AI（241）（零部件在客户方的代码）；若要在汽车零部件统一编码中加入生产日期，即可选择应用标识符AI（11）（生产日期）。

3）其他扩展数据

其他扩展数据为可选项，不可单独使用，需要与基本数据配合使用，可根据实际情况增减数据结构要素。考虑到汽车行业生产、贸易及供应链中信息数据交换的个性化需求，除了五项常用扩展数据以外，还可以选择GB/T 16986—2018中已经注明的其他应用标识对汽车零部件统一编码，如AI（00）系列货运包装箱代码、AI（02）物流单元中的全球贸易项目代码、AI（17）有效期等。

4）汽车零部件统一编码示例

①带有常见扩展数据的零部件编码

图 1–3–4 中的条码符号下端的一串数字、字母为供人识别的字符，应将字符中的应用标识符用圆括号括起来，以明显区别于其他数据。此编码的含义具体解释如下：

（01）06929999900228：AI（01）全球贸易项目代码（GTIN），是该厂生产的牌号为 C、发动机型号为 3116、原厂 OE 代码为 7W 2141 的轴瓦的全球贸易项目代码。

（10）W07201501：AI（10）零部件批号，为该轴瓦的生产批号。

（241）7W2141：AI（241）零部件在客户方的代码，为上游采购方或总装企业为该轴瓦分配的 OE 码。

(01)0 6929999 90022 8(10)W07201501(241)7W2141

图 1–3–4　带有常见扩展数据的某零部件编码

②带有其他扩展数据的零部件编码

图 1–3–5 中的零部件编码含义具体解释如下：

（01）06929999900389：AI（01）全球贸易项目代码（GTIN），为该汽车零部件的统一编码。

(01)0 6929999 90038 9(10)W07201501

(11)150211(400)70297075(241)0580012

图 1–3–5　带有其他扩展数据的某零部件编码

（10）W07201501：AI（10）零部件批号，为该汽车零部件的生产批号。

（11）150211：AI（11）生产日期，为该汽车零部件的生产日期——2015 年 2 月 11 日。

（400）70297075：AI（400）客户购货订单代码，为合同订单编号。

（241）0580012：AI（241）零部件在客户方的代码，为采购方对该零部件的编码。

3. 进口汽车零部件的编码规则

在工业发达国家，各汽车制造厂的零部件编码并无统一规定，由各厂自行编制，其零部件编码规则各不相同，这里以大众车系为例进行说明。

甲壳虫是大众汽车品牌之一，现以它的后视镜为例，对大众汽车配件的编码规则加以说明。甲壳虫后视镜的编码为 113857501AB01C，如图 1–3–6 所示。

113	857	501	AB	01C
①	②	③	④	⑤

图 1–3–6　甲壳虫后视镜的编码

说明：

①车型或机组代码。前三位数字表示车型或机组代码。当该零件是发动机及变速箱件时，前三位为机组代码，如 012 表示五挡手动变速箱件。当该零件为除机组以外的零件时，前三位为车型代码。一般情况下，前三位为奇数时，代表左置转向盘车，为偶数时，代表右置转向盘车。图 1–3–6 中的 113 表明该车为左置转向盘车。

②大类及小类。根据零件在汽车结构中的差异及性能的不同，德国大众配件号码系统将配件号分成十大类（即十个主组），每大类（主组）又分为若干个小类（即子组），小类的数目和大小因结构不同而不同，小类只有与大类组合在一起才有意义。它们的含义可通过查阅配件手册获知。图 1–3–6 中的 857，8 为大类，称为主组，表示车身、空调、暖风控制系统；57 为小类，称为子组，表示后视镜。

③配件号。配件号由三位数字（001～999）组成，如果配件不分左右件或既可在左边又可在右边使用时，最后一位数字为单数。如果配件分左右件，一般单数为左边件，双数为右边件。图 1–3–6 中的 501 表示该后视镜为左侧后视镜。

④设计变更号（技术更改号）。设计变更号由一个或两个字母组成，表示该件曾技

术更改过。图 1–3–6 中的 AB 即为设计变更号。

⑤颜色代码。颜色代码由三位数字或字母的组合来表示，它说明该件具有某种颜色特征。图 1–3–6 中的 01C 表明该后视镜的颜色为黑色带有光泽。

由上述例子可以看出，大众汽车公司的配件编码规则简明、完整、精确、科学。德国大众配件编码一般为 14 位，由阿拉伯数字和英文字母进行组合。每个配件只对应一个编码，每组数字、每个字母都表示这个配件的某种性质，只要确定相应编码，就可以从几十万库存产品中找出所需的配件。

任务实施

通过相关知识的学习，掌握了汽车配件的含义和分类，了解了汽车维修中需要更换的易损件，掌握了汽车配件的编码（编号）规则，接下来需要完成“任务引入”中提出的任务。

一、汽车配件的分类方法

汽车配件的分类方法有很多，但都要满足上述概念中所提及的功能。汽车配件可以按照不同系统进行分类，如分为发动机系统、传动系、转向系、冷却系、制动系、悬架系统、进排气系统、车身及附件、内饰件及附件、暖风和空调系统、电气系统、随车附件、汽车精品、美容保养类等。汽车配件也可以根据用途分为维修零件、汽车精品、油类和化学品三种类型。

进行汽车配件分类的主要目的是实现对汽车配件的分类存储，提高仓库管理的效率和配件订货的准确性，因此不同品牌厂商都会选择合理的汽车配件分类方式进行仓库的设计管理。

二、根据汽车配件编码识别配件

为适应计算机管理，提高汽车零部件采购的准确性和便利性，汽车制造厂家会对生产的汽车零部件进行编码分类，编码的规则各不相同但相对固定。这些固定的编码称为原厂编码，由英文字母和数字组成，每一个字符都有特定的含义，即每一个零部件都用一组不定数量的数字和字母表示。不同制造厂家的编码规则不同，其零部件编码体系不能通用。

汽车零部件编码一般由 10 ~ 15 位数字或数字、字母组合而成，汽车零部件编码是唯一的，一个零部件对应一个编码。有些公司将零部件编码分为若干段，便于识别零部件所属总成或大类。例如，丰田汽车零部件编码一般由 10 位或 12 位数字或英文字母组成，各代表一定的含义。

1. 一般普通件编号（●●●●●－○○○○○－○○）

前五位为基本编号，表示零部件的种类（名称）；中间五位为设计编号和变更编号，表示零部件所对应的车型；后两位是附属号，表示零部件的颜色及其他。如编号 16100–50010 中的 16100 表示发动机部分的水泵，而 50010 表示对应的车型为凌志 400。

2. 单一件编号

前五位中没有 0，如 48725 表示右后悬架衬套，19145 表示白金系列点火器。

3. 半总成件编号

半总成件由两个以上的零部件组成，第三位或第四位数为 0 或两者皆为 0，但第五位数不为 0。如 11401 表示气缸体，13011 表示活塞环。

4. 总成件编号

总成件由单一件或半总成件组成。总成件编号的第五位为 0，若组成件数较多，则第三、四位也为 0。如 11400 表示中缸，53510 表示门锁总成。

5. 组件编号

组件由中心件和其他几个小件组成。编号的第七位为 9，最后一位为 5 ~ 9 的数字，如水泵组件的编号为 16100–29085。

6. 部位编号（○○●●○－○○○○○）

表示零部件在分组中的位置（右、左区分），如 48510 表示前右减振器总成，81150 表示前左前照灯总成。

7. 细分号（○○○○●－○○○○○）

表示指定零部件（含区分右、左、上、下），如 53801 表示前右翼子板，48069 表示前左下悬架。

8. 顺序编号（○○○○○ – ○○●●○）

对编号从第一位至第七位皆相同的零部件，按照登记次序依次赋予 01 ~ 89 的顺序编号。

9. 设计变更号（○○○○○ – ○○○○●）

零部件设计变更时依序由 0 ~ 9 表示，表示新旧编号的更替。

10. 附属号（○○○○○ – ○○○○○ – ●●）

代表颜色或尺寸规格大小。如 AO 表示白色，BO 表示银色，CO 表示黑色。

11. 修理包编号（0 4 ○○○ – ○○○○○）

修理包零部件编号全部由 04 开头。例如，04993–33090 表示制动主泵套件 / 修理包。

12. 专用工具编号（09 ○○○ – ○○○○○）

专用工具零部件编号一般以 09 开头，部分随车工具除外。

13. 精品和矿物油编号（08 ○○○ – ○○○○○）

14. 标准件和半标准件编号（9 ○○○○ – ○○○○○）

标准件指材料、形状、尺寸等均按照丰田汽车的标准进行生产的零部件。例如，六角头螺栓、螺母、垫圈、螺钉等。

半标准件指类似于标准件的非标准件，它们也经常被使用。例如，特殊螺钉、轴承、油封等。标准件和半标准件的第一位数字均为 9，半标准件的第二位数字为 0。

思考题

1. 汽车配件按实用性原则如何分类？
2. 新标准下国产汽车零部件编码规则的意义是什么？

模块二

汽车配件市场销售业务

任务1 客 户 接 待

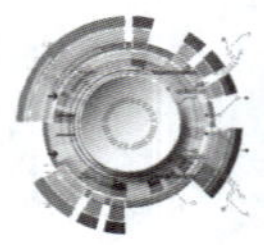

任务目标

- 了解客户接待的要求。
- 掌握汽车配件的查询方法。

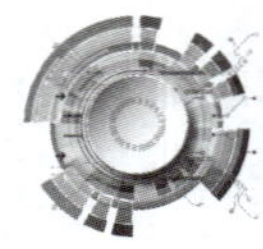

任务引入

客户马先生的迈腾 2.0 汽车需要更换一个机油泵，但他认为修理厂报出的价格过高，于是决定自己到汽配经销店去对比一下。马先生来到汽配城，随意走入一家汽配经销店，配件营销员小张接待了马先生。小张说："哎，想买点什么？"马先生先是一愣，然后说："我想要一个迈腾车用的机油泵。"但小张查找了很久，也未检索到马先生所需的配件，马先生只好不耐烦地离开了。

作为汽配经销店的销售员，应该怎样接待客户，才能使客户的需求得到满足呢？本任务要求学生以汽车配件销售员的身份完成对客户马先生的接待工作，并掌握汽车配件的查询方法，要做到即使店内无此配件也要让客户满意地离开。

任务分析

此次客户流失的原因是小张不熟悉客户接待的要点，不清楚配件的查询方法，无法快速、准确地向客户提供配件信息。掌握汽车配件的查询方法属于汽车配件市场销售的业务范畴。

汽车配件销售员根据相关的商务礼仪对客户进行接待，根据国产汽车配件编码规则和配件目录进行配件查询是汽车配件市场销售中的常规性工作，下面就来学习与此类工作相关的知识。

相关知识

一、接待客户

客户对汽车配件门市销售的第一印象往往来源于汽车配件销售员的接待技巧，因此，专业、规范的接待能够帮助企业打造良好的口碑。

1. 销售员的服饰和谈吐

（1）服饰

销售员衣着应协调得体、整齐清爽、干净利落，使客户从心理上接受并喜欢这个人，自然就会更愿意购买其推销的产品。对于配件销售企业而言，销售人员无论男女一般都要着统一工装（见图 2-1-1），如制服、商务服装或者带有企业统一标识的文化衫等。

（2）谈吐

销售员在营业时间要特别注重使用礼貌用语。在接待客户的过程中，销售员应避免的问题有：过分赞美自己推销的产品，或为了抬高自己的产品故意贬低其他同类产品；说话无节制，令客户厌烦；语言刻薄，不给人留有回旋余地；少言寡语，过于沉默。在与客户交谈的过程中，销售员应该少打手势，必要时手势幅度也要适当，要与客户保持必要的距离。客户讲话时最好不要插话，有必要插话时，应寻找恰当的时机并征得对方同意，并向对方表示歉意。遇有他人加入自己与客户的谈话时，应微笑点头表示欢迎。谈话中遇急事需离开时，应向对方致歉。交谈中对于对方提出的问题要有问必答，笑而不答或置之不理都有失礼貌；如遇不便回答的问题可采取转移话题的办法。对于没有听懂的问题，应要求对方重复。不要追问对方不愿回答的问题，也不要提起使对方感到反感的话题。

图 2-1-1　汽配销售员服饰

2. 销售员的举止

销售员的举止要彬彬有礼，落落大方，遵守一般的进退礼节，尽量避免各种不礼貌、不文明的习惯。具体包括介绍、称呼、握手和告别四个方面。

销售员见到客户要做的第一件事就是打招呼。打招呼要做到明朗（大声、带笑容、面向对方）、随时（无论什么时候、什么人）、主动（在对方问候之前）、连续（打招呼之后多加一句问候语）。问候时要根据客户的年龄和身份，使用适当的称呼。

销售员见到客户要做的第二件事往往是进行自我介绍。销售员进行自我介绍时要注视着对方，姿态要自然、大方，态度要谦虚，语言要得体。

当销售员需要与客户握手时，应主动伸出右手，手的高度大致与对方腰部上方齐平，手指稍用力握对方的手掌，持续 1 ~ 3 s，双目注视对方，面带微笑，上身略前倾，头微低。握手时要注意不要长时间、用力地与女士握手，仅握女士手指即可；几个人同时握手时，应依次进行；握手时不要戴手套；作为女士，男士伸出手时置之不理是缺乏礼貌的表现，应大方地与对方握手。在握手时，常伴有一定的问候语。

当客户离开配件商店时，无论是否购买产品，销售员都应以礼相送，礼貌地与客户道别，并向客户传递“欢迎再次光临”的信息。

3. 接打电话

销售员接电话的动作要迅速，尽可能在铃响第二遍时就接听，并立即应答。销售员接听电话后首先要向对方问好，然后自报姓名。不打招呼、不报姓名而直接质问对方是失礼和缺乏教养的表现。如果对方电话是找自己的，应热情地说：“我就是，请讲吧”；如果是找别人的，而被找人又不在场，则不应追问，可如实告诉对方要找的人不在，然后再问：“能否由我转告他有什么事情，能否告诉他哪里打来的电话？”销售员在听电话时要聚精会神，回答问题时更要耐心热情。通话过程中不要与别人讲话、吃东西。如一定要插办其他事情时，要向对方说明并表示歉意，如“非常抱歉，请稍等”。再次通话时，首先说“让您久等了”，然后再继续通话内容。在接听电话的过程中，要不时说“是”“好”以向对方反馈。如通话内容十分重要，要用笔记录，遇不明事宜或重要事宜要请对方重复，并自己再重复一次，以免出现差错。谈话结束时，不管对方是否接受了自己的意见，都应就接听电话向对方表示感谢。

打电话的时间一般以 3 ~ 5 min 为宜，切忌过长。如果确需较长时间，应询问对方是否方便，如不便，可主动提出另约时间。通话结束时，双方可适当寒暄，如“那么再见了，谢谢”，应在对方放下话筒后再放下电话。

4. 递接名片与递物

销售员与客户初次会面时，不必忙于在见面的初始即递名片，可在谈话过程中或谈话结束临别时再递上名片，以加深印象，并表示与其继续保持联络的诚意。当销售员接过客户的名片时，应用双手，并表示谢意。接到名片后不要立即收起，也不应随意摆弄，应认真拜读名片内容，最好将客户的姓名、主要职称、身份轻声读出，以示敬意。没有把握读出的字，特别是客户的姓名，要及时请教客户。然后将客户的名片装入名片夹，再将名片夹放入上衣袋或公文袋内。

交易结束时，销售员应用双手将产品递到客户手中，并且关照“请您拿好”。如果产品中有易碎物品或存在其他不安全因素，销售员应在递交物品前讲明注意事项，并关照“请您注意安全，要按说明书使用”，不要把产品扔给对方而不加解释。对于有刀口的物品或尖锐器物，需将刀口、尖端朝向自己并握在手中，不要指向对方。

5. 基本对话用语（见表 2-1-1）

表 2-1-1　　配件销售基本对话用语

分类	客户问话	回答	备注
进门接待	—	您好，请问您有什么需要	销售员说话时要自然、大方、热情
	—	您好，我能帮您做点什么	
产品介绍	有 ××× 配件吗	有，请跟我来看一下产品	—
	××× 配件怎么有这么多种啊	是的，如果您方便，可以告诉我您选购配件的用途，我会根据实际情况，帮您推荐一种适合您的产品	—
	我想自己看一下	那好，您先随便看看，如果有什么需要，请叫我	销售员在离开客户后，应用余光关注客户，准备随时上前为其服务
报价	××× 多少钱啊	这款 ××× 我们这个月打折。原价为 ×× 元，现价为 ×× 元，打了个 ×× 折，很合适的	—
	其他店里这款 ××× 才 ×× 钱，你们这里为什么这么贵	先生（女士），您说的很对，但是我们的产品在性能、品质等方面都比 ××× 好得多。虽然我们的产品价格略高些，但使用寿命更长，所以平均下来，价格比 ××× 还略低些呢	—
验货	—	先生（女士），这是您购买的配件，麻烦您检查一下，看看是否有不妥之处。如果没有问题，请您收好	销售员应主动热情地向客户指明产品的生产日期、型号、生产厂家等细节
收款	—	先生（女士），您交给我 ×× 元，配件的总价格为 ×× 元，我找给您 ×× 元，请您拿好	销售员应与客户当面核对钱款，并获得对方的认可，避免产生经济纠纷
送客	—	先生（女士），请您慢走，欢迎再次光临	无论客户是否购买本店产品，都要真诚热情地将客户送出店外

二、汽车配件的查询

汽车配件的查询包括两方面的内容，一方面是查询并确认客户所需配件的零件编号、名称、型号等信息；另一方面是查询该配件的库存数量、价格、仓位等信息。

1. 汽车配件查询工具

汽车配件查询工具主要有书本配件手册、微缩胶片配件目录和电子配件目录（CD

光盘）三种形式。三者的内容相同，只是载体的形式不同。

（1）书本配件手册

书本配件手册是人工查询汽车配件的工具，是汽车制造厂根据每种车型编辑的一本手册，内容包括该车型所有配件的名称、编号、单车用量及代用配件编号等详细信息，并附有多种查询方法，如按配件名称、编号、汽车总成分类及图形（爆炸图）索引等。配件手册使用方便，但查找效率低且资料无法及时更新；体积大，需要较大的存放空间；易污损，资料完整性难以保证。因此，现在工作人员更多地采用电子配件目录进行配件的查询。

（2）微缩胶片配件目录

微缩胶片配件目录是由配件手册微缩制成的，一张 A4 幅面的胶片可以容纳 96 页 A4 幅面的手册内容，信息量较大。微缩胶片配件目录包括索引和正文两部分，正文部分由插图和配件一览表组成，按厂家的主组和分组的分类情况有机组合，依次排列。索引部分是查询配件的向导，它包含内容指南、标记和缩略语一览表、配件编号变更一览表、插图索引、图号索引、配件编号索引、配件名称索引、目录包含的车型和特征、VIN（或车架号）一览表等信息。

微缩胶片配件目录需要用被称为“微缩胶片阅读机”的放大投影机来阅读，因其使用不便，现在已经逐渐被光盘所取代。

（3）电子配件目录（CD 光盘）

电子配件目录是帮助专业人员应用计算机管理系统正确查询或检索配件的图号、名称、数量、件号及装配位置、立体形状、库存、价格等信息的技术资料。计算机光盘容量大，一张光盘可以容纳多个车型甚至一家公司全部车型的配件手册内容。光盘存储形式的电子目录具有信息承载量大、查询简单、更新方便、成本低的特点，因此在配件经销领域被广泛应用。

现在，各大厂商都根据自身的需要开发了相应的配件服务系统，其结构和功能方面有较大的差异，但实际内容是一致的，都包含所有车辆配件的相关信息。使用电子配件目录系统后，就可以通过计算机方便地查询到配件信息，并且以装配图等多种方式显示出来，替代了传统查询手册，更准确（因可定期修改技术资料和同步升级）、方便和快捷。目前，配件的显示已经做到了三维立体视图，立体插图中的插图号与电子配件目录中的配件号、配件名称、备注说明、每车件数、车型匹配等信息形成一一对应的关系。被授权的经销商可与厂家建立良好的信息沟通渠道，通过联网或定期升级电子配件目录，及时掌握配件的变更信息，并实时更新自己的配件信息库，实现资源共享，同步升级。

2. 汽车配件查询方法和步骤

大部分汽车配件电子目录查询软件都提供了多种查询检索途径，配件管理人员可根据具体情况选择不同的查询方法获取所需的信息。常用的汽车配件检索方法有按汽车配件名称（字母顺序）索引、按汽车总成分类索引、按配件图形（图号）索引、按配件编号（件号）索引等，分述如下：

（1）按汽车配件名称（字母顺序）索引

在进口汽车配件手册中均附有按配件名称（字母顺序）编排的索引，如果知道所需配件的英文名称，即使是缺乏专业知识的人员，采用此法也能较快地查找到该配件的有关信息。

（2）按汽车总成分类索引

汽车配件按总成分类可分为发动机、传动系、电器设备、转向、制动、车身附件等。按汽车总成分类索引即根据配件所属总成，查出对应的地址编号或模块编号，再根据编号查询出该配件的详细信息。不同的汽车公司车系分法也有所不同，因此，汽车总成分类索引适用于对汽车配件结构较熟悉的专业人员使用，只有了解某一个配件属于哪个总成部分，才能快速查询和确认客户所需要的配件。

（3）按配件图形（图号）索引

把汽车整车分解成若干个模块，采用图表结合的方式，用配件爆炸图（见图 2–1–2）即立体装配关系展开图直观、清楚地显示出各个配件的形状、安装位置及其装配关系，并在对应的表中列出配件名称、编号、单车用量等详细信息。按图形（图号）索引的特点是能直观、准确、方便、迅速地确定所需配件。

（4）按汽车配件编号（件号）索引

一般汽车配件上会标有该配件的编号，由于配件的编号是唯一的，因此若所需配件的编号已知，则采用本方法能准确、迅速地查询到该配件的有关信息。配件编号索引是根据配件编号大小顺序排列的，根据已知的配件编号，可以查出该配件的地址编码或所在页码，然后查询其详细信息。

MG DAE-002
气缸体・气缸盖・凸轮轴
(REF 16-410 14846)
14886P
01298X
01219
03198
03122
01282S
01282Q
01214
01282P
01298P
01282S
01210
01387P
01387Q
04226
01397Q
03017A
03080
03017
01300A
02891X
02803
02891Z
02892E
02898B
10088U
10088T
10010
04903A
04907
01181
01178
01182P
01100A
01110
01287T
01215
03100
03470
01297T
03460
01287T
01215P
01287T
03130
03411
03407
01200A
03277
03358
03349
03348
03351
03324
03343P
03363
03343Q

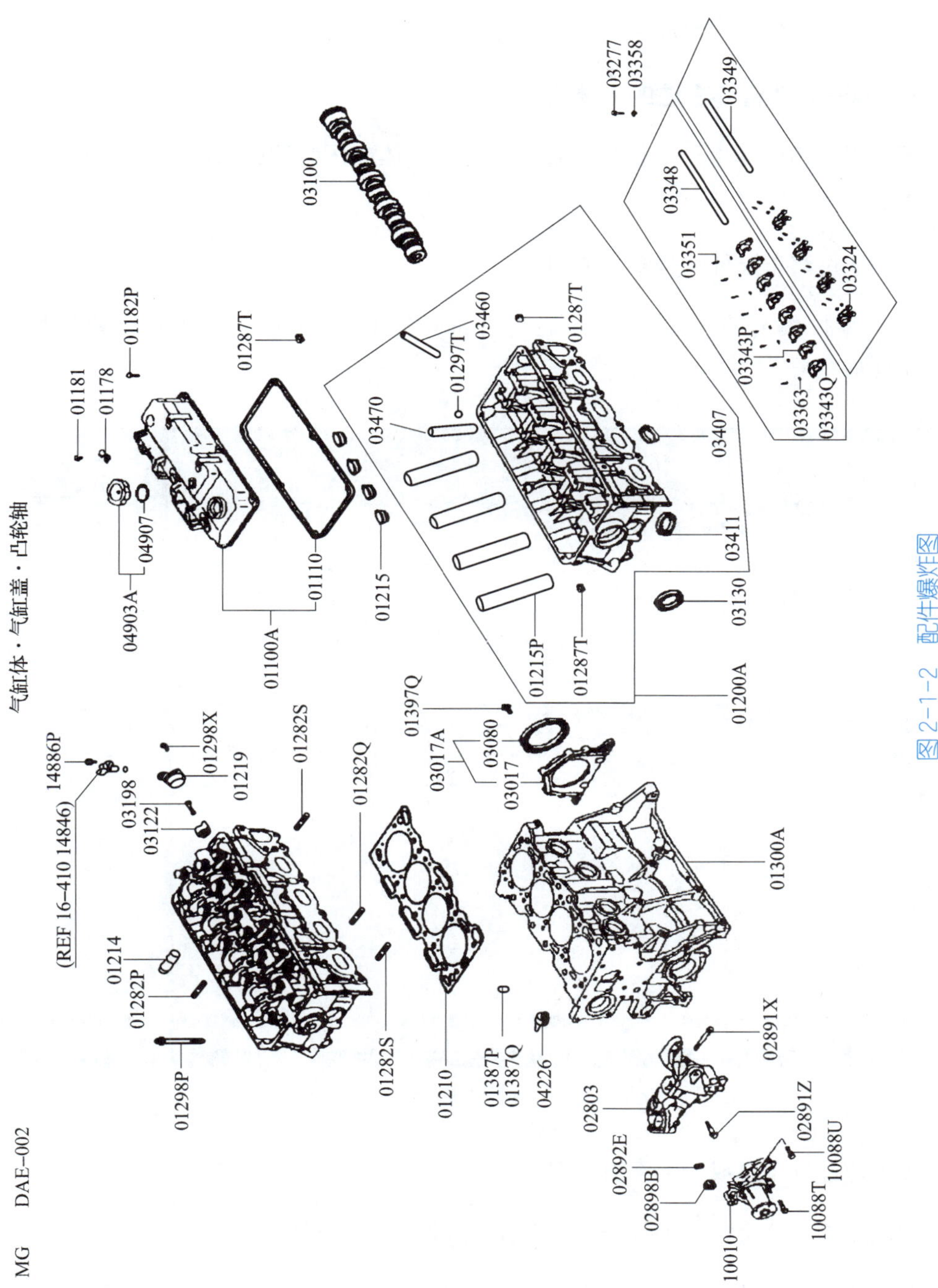

图 2-1-2 配件爆炸图

除上述几种查询方法外，还可根据汽车配件名称编码 PNC（PART NAME CODE）查询等方法，不同汽车制造厂家的配件目录系统提供了多种配件查询方法供工作人员选择，以上列举的只是常见的几种方法。

3. 汽车配件查询方法的具体应用

下面以丰田汽车电子零件目录查询系统的具体应用为例，来说明几种常用的汽车配件查询方法。

（1）通过汽车配件编号索引查询

输入零件编号 04465-33340，通过查询即可得到关于此配件的相关信息，如图 2-1-3 所示。

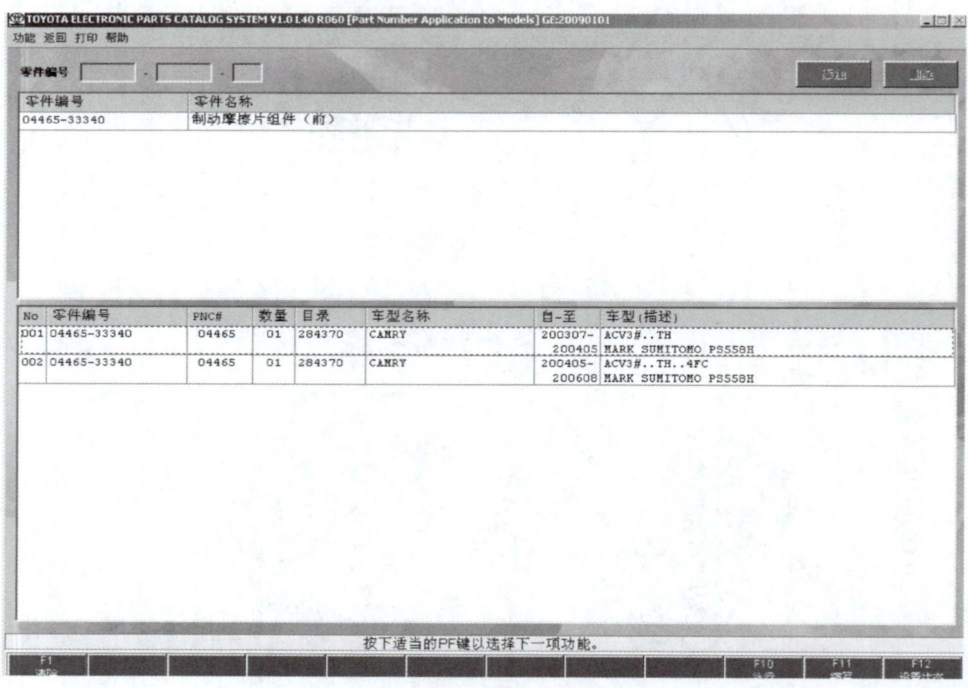

图 2-1-3 按配件编号查询的界面

（2）通过汽车总成分类索引查询

按汽车总成分类索引进行查询的总界面如图 2-1-4 所示。

如果要查询发动机活塞件，则勾选“发动机 / 燃油类 / 工具”条目，显示图 2-1-5 所示的界面，再根据界面所示的图例图号查询所需的具体配件。

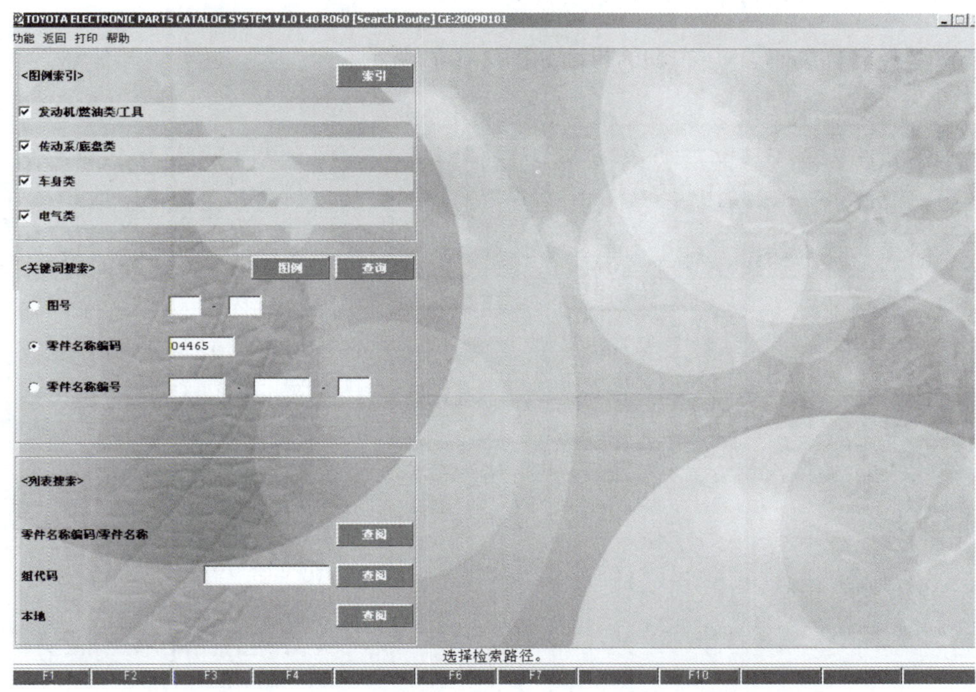

图 2-1-4 按汽车总成分类索引进行查询总界面

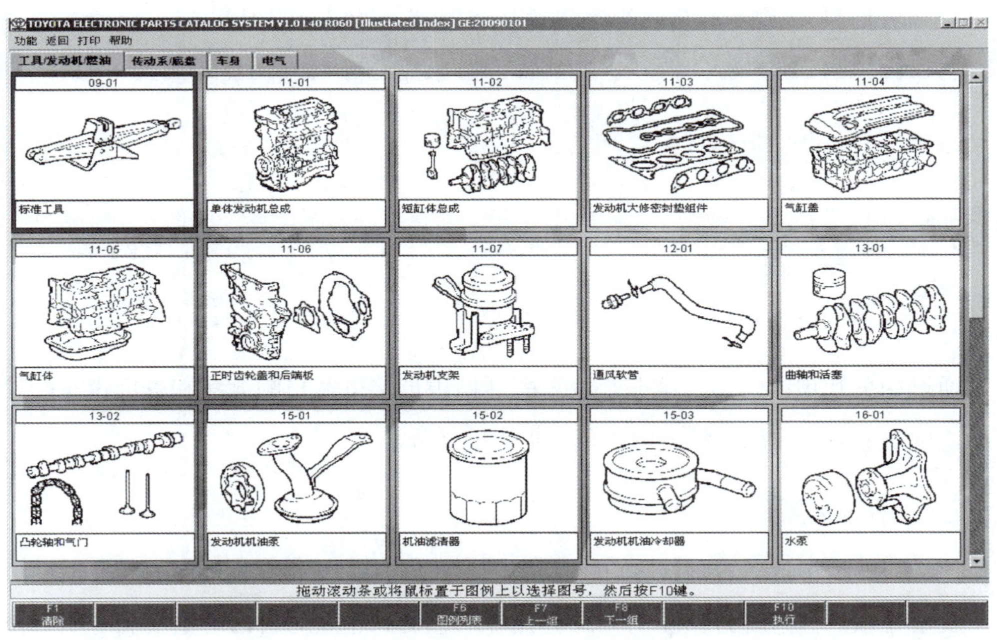

图 2-1-5 按汽车总成分类索引查询——发动机 / 燃油类 / 工具的查询界面

（3）通过零件名称编码 PNC 索引查询

按零件名称编码 PNC 查询的界面如图 2-1-6 所示。

TOYOTA ELECTRONIC PARTS CATALOG SYSTEM V1.0 L40 R060 [Part Number List] GE:20090101

功能 返回 打印 帮助

PNC# 04465 零件名称 制动摩擦片组件（前）

No	PNC#	零件编号	目录	车型名称	自-至	数量	车型（描述）
01	04465	04465-52260	110310	YARIS (CHINA)	200805-	01	NCP90,ZSP91 MARK AK PA563H
02	04465	04465-52240	113310	YARIS (ASIA)	200601-200901	01	NCP91..RHD..S MARK AISIN PV565H
03	04465	04465-52260	113310	YARIS (ASIA)	200601-200901	01	NCP91..(E,G,J)..(IDN,MA,PH,TH) MARK AK PA563H
04	04465	04465-52240	113310	YARIS (ASIA)	200601-	01	NCP91..S..TAIW MARK AISIN PV565H
05	04465	04465-52260	113310	YARIS (ASIA)	200601-	01	NCP91..(E,G)..TAIW MARK AK PA563H
06	04465	04465-52240	113310	YARIS (ASIA)	200901-	01	NCP91..RHD..S MARK AISIN PV565H
07	04465	04465-52260	113310	YARIS (ASIA)	200901-	01	NCP91..(E,G,J)..(IDN,MA,PH) MARK AK PA563H
08	04465	04465-52260	140310	VIOS (CHINA)	200802-	01	NCP92,ZSP92 MARK AK PA563H
09	04465	04465-52240	149320	VIOS	200702-	01	NCP93..(15S,E)..(TH,VN) NCP93..(15G,G,S)..(IDN,MA,PH,VN) MARK AISIN PV565H
10	04465	04465-52240	149320	VIOS	200702-	01	NCP93..15G..TH MARK AISIN PV565H,SINGAPORE & BRUNEI SPEC
11	04465	04465-52260	149320	VIOS	200702-	01	NCP93..(15E,15G,15J,E,J)..(MA,TH) NCP9#..(13E,13J,15E,LIMO)..(IDN,PH,VN) MARK AK PA563H
12	04465	04465-02220	151360	COROLLA SED/WG	200704-200810	01	NZE141..N MARK ADVICS PV565H
13	04465	04465-02220	151360	COROLLA SED/WG	200708-	01	CE140,NZE141,ZZE14#..SED MARK ADVICS PV565H
14	04465	04465-02220	151360	COROLLA SED/WG	200810-	01	NZE141..N MARK ADVICS PV565H

按下适当的PF键以选择下一项功能。

F1 清除　F10　F11 缩写　F12 设置状态

图 2-1-6　按零件名称编码 PNC 查询的界面

任务实施

通过相关知识的学习，掌握了汽车配件销售员接待客户的方法和查询汽车配件的方法，接下来需要完成“任务引入”中提出的任务。

一、接待客户

作为配件销售员，看到有客户进店，应该主动与客户打招呼，面带微笑地说：“您好，欢迎光临！”这种打招呼的方式会让客户感受到企业对自己的重视和尊重，拉近销售员与客户的距离，减轻客户内心的陌生感。

待客户有所回应后，可进一步发问："您有什么需要我帮忙的吗？"这种提问方式有助于探寻客户的需求，明确客户的类型，从而确定自己的销售方式。来店的客户目的不同，有的客户是无目的地闲逛，只是对市场做一个初步的考察；有的客户目的性很强，是专门为买某种配件而来；还有的客户是为买某种配件而进行询价。不管对哪一类客户，这种提问方式都不会伤害其感情，有助于销售人员开展进一步的商品介绍。而销售员小张将上述两个环节合二为一，让客户马先生倍感唐突，对其留下了不好的印象。

当销售人员了解了客户的真正需求后，应积极进行满足，礼貌待客。如所需商品需要通过查询才知道结果，应对客户说："请稍等，我为您查询一下！"然后将客户引入休息区。如果所需商品已经售完，应及时向客户解释："对不起，这种配件刚卖完，如果您不着急用，请留下姓名、地址、电话，来货我们会通知您！"或者说："对不起，这种配件刚卖完，但是我们店还有其他可与之互换的配件，您有兴趣吗？"这种接待方式易于被客户接受，而且有助于产品的推销。

当为客户办好一切手续后，应对客户说："对不起，让您久等了！这是您所需的配件，请查验一下！"待客户对所需商品验收合格后，应让客户再次核对钱款，避免出现经济纠纷。

当客户要离开配件营销商店时，无论客户是否购买了产品，销售人员都应将客户送出店外，并热情主动地说："请走好，欢迎您再来！"对于购买产品的客户，还应加上一句："谢谢您购买我们的产品，以后请多提宝贵意见！"讲感谢语时，要注视对方，目光应真挚热情。这种表达方式会让客户充分体会到宾客至上的理念，使其产生强烈的好感，从而激发其再次购买的欲望。而对于未购买产品的客户更要注重语气和语言，可以再补充一句："欢迎您再来！"这种表达方式很可能使其成为自己的潜在客户。

二、查询配件

本次客户流失的主要原因是销售员小张的配件查询业务不够熟练，无法向马先生提供所需信息。马先生想知道迈腾 2.0 机油泵的价格，销售员小张可通过汽车配件电子目录，利用汽车总成分类索引的方式进行配件查询。下面以一汽 – 大众配件电子目录为例，对具体操作过程进行说明。

第一步，小张应进入到一汽 – 大众配件电子目录主窗口界面，如图 2–1–7 所示。

图 2-1-7　一汽－大众配件电子目录主窗口界面

第二步，根据马先生提供的信息，进行车系的选择。因为马先生想购买的是迈腾的机油泵，所以小张应点击主窗口的任意位置，进入选择车系的窗口，点击大众车系标志，如图 2-1-8 所示。

图 2-1-8　选择车系主窗口界面

第三步，小张进入选择车型的界面，点击“Magotan”（迈腾），如图 2-1-9 所示。

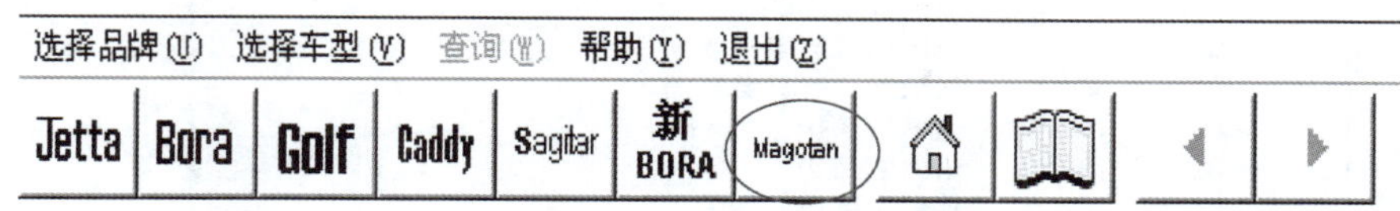

图 2-1-9　选择车型界面

第四步，小张进入迈腾车系各系统界面，如图 2-1-10 所示。

图 2-1-10　迈腾车系各系统界面

第五步，因为马先生要买的是机油泵，所以小张应点击发动机系统（即图 2-1-10 中“1”处），电子目录将显示该系统所包含的所有配件的属性，如图 2-1-11 所示。

主組号	子組号	子組序号	名称1	名称2
1	00	10	短发	
1	03	04	气缸体	油底壳
1	03	05	气缸体，油底壳	
1	03	43	气缸盖气缸盖罩盖	
1	03	45	气缸盖，气缸盖罩盖	
1	03	70	进气管盖护	
1	03	75	进气管盖护	
1	05	10	曲轴，连杆，轴承	
1	07	00	活塞	
1	09	03	凸轮轴，阀门	
1	09	10	凸轮轴，阀门	
1	09	59	控制链配气齿轮箱	
1	09	60	齿形皮带	齿形皮带护罩
1	15	10	机油泵	机油尺
1	15	20	机油滤清器机油泵机油尺机油冷却器	
1	15	50	机油滤清器支架	机油滤清器
1	21	05	水泵	

图 2-1-11　选择迈腾发动机系统所显示的界面

第六步，选取具体项目名称“机油泵”，如图 2–1–12 所示，并与客户核对与其相关的其他信息，如图 2–1–13 所示。小张应向马先生询问他所需要的配件对应的车辆排量，所用燃料为汽油还是柴油，从而确定与此机油泵相匹配的发动机型号。由于马先生的汽车为迈腾 2.0，以汽油为燃料，所以该车的发动机为 BJZ 型。图 2–1–12 和图 1–1–13 所显示的信息正好与此匹配，故双击该配件项目条，系统会显示该配件的详细图片，如图 2–1–14 和图 2–1–15 所示。

主組号	子組号	子組序号	名称1	名称2
1	00	10	短发	
1	03	04	气缸体	油底壳
1	03	05	气缸体，油底壳	
1	03	43	气缸盖气缸盖罩盖	
1	03	45	气缸盖，气缸盖罩盖	
1	03	70	进气管盖护	
1	03	75	进气管盖护	
1	05	10	曲轴，连杆，轴承	
1	07	00	活塞	
1	09	03	凸轮轴，阀门	
1	09	10	凸轮轴，阀门	
1	09	59	控制链配气齿轮箱	
1	09	60	齿形皮带	齿形皮带护罩
1	15	10	机油泵	机油尺
1	15	20	机油滤清器机油泵机油尺机油冷却器	
1	15	50	机油滤清器支架	机油滤清器

图 2-1-12　配件“机油泵”的前半部分信息界面

备注	车型	图形
1.8/2.0升	BJZ,BYJ,CBL	(BLOB)
1.8/2.0升	4缸+BYJ/CBL	(BLOB)
2.0升	BJZ	(BLOB)
1.8/2.0升	4缸+BYJ/CBL	(BLOB)
2.0升	BJZ	(BLOB)
2.0升	BJZ	(BLOB)
1.8/2.0升	BYJ，CBL	(BLOB)
1.8/2.0升	BJZ,BYJ,CBL	(BLOB)
1.8/2.0升	BJZ,BYJ,CBL	(BLOB)
1.8/2.0升	4缸+BYJ/CBL	(BLOB)
2.0升	BJZ	(BLOB)
1.8/2.0升	4缸+汽油发动机+/CBL	(BLOB)
2.0升	BJZ	(BLOB)
2.0升	BJZ	(BLOB)
1.8/2.0升	4缸发动机+BYJ/CBL	(BLOB)
2.0升	BJZ	(BLOB)
1.8/2.0升	4缸+BYJ/CBL	(BLOB)

图 2-1-13 配件“机油泵”的后半部分信息界面

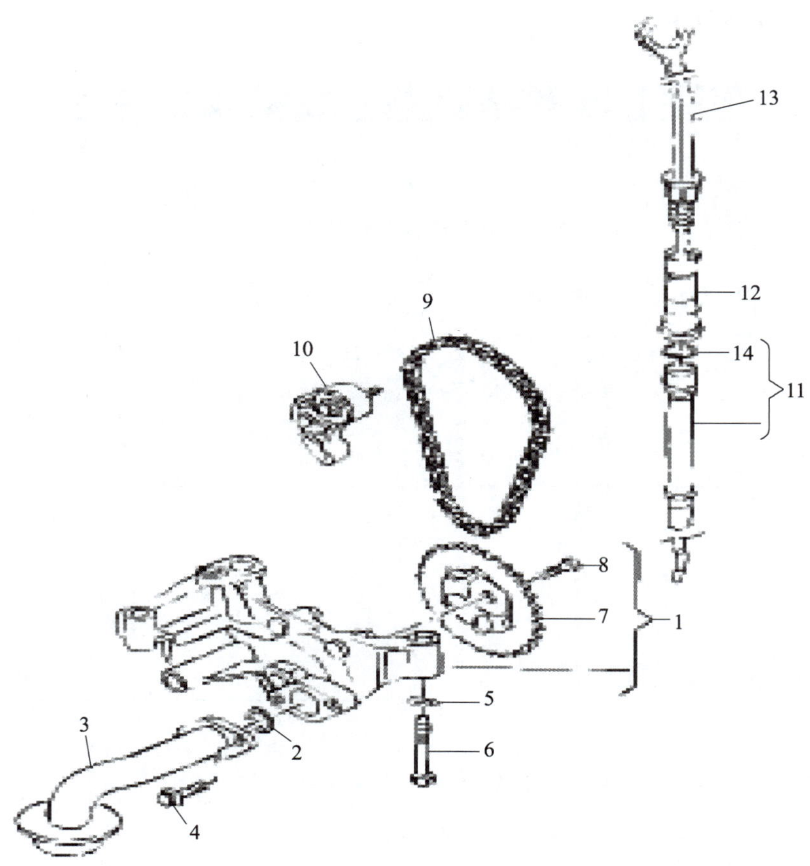

图 2-1-14 所选配件（机油泵）界面左侧

图号：115-10　　名称：机油泵 机油尺

备注：2.0升　　　　　　　　　　车型：BJZ

图上标号	L	零件号	零件名称	备注	件数	车型
1	L	06A 115 105 C	机油泵		1	
2	N	028 222 2	密封环	20X3,15	1	
3		06A 115 251 J	吸管道		1	
4	N	909 450 01	带内六角的六角带肩螺母栓	M7X21,5-SP	2	
5	N	012 234 5	弹簧垫圈	B7X14X0.8	3	

图 2-1-15　所选配件（机油泵）界面右侧

第七步，双击图 2-1-15 中零件名称为“机油泵”的项目条，此时将弹出“订单信息”对话框，显示该配件的编码、价格等，如图 2-1-16 所示。配件编码（零件号）将为销售员查询该配件的库存、位置提供依据。销售员小张可根据图 2-1-16 对话框中的内容向马先生报价，如马先生同意购买，可在对话框中添加“订购个数”，再点击“确定”，生成订单。

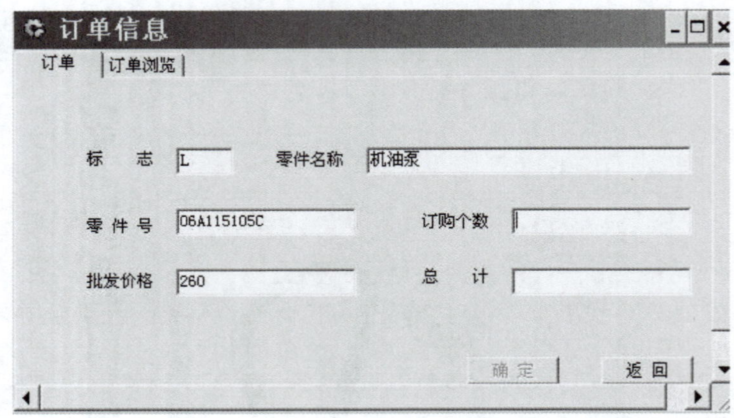

图 2-1-16　“订单信息”对话框

思考题

1. 销售员将汽车配件产品递给客户时，应注意哪些问题？
2. 常用的汽车配件查询方法有哪几种？

任务 2 汽车配件产品推介

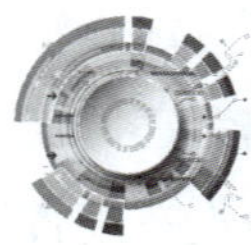

任务目标

- 掌握汽车配件产品的推介方法。
- 了解汽车零部件通用互换性的概念。
- 熟悉汽车精品销售的模式和技巧。
- 能根据实际情况进行汽车配件产品推介。

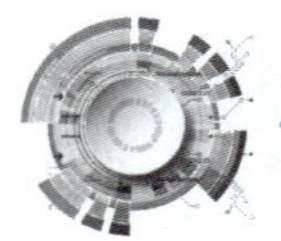

任务引入

最近，客户王先生的丰田 FJ62 型越野车（即巡洋舰）的发动机工作异常，经 4S 店诊断后确认其分电器需要更换。此外，随着北方温度的下降，王先生想为自己的爱车购买一些精品件。由于 4S 店的配件价格过高，所以他决定到汽配经销店购买。

他来到信平汽配经销店，进入店内后直接向员工小李询问该店是否有丰田巡洋舰的分电器和防冻液。小李应声答道："有，在这边，看一下吧！"王先生顺着小李手指的方向，看到了各式各样的分电器和防冻液，不禁说了句："这么多种！多少钱呀？"小李说："防冻液的价格不等，从十几元到一百多元的都有。丰田巡洋舰分电器的价格是 1 800 元左右。"王先生说"太贵了！"小李回答说："好东西的价格当然高，便宜的也用不久呀。"王先生说："能便宜点吗？"小李说："我们是明码实价，跟其他经销店比已经很优惠了。"王先生略微思考了一下，又问"那如果我不用丰田的分电器，改用其他品牌的分电器，有合适的吗？价格大概是多少？"小李想了想，说"最好还是用丰田原厂的分电器，别的都不合适。"王先生听后一脸无奈，转身离开了经销店。

显而易见，小李向王先生进行的配件产品推介是失败的，导致了客户的流失。那么，作为汽配经销店的销售人员，怎样才能成功地向客户推介配件产品呢？

本任务要求针对本次客户咨询，采取合适的方式进行汽车配件产品推介，并解决汽车零部件产品的互换问题。

任务分析

此次客户流失是因为小李没有与客户王先生有效地沟通，没有向客户进行深入细致的商品介绍，从而无法向客户提供满意的产品。小李所犯的错误也是汽配销售人员经常遇到的问题，这属于汽车配件产品推介的范畴，如果小李掌握了正确的汽车配件产品推介方法，就极有可能赢得客户。

此外，小李在客户王先生对丰田分电器的价格提出异议时，没有及时为王先生提供其他的解决方法，只是做了简单的回答，导致了客户的流失。本案例基本能体现优秀的配件销售人员与普通的配件销售人员在汽车配件产品推介能力上的差异。优秀的配件销售人员不但能够向客户推介他所需的商品，还能够运用汽车零部件通用互换性的相关知识向客户推介其他产品，以达到同等的效果，从而为自己赢得客户。

相关知识

一、汽车配件产品的介绍要点

汽车配件销售人员在向客户介绍产品时应从产品的品种、品牌、规格、性能等几个方面进行介绍。下面以汽车轮胎为例说明汽车配件产品的介绍要点。

1. 品种

商品的品种是指为了满足不同社会消费需要，按某种形态特征划分或结合的商品群体。汽配销售人员要熟悉自己推销产品的品种及各个品种的主要特征，尤其是企业最新开发的品种，要能够介绍各个品种的差异以及新品种的改进与提高。例如，汽车轮胎根据结构的不同可分为斜交轮胎和子午线轮胎，如图 2–2–1 和图 2–2–2 所示。子午线轮胎与斜交轮胎的根本区别在于胎体。斜交轮胎的胎体是斜线交叉的帘布层，而子午线轮胎的胎体是聚合物多层交叉材质，其顶层是数层由钢丝编成的钢带帘布，可降低轮胎被异物刺破的概率。

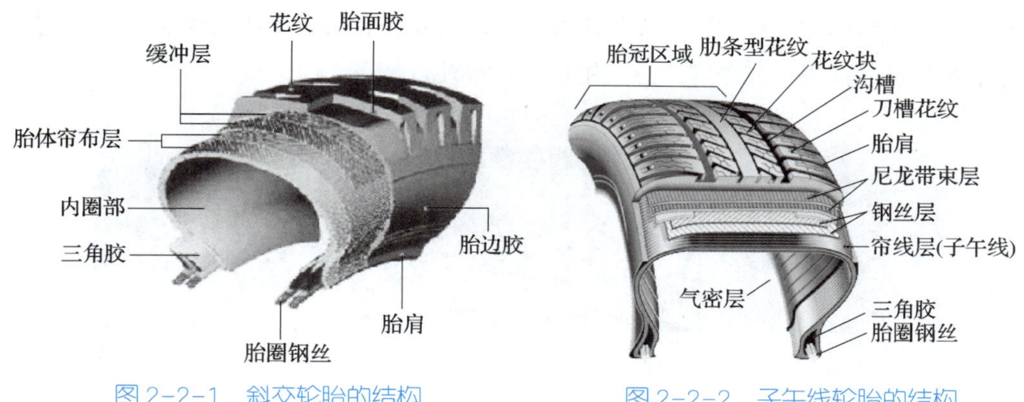

图 2-2-1　斜交轮胎的结构

图 2-2-2　子午线轮胎的结构

2. 品牌

品牌是制造商或经营商加在商品上的标志，一般是一个名称、名词、符号、象征、设计或它们的组合。汽车轮胎的品牌很多，国产的轮胎品牌有三角、回力、解放、东风、双钱、固力等，其中三角牌轮胎标识如图 2-2-3 所示。国外的知名品牌有米其林、固特异、普利斯通、韩泰等，其中米其林牌轮胎标识如图 2-2-4 所示。

图 2-2-3　三角牌轮胎标识

图 2-2-4　米其林牌轮胎标识

3. 规格

规格指生产单位对产品和所用原材料等的要求。它包括产品体积的大小、质量的高低、某种成分含量的多少、内外形状的尺寸等。产品的规格不同，性能和用途往往也不一致。国际标准的轮胎代号由以毫米为单位表示的断面宽度、轮胎断面扁平比的百分数，后面加上轮胎类型代号、轮辋直径、负荷指数和许用车速代号组成。如在轮胎上标有 195/65R 15 91V，如图 2-2-5 所示，其中 195 表示断面宽度为 195 mm，65 表示轮胎断面的扁平比为 65%（即断面高度是宽度的 65%），R 表示子午线轮胎，15 表示轮辋直径为 15 英寸，91 表示单胎最大承重指数（即对应的最大载荷为 615 kg），V 表示许用车速为 V 级（即最高安全速度是 240 km/h）。作为汽车轮胎销售人员要熟悉所销售的汽车轮胎的各种规格，能根据客户提出的要求，向客户介绍相应规格的轮胎，以免给客户造成损失，或令客户感觉销售人员很外行。

图 2-2-5　某轮胎规格标识

4. 性能

商品的性能是指商品所具有的性质和功能。例如，斜交轮胎和子午线轮胎在性能上具有一定的差异性。斜交轮胎有很多局限性，如交叉的帘线强烈摩擦易使胎体生热，因此加速胎纹的磨损，且其帘线布局也不能很好地提供优良的操控性和舒适性；而子午线轮胎中的钢丝层则具有较好的柔韧性，能适应路面的不规则冲击；此外，它的帘布结构使其在汽车行驶过程中产生的摩擦比斜交轮胎小得多，从而获得了较长的胎纹使用寿命和较好的燃油经济性。目前，汽车所使用的子午线轮胎普遍无内胎，即当轮胎被扎破后，不会像有内胎的斜交轮胎那样爆裂（这是非常危险的），而是使轮胎能在一段时间内保持气压，提高了汽车的行驶安全性。由此可见，汽车轮胎销售人员只有掌握了各种轮胎的性能，才能在向客户介绍产品时游刃有余，博得客户的信任。

二、汽车配件产品的推介方法

汽车配件产品的推介方法就是根据汽配推介活动的特点以及对消费者购买行为各阶段的心理演变应采取的策略，总结出的一些程序化的标准推介模式。

1. 迪伯达（DIPADA）模式

迪伯达模式分为六个步骤：（1）准确地发现客户的需求与愿望（Definition）→（2）把要推销的汽车配件与客户的需要和愿望结合起来（Incorporation）→（3）证实所推销的汽车配件符合需求（Proof）→（4）促进客户接受所推销的汽车配件（Acceptance）→（5）刺激客户的购买欲望（Desire）→（6）促使客户做出购买成交的决定（Action）。汽配销售人员在向客户推介汽车精品时，可采用此模式。

（1）发现客户需求

由于汽车精品是用于增加客户驾驶愉悦感和舒适性的商品，所以客户的需求和愿望是需要汽配销售人员通过观察和交谈来发现的。发现客户需求的方法见表 2–2–1。

表 2–2–1　发现客户需求的方法

客户类型	观察特点	交谈方法
目的明确型客户	进店时目光集中，脚步很快，有的径直向柜台走来，表示来意，提出要求；有的则在店内东瞧西望地寻找所需配件	语言简洁凝练，只需寥寥数语就可以结束全部的交谈，完成交易
犹豫不决型客户	进店时脚步比较缓慢，目光比较集中，观看商品时比较仔细，看到某种商品后，好像感兴趣，但当接近商品时，却若有所思，显出犹豫的神色	销售员不但要利用开放式或封闭式提问方式与客户进行交流，推测并确定客户需要的商品，还要细心观察客户的情绪，以选择恰当的语言介绍、推荐客户需要的商品

通过上述方法，销售人员可以知晓客户的具体需求方向，以便与销售的配件结合起来，从而把握好商品推介的方向。例如，销售人员通过对客户的观察和交谈，发现客户非常关注颈部的安全，那么，可判断客户的需求为汽车头枕。

（2）客户需求与销售配件相结合

发现客户的需求后，要做的事情就是把客户的需求与所销售的汽车头枕结合起来。结合方法有五种，要根据具体的情况有针对性地实施。客户需求与销售配件结合的方法见表 2–2–2。

表 2–2–2　客户需求与销售配件结合的方法

名称	内　容
物的结合	从所销售汽车配件具备的满足客户需求的优点、功能等特征出发，进行汽车配件与需求的结合
汽车配件整体概念的结合	指销售人员从汽车配件的整体概念出发，实现汽车配件与客户需求的结合

续表

名称	内　　容
观念结合法	指销售人员与客户通过在观念上尤其是价值观念上达到认同，从而实现汽车配件与客户需求的结合
信息结合法	销售人员通过及时传达有用的信息给客户，从而引发客户对汽车配件的大量需求
关系结合法	指销售人员利用社会关系将汽车配件与客户需求相结合

（3）证实符合需求

将客户需求与所销售的头枕结合后，销售人员要通过收集和应用证据来证实他所销售的汽车配件符合客户的需求。证据分为很多种，证据的类型及内容见表 2–2–3。

表 2–2–3　　证据的类型及内容

划分依据	类型	内　　容
证据的提供者	人证	真实且知名度高的人士在购买并消费所销售汽车配件后提供的证据
	物证	有关职能与权威部门出具的证据及表明使用后果的实物性证据，如相关鉴定测试报告等
	例证	作为证据的典型事例与方案，如果购买所销售汽车配件并取得较好效果的组织是知名企业或是有名的事件与人物，则应作为主要例证
证据的载体	文字证据	如上级文件、鉴定材料、客户表扬书信、订单、书报文章等形成的证据
	图片证据	用真人、真事、真物拍摄照片以及用图形、表格制成的图片所形成的证据
	光电证据	用光电等科技手法获取的证据，如录音、录像、计算机网络储存的资料等

对于客户而言，证据是最有说服力的，胜过销售人员的千言万语，有力的证据是客户对所推介商品产生信心的保障。

（4）促进客户接受

当销售人员利用证据向客户证明所推介的头枕符合客户的需求之后，要促进客户接受所推介的汽车头枕，有以下几种方法。

1）询问促进法，即销售人员在介绍汽车头枕、证实它符合客户需求的过程中不断询问客户是否认同或理解销售人员的讲解及演示，以促进客户接受。

2）诱导促进法，是指销售人员通过向客户提出一系列问题并请求客户做出回答而诱使客户逐步接受所推销的汽车头枕的方法。所提问题是销售人员经过深思熟虑的，后一个问题的回答应以前一个问题为基础，而客户对每一个问题的回答都是肯定的，于是由浅入深地引导客户进行积极的思考与逻辑推理，从而接受所推销的汽车头枕。

（5）刺激购买欲望

激起客户的购买欲望是汽车头枕推介过程中的一个关键性阶段，主要方法有示范法和诱导法。

1）示范法，即通过示范检验客户对其推介汽车头枕的认识程度，并消除客户情感上的消极心态和对立情绪，使客户完全接受推销的汽车头枕。

2）诱导法，即通过诱导客户从汽车头枕的优点出发，想象汽车头枕的使用价值和拥有后的喜悦；通过提供充分的证据、例证，阐述利益，用理智去唤起客户的购买欲望。

（6）促成客户购买行为

销售人员促使客户最终做出购买汽车头枕决定的方法有以下几种：

1）直接成交法，即销售人员看准时机，主动、明确、直接地要求客户购买汽车头枕的成交方法。

2）优惠成交法，指销售人员通过向客户提供进一步的优惠条件而推动成交的方法，如打折或赠送礼品等。

3）异议成交法，指利用处理完客户异议尤其是重要异议的机会成交的方法。

4）最后机会成交法，指销售人员直接向客户提示最后成交机会而促使客户立即决定购买的一种成交促进方法，如提醒客户打折促销活动马上就要截止等。

2. 埃德伯（IDEPA）模式

埃德伯模式分为五个阶段：（1）把所销售的汽车配件与客户的愿望结合起来（Incorporation）→（2）示范阶段（Demonstration）→（3）淘汰不合格的汽车配件（Elimination）→（4）证实客户的选择是正确的（Proof）→（5）促使客户接受汽车配件（Acceptance）。对于汽配销售人员，在向客户推介汽车维修零件时，可采用此模式。

由于汽车维修零件种类繁多，客户需求意向明显，所以在推介此类配件时，可直接把所销售的汽车配件与客户的愿望结合起来，销售人员应按照客户提供的需求标准，尽量提供更多货源供客户选择，不要怕麻烦。

向客户示范汽车维修零件时，销售人员最好多示范几种，如刚出厂的新零件、即将成为畅销货的零件、进销差价大的零件等，并在示范中了解客户的具体购买需求。

埃德伯模式的第三阶段，销售人员需要把示范较多的同种类的汽车零件中不适合的淘汰掉。销售人员淘汰不适合的零件是在了解客户的意向档次、数量的基础上进行的。

当客户选择了某种零件后，证实与赞扬客户的决定是必不可少的。主要采用案例的方式证明，如该零件在某个市场销售得很好，客户的满意度很高，产品的退换货率很低等。

促进客户成交的方式与迪伯达模式中促成客户购买行为的方式类似，不再赘述。

3. 费比（FABE）模式

费比模式分为四个阶段：（1）把汽车配件的特征详细地介绍给客户（Feature）→（2）充分分析汽车配件的优点（Advantage）→（3）尽数汽车配件给客户带来的利益（Benefit）→（4）以证据说服客户（Evidence）。对于汽配销售人员，在向客户推介汽车化学品时，可采用此模式。

例如，某客户要购买机油。销售人员在见到客户后，首先要以准确的语言把汽车机油的特征详细地介绍给客户，包括机油的性能、成分、作用、价格等；然后为客户分析不同品牌、不同标号机油的优点；再告知客户它们能够为其带来哪些利益；最后利用各种证据说服客户购买销售人员所推介的机油。

三、汽车配件的通用互换性

随着汽车工业的发展，汽车保有量不断增加，车型的变化也十分迅速，使汽车配件的种类更加繁杂。这给汽车配件销售部门的采购、经营工作带来许多困难。有的单位因缺少某一汽车配件而导致车辆不能使用，有的修理厂在修车过程中因购买不到该车的原厂件而使修理中断，造成较大的经济损失。这都是不了解汽车配件的通用互换性的缘故。尽管汽车配件的种类繁多，却在一定范围内具有互换性，有的稍加改进就可以互换、代用。作为汽车配件销售人员，有必要掌握一些配件通用互换性方面的知识，以便更好地服务于客户。

1. 汽车配件互换性和汽车配件代用的概念

在汽车维护、修理的过程中，经常需要更换配件。对某一批配件而言，它们当中的任何一个在装配时都可以互相调换，无须补充加工和修配就能满足使用要求。汽车配件的这种性质称为互换性。

汽车配件的代用可以理解为部分互换性。装有代用配件的汽车经常出现两种情况：一是安装代用配件后，部分改变了汽车的某些技术性能；二是安装代用配件时，需要补充加工和修配才能满足使用要求。这种情况下，配件在使用性能上可能维持不变，或有少许变化。

2. 汽车主要配件通用互换时的注意事项

某一配件具有互换性的条件是：配件的材料、结构形状、尺寸及尺寸精度和公差等级、表面粗糙度、几何公差、物理性能和力学性能（热膨胀系数、强度、硬度等）及其他技术条件都相同。

同一系列车型的主要零部件，特别是易损件，经常具有互换性。如 6135Q 型和 12V135Q 型两种汽车用柴油机，同属 135 系列，它们的活塞、活塞环、活塞销等许多零部件可以互换。

另外，个别零部件虽然在材料、结构形状方面有所差异，但仍具有互换性。例如，解放 CA10B 型汽车发动机的活塞有正圆活塞和椭圆活塞两种，它们的结构形状虽有差别，但性能相同，装配时的配合间隙也相同，可以互换（但必须成组互换）。此外，解放 CA10B 型汽车空气压缩机活塞的材料有铸铝和铸铁两种，它们也具有互换性，不过因为铝合金比铸铁的热膨胀系数大，所以在装配时铝合金活塞要比铸铁活塞留有的装配间隙（与气缸壁的配合间隙）更大。

有些汽车配件的外形很相近，但却没有互换性。选购时一定要仔细分辨其细微差异或标记，以免混淆。

各类国产汽车配件的通用互换情况可查阅有关资料，如《汽车配件通用互换查询手册》。如配件商店没有东风 2100E 型活塞销，可通过查询相应的配件互换手册，确定它可与东风 EQ1140E 型活塞销互换。东风汽车活塞销的通用互换情况见表 2–2–4。

表 2–2–4　东风汽车活塞销的通用互换情况

原厂编号	车型	发动机型号	计量单位	每车用量/只	适用车型
10D–04021	东风 EQ1090E	EQ6100–1	只	6	东风 EQ109OF、EQ1090KS、EQ1090KS1、EQ1090F1、EQ1130F、EQ3090E、EQ3090F、EQ3090E5A、EQ5090XF、EQ4090LE、EQ1090E2、EQ1091E1A、EQ1090E2A、EQ1090F2、EQ1090H1、EQ1091E、EQ1091E1A、EQ1091F、EQ1092E、E1092F、EQ1118G、EQ1118G1、EQ1118G2、EQ1118G3、EQ1090EO、EQ1090FO、EQ3090EO、EQ1090E1AO、EQ1090E2AO
10.2D–04021	东风 EQ1090F2D	EQ6102	只	6	东风 EQ1118G2D、EQ3110F2DY
A3901793	东风 EQ1110F4D	6B59、6BT59	只	6	东风 EQ1110F4D3Y、EQ1112F4DK、EQ1080KS4D、EQ1118F4D1Y、EQ2080E4D、EQ2080E4DY、EQ3110F4D、EQ311D4DY、EQ4090F4DJ
10E–04021	东风 2100E	EQ6105–1	只	6	东风 EQ1140E

3. 车身和汽车发动机附件的互换

汽车上的车身附件主要有备胎架、保险杠、车门锁、车门铰链、各种密封件、玻璃升降器、刮水器、风窗玻璃洗涤器、遮阳板、后视镜、座椅、安全带、扶手、护板、内饰等。

汽车发动机附件主要有散热器及节温器、机油冷却器、机油泵、机油滤清器、空气滤清器、排气消声器等。

汽车车身附件和发动机附件都是典型的可通用互换配件。一般情况下，同一厂家生产的同一系列车型该类配件基本可以通用。即使是不同厂家生产的同类型汽车，该类配件也具有较大的互换可能性。如本田思域四门轿车的节温器可与雷克萨斯 IS 四门轿车的节温器进行通用互换。

在销售时，可查询该类配件的通用互换手册。

四、汽车精品销售

近年来，汽车后市场中的汽车精品迎来了蓬勃发展时期。汽车精品是增长最迅速的价值链增值业务，很多汽车厂家对汽车精品市场越来越重视，投入了大量的人力、财力、物力发展汽车精品业务。在汽车精品的销售过程中，要抓好产品质量，选择良好的进货渠道并运用适当的销售技巧。

1. 汽车精品的概念

汽车精品是指能对汽车功能、外观、个人偏好进行有益补充，可以达到美化外观、增强功能和展现个性化特点的汽车配件、美容养护产品等的总称。汽车 4S 店的常见汽车精品主要有防爆太阳膜、防盗器、防盗锁、倒车雷达、GPS 导航、底盘装甲、汽车坐垫、汽车地毯（地胶）、真皮座椅、汽车香水、汽车小饰品等。

2. 汽车精品销售技巧

（1）汽车精品的销售时机

汽车精品的销售时机主要有新车下定金时、新车交余款时、车主提车时和协同作战时。

新车下定金时是一个很好的引导时机，可以给车主做一些前期的铺垫工作，比如告诉车主，我们有汽车销售后的加装、改装、美容等业务。

新车交余款时是最为关键的时机，主要表现在：①可以介绍车辆必要的服务项目，如底盘防锈等；②可以针对车型，介绍有针对性的项目；③可以强调在新车提车前期节约时间，比如在提车时车内已装饰一新，满足车辆的使用要求；④可以强调4S店的专业性；⑤可以特别提示在其他店面进行加装的不受保护性。

车主提车时是最后补充时机。在这一阶段，一是可以核对车辆加装情况并进行补充；二是可以再次强调4S店的专业性；三是可以再次强调新车在其他地方加装的不受保护性。

协同作战时机是指在客户购置新车时直接向客户介绍4S店的精品部，让精品销售人员无缝介入。在客户对汽车精品有犹豫时，往往更倾向于听销售顾问的建议，销售顾问肯定的答复会给客户带来临门一脚的信心。其他配件销售人员应与精品销售人员共筑信息沟通平台，及时沟通，避免没有交代出场人物、没有后续跟踪、前后解说不一等情况的出现。

（2）汽车精品的销售方法

进行汽车精品销售时，一是可以运用迪伯达模式进行推介，二是可以利用FAB法则详述利益特点，即详细介绍所销售的产品如何满足客户的需求，如何给客户带来利益，它有助于更好地展示产品。实践证明，在介绍产品时，一定要按FAB的顺序来介绍，才能有效地打动客户。比如，在介绍空调滤清器这一汽车精品时，F是产品特征，空调滤清器可以过滤从外界进入车厢内部的空气，使空气的洁净度提高；A是产品优势，空调滤清器的优势是可以保证车内乘员的健康；B是客户需要的利益，空调滤清器可以带来良好的车内环境，以满足对乘员健康的基本要求。

任务实施

一般来说，对于来店咨询的客户，可以按照“询问意向→产品推荐→产品介绍”的程序进行产品推介。下面针对任务引入中王先生想要购买的汽车防冻液和分电器进行产品推介。

一、防冻液的产品推介

1. 询问意向

汽配销售员小李应询问王先生："先生，您好，请问想要什么牌子的防冻液？"如王先生目的性不强，小李可再询问王先生："那您想要什么价位的呢？"

2. 产品推荐

随后小李可根据王先生给出的价格范围提供一些产品参考。例如，王先生对小李说："我想选一种质优价廉的防冻液，价格控制在百元之内就行。"小李根据店内配件商品的情况，向王先生做了产品推荐："先生，您可以试用一下长城 FD-2A 型防冻液，它的质量不错，很适合北方的天气使用，价格也比较合理，每桶 52 元，4 升装的。有很多的回头客都用它！"

3. 产品介绍

小李推荐之后，王先生说："这个价格也太贵了，我看有的配件商店 10 升装的大桶防冻液才卖 20 元。"此时，小李可依据费比模式向王先生做进一步的商品推介。

（1）防冻液的特征（Feature）

小李说："先生，您讲的的确是事实，可我们买防冻液除了关注价格之外，更要注重它的质量。一款优质的防冻液，不仅要拥有出色的防冻功能，在防腐蚀、防沸、防水垢等方面也必须具有良好的性能。"

（2）长城 FD-2A 型防冻液的优点（Advantage）

小李接着说："这款防冻液在价格上虽然没法和您提出的产品相比，但性价比却很高。劣质防冻液很容易对汽车冷却系统内的金属零部件造成腐蚀，进而发生电化学腐蚀，冷却系统腐蚀将造成冷却系统故障，影响冷却，导致发动机过热，从而损坏发动机。"

王先生听后点了点头，又看了一下货架上的长城 FD-1 型多效防冻液，问小李："这个多少钱？"小李说："这款防冻液是每桶 40 元，也是 4 升装的。"王先生问道："为什么同一品牌的价格相差这么多？"小李说："先生，选择防冻液，除了看质量以外，还要选择冰点，一般要求其冰点比车辆运行地区的最低温度再低 10 ℃左右。长城

FD–1 型多效防冻液的最低使用温度是 –25 ℃，而我们这里的最低气温一般在 –25 ℃左右，显然它不适合。而我向您推荐的长城 FD–2A 型多效防冻液的最低使用温度是 –45 ℃，适合东北地区使用。换句话说，如果您的汽车是在华北地区行驶，那我就向您推荐长城 FD–1 型多效防冻液。”

（3）阐述利益（Benefit）

王先生听了小李的话后，说：“原来买防冻液有这么多讲究！”小李微笑着说：“劣质防冻液大体可分为两种，一种是用低沸点醇类如甲醇勾兑的防冻液，这类防冻液沸点低，极易挥发并造成液体沸腾，也就是常说的水箱开锅，并且挥发的蒸气对人的眼睛有严重损害。若使用这种劣质防冻液，在水箱管不漏的情况下，也会因挥发严重而需要经常补加防冻液。而优质的防冻液，只要水箱管不漏，基本不需要补加。另一种是用工业盐和卤水勾兑的劣质防冻液，它最大的危害是腐蚀水箱、发动机及整个冷却系统，一个完好的水箱两三个月就会因腐蚀而出现泄漏，发动机也会因腐蚀严重而损坏。”

（4）用证据说服客户（Evidence）

王先生听完了小李的介绍后，说：“你讲的很有道理，看来真不能图便宜买劣质的防冻液。不过你有什么依据说明你推荐的这款质量好呢？”小李说：“鉴别是否为优质防冻液可以从四个方面衡量。第一，闻味道。有各种刺鼻难闻气味的一定是劣质货。第二，凭手感。不润滑、易挥发的（注意：防冻液的添加剂中含有致癌物，严禁用嘴尝）是加了低沸点醇类的易开锅的劣质防冻液；包装桶口有白色固体出现，手感很涩，没有特别气味的，为工业盐和卤水勾兑的劣质防冻液。第三，看浊度。无论何种颜色的产品，都要保持一定的透明度，浑浊的产品不是好产品。第四，看包装标识。冰点越低，沸点越高，防冻液的品质就越好。先生，您可以根据我向您介绍的四点，衡量一下这款长城多效防冻液。您也可以再去比较一下便宜的防冻液，我相信您一定会做出明智的选择！”王先生对小李的讲解非常满意，一边点头，一边说：“不用看了，我信得过你！”小李接着说：“长城牌防冻液的性能和口碑都很好，回购率很高，我相信您选择它一定会为您的爱车提供更好的保护！”王先生通过销售员小李的讲解，对他推荐的产品产生了极大的兴趣，激起了他强烈的购买欲望，最终促成了购买行为。

二、配件代用

王先生觉得小李推荐的分电器价格太贵，而小李并没有对王先生做进一步的介绍。如果小李能够根据自己掌握的配件互换代用知识，及时向王先生提供一些建议，那么王先生就有可能成为他的客户。

小李可以对王先生说："先生，如果您觉得丰田的分电器价格过于昂贵，我可以向您提供一种配件代用方法，这样既可以让您省钱，又不影响使用效果，不知您是否感兴趣？"

王先生当然会表示有兴趣听下去，这时小李可以继续说："据我所知，丰田 FJ62 型越野车分电器可采用国产东风 140、145 型卡车用的 JF655 型无触点分电器替换。代用过程中需要注意两点。第一点，由于 JF655 型无触点分电器的轴比原车分电器的轴短且细，需加粗加长，因此需要修配厂重新车一根小轴换上。第二点，更换分电器后，点火时间的自动调节由中央调节变为外壳调节，真空调节器的弹簧太长太硬、调节不灵敏，需要替换一个稍短稍软的弹簧，长度由 10 mm 截短到 6 mm，再加上几个调整垫片即可。改装后的汽车更加省油且高速时不再断火，低速时动力性好，加速性能也会显著改善，还省去了经常调整白金触点的麻烦。虽然这种方法麻烦一些，但分电器的价格要比丰田的分电器低很多，就算再加上修理费，总成本还是比用原厂件便宜。"小李的这番解释为王先生购买配件提供了新思路，同时也增强了对小李的信任度，王先生可能采纳他的建议，成为小李的最终客户。

熟悉汽车配件的互换代用是对汽车配件销售人员提出的一个较高的要求，但它对汽配销售人员进行成功的产品推介有极大的帮助。

思考题

1. 简述迪伯达（DIPADA）模式的六个步骤。
2. 汽车精品的销售时机有哪些？

任务 3　汽车配件合同的签订

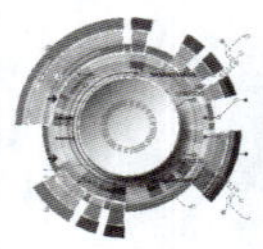

任务目标

- 掌握购销合同的内容与形式。
- 掌握购销合同的争议与理赔处理方式。
- 掌握合同的仲裁与裁决的内容。
- 能拟定汽车配件购销合同。

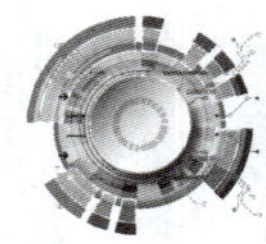

任务引入

A 地乙公司要从 B 地甲公司处购买捷达发动机活塞环配件 80 套，每套价格为 285 元，共计 22 800 元。双方约定由甲公司代办托运，运抵日期最晚为 6 月 10 日，乙公司预付 10 000 元，余款在收到货物后付清。

本任务要求按上述内容给出甲乙双方需要签订的购销合同文本。

甲、乙公司签订合同后，甲公司因为经营管理问题，没有按照合同约定的时间交付货物，乙公司根据合同要求甲公司支付违约金，甲公司拒绝，双方发生争议，这时应该如何解决?

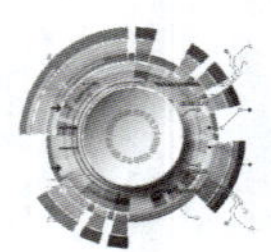

任务分析

购销合同是汽车配件销售人员经常遇到的一种合同形式。签订购销合同时，应约定交付金额和交付时间，还要注意约定托运负责方，并仔细填写违约权责。除此之外，签订购销合同时还有哪些内容和注意事项呢?

在本案例中，乙公司要求甲公司支付违约金是否合理?双方当事人没有约定管辖协议，乙公司可以向哪个法院提起诉讼?这需要通过学习索赔与理赔、仲裁与裁决等知识后确定。

相关知识

汽车配件销售人员常用的书面合同有购销合同、运输合同、保险合同等，其中最常见的是汽车配件购销合同，而运输合同和保险合同在形式和内容方面与购销合同区别不大，这里不再单独讲解。

一、合同的定义与特征

合同是双方当事人之间为实现某特定目的而确定、变更、终止双方债权关系的协议。合同具有以下几个特征：

1. 订立合同的双方当事人法律地位平等。首先要求合同当事人在平等的基础上充分协商，自愿订立合同，合同的内容要反映当事人的真实意愿，而不是另一方强迫自己订立；其次，无论合同当事人双方的身份和关系如何，在订立合同时双方的法律地位平等；最后，法律地位平等还要求合同当事人双方平等地享受权利和承担义务。

2. 合同是双方当事人之间意思表示一致的结果。

3. 订立合同是一种法律行为，合同的内容必须是合法的，否则合同无效。

4. 合同具有法律效力。双方必须履行合同所规定的各项义务。合同的法律效力主要体现在两个方面：其一，合同一经成立，就受到国家法律的保护，当事人必须履行；其二，对于依法成立的合同，当事人任何一方不得擅自变更或解除，否则就要承担违约责任。

二、购销合同的内容与形式

购销合同在汽车配件采购中起着决定性的作用，下面以 ×× 公司与 ×× 公司签订的一汽速腾汽车配件购销合同为例，讲解购销合同的内容与格式。

一汽速腾汽车配件购销合同

合同编号：202000031

卖　　方：吉林省 ×× 汽车配件经销有限公司

买　　方：沈阳 ×× 汽配销售公司

为保护买卖双方的合法权益，买卖双方根据《中华人民共和国合同法》的有关规定，经友好协商，一致同意签订本合同，共同遵守。

一、货物的名称、数量及价格

标的名称	牌号商标	规格型号	计量单位	数量	单价/元	金额/元	交（提）货时间
水泵	速腾	L06A121011Q	套	30	360.00	10 800.00	2020 年 7 月 6 日
氧传感器	速腾	06A906262DH	个	5	1 230.00	6 150.00	2020 年 7 月 6 日
合计						16 950.00	
合计人民币金额（大写）：壹万陆仟玖佰伍拾元整							

二、质量要求和技术标准：参照 IBM 公司的相关产品技术标准

三、接货单位（人）：沈阳 ×× 汽配销售公司

卖方指定本合同项下货物的接货单位为：沈阳 ×× 汽配销售公司

地址：沈阳市新城区南环路 ×× 号

四、联系人：王成　传真：024-85541019　联系电话：024-85541010

五、交货时间、地点、方式及相关费用的承担

1. 交货时间：2020 年 7 月 6 日

2. 交货地点：沈阳市新城区南环路 ×× 号沈阳华盛汽配销售公司

3. 运输费用：2 586.00 元，由买方承担

六、合同总金额：RMB16 950.00 元

合同总金额为人民币：壹万陆仟玖佰伍拾元整

七、付款方式和付款期限

交货当日内，买方向卖方支付全部合同金额：RMB16 950.00 元

八、货物的验收

自产品交货后三日内，买方应依照双方在本合同中约定的质量要求和技术标准，对产品的质量进行验收。验收不合格的，应向卖方提出书面异议，并在提出书面异议后三日内向卖方提供有关技术部门的检测报告。卖方应在收到异议及检测报告后及时进行修理或更换，直至验收合格。在产品交付后三日内，若卖方未收到书面异议或虽收到书面异议但未在指定期限内收到检测报告，视为产品通过验收。

九、拒收与异议

采用代办铁路托运方式交货，买方对产品、规格型号、数量有异议的，应自产品运到之日起七日内，以书面形式向卖方提出。

买方因使用、保管、保养不善等造成产品质量下降的，不得提出异议。

上述拒收或异议属于卖方责任的，由卖方负责更换或补齐。

十、合同的生效和变更

本合同自双方签字盖章时生效，在合同执行期内，买卖双方均不得随意变更或解除合同，如一方确需变更合同，需经另一方书面同意，并就变更事项达成一致意见，方可变更。如若双方无法就变更事项达成一致意见，提议变更方仍应依本合同约定，继续履行义务，否则视为违约。

十一、争议的解决

在本合同的执行过程中，双方若发生争议，应先协商解决，协商不成时，任意一方均可向卖方所在地人民法院提起诉讼。

十二、其他

按本合同规定应该偿付的违约金、赔偿金及各种经济损失，应当在明确责任后十日内支付给对方，否则按逾期付款处理。

本合同一式两份，双方各执一份，具有同等法律效力。

卖方：吉林省 ×× 汽车配件经销有限公司	买方：沈阳 ×× 汽配销售公司
授权代表：李明	授权代表：王成
开户银行：吉林省长春市建设银行富豪分理处	开户银行：沈阳市建设银行新城区分行
账号：1000000020001346	账号：2340000000000101
地址：长春市朝阳区开运街 ×× 号	地址：沈阳市新城区南环路××号
2020 年 7 月 6 日	2020 年 7 月 6 日

1. 购销合同的内容

一份完整的购销合同包含很多内容，从大的方面可以分为三个部分：开头、正文和结尾。

（1）合同开头

1）合同的名称，如“一汽速腾汽车配件购销合同”。

2）合同的编号，如“202000031”。

3）买卖双方企业或个人的名称。

（2）合同正文

1）标的

采购的对象是合同的标的。采购物品的大类、明细分类、规格、型号、等级、花色等应明确、具体、清楚地写明。例如，前面购销合同中的一汽速腾水泵和氧传感器。

2）数量

数量是合同的必备条款，没有数量的合同是不能成立的。购销合同只要有了标的和数量，即使对其他内容没有规定，也不影响合同的成立与生效。数量是衡量标的和当事人权利义务大小的尺度，指的是采购数量和交货数量，数量要采用国家规定的计量单位和方法。例如，前面购销合同中氧传感器的数量为5。若货物品种和数量较多，可在合同正文后附货物清单。

3）质量

质量是标的内在素质和外在形态优劣的标志，合同中应当对质量问题尽可能地做出细致、准确和清楚的规定。若国家有强制性标准，必须按照规定的标准执行。如有其他质量标准，应尽可能约定为适用的标准。当事人可以约定质量检验的方法、质量责任的期限和条件、对质量提出异议的期限与条件等。例如，前面购销合同中的质量要求和技术标准为“参照IBM公司的相关产品技术标准”。

4）价格

价格的确定要符合国家的价格政策和法规，如果有政府定价和政府指导价，要按照规定执行。价格应当在合同中规定清楚，或者明确规定计算价款或报酬的方法。有些合同比较复杂，货款、运费、保险费、保管费、装卸费、报关费等一切可能支出的费用都要规定清楚支付方。此外，要在合同中写明价款结算的币种、单价和总价，价款的结算除通过国家规定允许使用的现金外，还可以通过银行转账或票据结算。例如，前面购销合同中的“合同总金额为：人民币壹万陆仟玖佰伍拾元整”“交货当日内，买方向卖方支付全部合同金额，即RMB：16 950.00元”。

5）运输方式

运输方式可以分为公路运输、铁路运输、水路运输、航空运输等。例如，前面购销合同中的“代办铁路托运方式”。

6）支付条款

支付条款主要指结算方式，如现金结算、转账结算、托收承付、支票结算、委托付款、信用证结算、汇兑结算、委托收款等。支付方式与当事人的利益密切相关，应当从方便、快捷和防止欺诈等方面考虑，选取最适当的履行方式，并且在合同中明确规定。例如，前面购销合同中的“现金结算”。

7）交货地点

交货地点是指当事人履行合同义务和对方当事人接受履行的地点。如在购销合同中，约定由买方提货的，则在提货地交货；约定由卖方送货的，则在买方收货地履行。交货地点也是在发生纠纷后确定由哪一地法院管辖的依据。因此，合同中关于交货地点的规定应当明确、具体。例如，前面购销合同中的交货地点为“沈阳市新城区南环路 ×× 号沈阳华盛汽配销售公司”。

8）检验条款

采购方应对购入的货物进行检验，可根据货物的生产类型、产品性能、技术条件的不同，采取感官检验、理化检验、破坏性检验等方法，双方应在合同中约定检验的标准、方法、期限以及索赔的条件。例如，前面购销合同中的“自产品交货后三日内，买方应依照双方在本合同中约定的质量要求和技术标准，对产品的质量进行验收。”

9）违约责任

违约责任是指当事人一方或者双方不履行合同或者不适当履行合同，依照法律的规定或者按照当事人的约定应当承担的法律责任。违约责任在合同中非常重要，因此，相关法律对于违约责任已经做出了较为详尽的规定。为了保证双方当事人严格按照约定履行义务，也为了更加及时地解决合同纠纷，可以在合同中约定违约责任，如约定定金、违约金、赔偿金以及赔偿金的计算方法等。例如，前面购销合同中的“按本合同规定应该偿付的违约金、赔偿金及各种经济损失，应当在明确责任后十日内支付给对方，否则按逾期付款处理”。

10）解决争议的方法

解决争议的方法指合同争议的解决途径，主要有双方通过协商和解、由第三人进行调解、通过仲裁解决和通过诉讼解决。当事人可以约定解决争议的方法，如果意图通过诉讼解决则不必进行约定，通过其他途径解决都要事先或者事后约定。对于不可抗力造成的事故，当事人要出具事故证明并约定事故发生后通知对方的期限等。例如，前面购销合同中的"在执行本合同过程中，双方若发生争议，应先协商解决，协商不成时，任意一方均可向卖方所在地人民法院提起诉讼"。

（3）合同结尾

1）合同份数及生效日期。

2）签订人的签名。

3）购销双方的公司公章。

4）签订的地址，如"长春市朝阳区开运街 ×× 号"。

5）签订的时间，如"2020 年 7 月 6 日"。

注：在有些合同中，合同开头也会有签订地点和签订时间。

2. 购销合同的形式

《中华人民共和国合同法》第十条规定："当事人订立合同，有书面形式、口头形式和其他形式。"

（1）口头合同

口头合同指双方当事人之间通过对话约定双方权利义务关系而订立的合同。对话的形式有面对面的接触、电话的沟通、网络语音（视频）的交流。它的优点是合同的建立简便、迅速、易行。缺点是当口头合同发生纠纷时，当事人举证困难。

（2）书面合同

《中华人民共和国合同法》第十一条规定："书面形式是指合同书、信件和数据电文（包括电报、电传、传真、电子数据交换和电子邮件）等可以有形地表现所载内容的形式。"书面合同能够将双方当事人的权利和义务记载清楚，便于履行，发生纠纷时容易举证和界定责任。

书面合同是采购活动中应用最广泛的一种合同形式，它有以下几种分类：

1）合同书

合同书是记载合同内容的文书。若当事人采用合同书形式订立购销合同，自双方当事人签字或者盖章时合同成立。

2）信件

信件是当事人就记载于纸张上的合同内容往来的普通信函。在购销合同签订的过程中，当事人在签订合同书的基础上，常常又围绕合同条款发生一系列信件往来，这些信件构成书面合同的一部分。

3）数据电文

数据电文是与现代通信技术相联系的书面形式，包括电报、电传、传真、电子数据交换和电子邮件。它们通过电子形式来传递信息，构成明确、可靠的书面资料。合同中的电子签名保证了合同的有效性。这种合同在远程采购中比较多见，如涉外采购就是其中的一种。

4）确认书

确认书是通过信件和数据电文的方式订立购销合同时，在承诺生效之前，当事人以书面形式对合同内容予以确认的文件，它实质上是一种合同书。《中华人民共和国合同法》第三十三条规定："当事人采用信件、数据电文等形式订立合同的，可以在合同成立之前要求签订确认书。签订确认书时合同成立。"

（3）推定或默认形式

当事人未用语言、文字表达其意思，而是通过其行为推定或默认合同成立的形式，称为推定或默认形式。例如，某商店安装自动售货机，顾客将规定的货币投入机器内，买卖合同即成立。

三、购销合同的签订与履行

1. 购销合同的签订

根据《中华人民共和国合同法》第三、四、五、六、七条的规定，购销合同的签订应当按照平等原则、自愿原则、公平原则、诚实信用原则、遵守法律及行政法规和尊重社会公德的原则进行。

2. 购销合同的履行

订立购销合同的目的是让买卖双方的行为受到一定的约束，以保护双方的利益不受侵害。购销合同对双方都是平等的、公正的。

购销合同生效后，当事人对质量、价款、履行期限和地点等内容没有约定或约定不明确的，可以协议补充；不能协议补充的，按照合同有关条款或者交易习惯确定。

四、购销合同的争议与索赔处理

1. 责任划分

处理争议和索赔是购销业务中的一项重要工作。采购业务中处理好争议和索赔，需要划清责任。违反购销合同的责任划分有：

（1）供方责任

1）商品的品种、规格、数量、质量和包装等不符合合同规定，或未按合同规定日期交付，应偿付违约金、赔偿金。

2）商品错发到货地点或接货单位，除按合同规定负责运到规定地点或接货单位外，还要承担因此而多付的运杂费，如果造成逾期交货，还应偿付逾期交货违约金。

（2）需方责任

1）中途退货应偿付违约金、赔偿金。

2）未按合同规定日期付款或提货，应偿付违约金。

3）错填或临时变更到货地点，应承担因此而多支出的费用。

2. 索赔与理赔

索赔一般有三种情况：购销双方之间的贸易索赔；向承运人的运输索赔；向保险人的保险索赔。

索赔和理赔是一项维护当事人权益和信誉的重要工作，也是涉及面广、业务技术性强的细致工作。因此，提出索赔和处理索赔时，必须注意下列问题：

（1）索赔期限

索赔期限是指争取索赔的当事人向违约方提出索赔要求的期限。索赔期限应根据不同商品的具体情况做出不同的规定，如果逾期提出索赔，对方可以不予理赔。

（2）索赔依据

提出索赔时，必须出具因对方违约而造成需方损失的证明。当争议条款为商品的质量条款或数量条款时，该证明要与合同中的检验条款相一致，同时出示检验机构出具的证明。

（3）索赔方法和金额

关于处理索赔的方法和索赔的金额，除个别情况外，通常在合同中只做笼统规定，而不做具体规定。因为违约的情况较为复杂，当事人在订立合同时往往难以预计。有关当事人应根据合同规定和违约事实，本着平等互利和实事求是的原则，合理确定损害赔偿金额或其他处理办法，如退货、换货、补货、整修、延期付款、延期交货等。

当商品因质量与合同规定不符而使采购方蒙受经济损失时，如果违约金能够补偿损失，则不再另行支付赔偿金；如果违约金不足以抵补损失，还应根据采购方损失的金额，支付赔偿金以弥补其差额部分。

五、购销合同的变更、终止和解除

1. 合同变更

当事人协商一致的情况下，可以变更合同。当事人对合同变更内容约定不明确的，推定为未变更。

2. 合同终止

应当先履行债务的当事人，有确切证据证明对方有下列情形之一的，可以终止履行：

（1）经营状况严重恶化。

（2）转移财产、抽逃资金以逃避债务。

（3）丧失商业信誉。

（4）有丧失或者可能丧失履行债务能力的其他情形。

若当事人没有确切证据而中止履行，应当承担违约责任。若当事人依据上述理由中止履行，应当及时通知对方。对方提供适当担保时，应当恢复履行。中止履行后，对方在合理期限内未恢复履行能力并且未提供担保的，中止履行的一方可以解除合同。

3. 合同解除

有下列情形之一的，当事人可以解除合同：

（1）因不可抗力致使不能实现合同约定。

（2）在履行期限届满之前，当事人一方明确表示或者以自己的行为表明不履行主要债务。

（3）当事人一方延迟履行主要债务，或经催告后在合理期限内尚未履行。

（4）当事人一方延迟履行债务或其他违约行为致使不能实现合同约定。

合同解除后，尚未履行的义务，终止履行；已经履行的义务，根据履行情况和合同性质，当事人可以要求恢复原状，采取其他补救措施，并有权要求赔偿损失。

合同的权利义务终止，不影响合同中结算和清理条款的效力。

六、仲裁与仲裁裁决的执行

1. 仲裁

仲裁是指合同的当事人双方发生争议时，如果不能通过协商解决，当事人一方或双方自愿将有关争议提交给双方所同意的第三者，依照专门的裁决规则进行裁决的解决办法。裁决的结果对双方都有约束力，双方必须依照执行。

当采购方与供应商发生纠纷需要仲裁时，可按照一般的仲裁程序到相应的受理机构提出仲裁申请。仲裁机构受理后，经调查取证，先行调解，如调解不成，再进行庭审，开庭裁决。仲裁程序如图 2-3-1 所示。

提出仲裁申请 → 立案受理 → 调查取证 → 先行调解 → 开庭裁决

图 2-3-1　仲裁程序

2. 仲裁裁决的执行

仲裁裁决的执行是指人民法院经当事人申请，采取强制措施将仲裁裁决书中的内容付诸实现的行为和程序。

（1）执行仲裁裁决的条件

1）必须有当事人的申请

一方当事人不履行仲裁裁决时，另一方当事人（权利人）须向人民法院提出执行申请，人民法院才会启动执行程序。是否向人民法院申请执行是当事人的权利，人民法院没有主动采取执行措施，对仲裁裁决予以执行的职权。

2）当事人必须在法定期限内提出申请

仲裁当事人在提出执行申请时，应遵守法定期限，及时行使自己的权利，超过了法定期限的执行申请人民法院不予受理。关于申请执行的期限，《中华人民共和国仲裁法》规定，当事人可以依照民事诉讼法的有关规定办理，即双方或一方当事人是公民的为1年，双方是法人或者其他组织的为6个月。此期限从法律文书规定履行期间的最后二日起计算；法律文书规定分期履行的，从规定每次履行期间的最后一日起计算。

3）当事人必须向有管辖权的人民法院提出申请

根据《中华人民共和国仲裁法》，人民法院管辖权的确定应适用民事诉讼法的有关规定。

（2）执行仲裁裁决的程序

1）申请执行

义务方当事人在规定的期限内不履行仲裁裁决时，权利方当事人在符合前述条件的情况下，有权请求人民法院强制执行。当事人申请执行时应当向人民法院递交申请书，在申请书中应说明对方当事人的基本情况以及申请执行的事项和理由，并向法院提交作为执行依据的生效的仲裁裁决书或仲裁调解书。

2）执行

当事人向有管辖权的人民法院提出执行申请后，人民法院应当根据民事诉讼法规定的执行程序予以执行。

任务实施

一、甲乙公司的购销合同文本

工业品买卖合同

甲　　方：湖北省××汽车配件销售有限公司　　合同编号：202004030

乙　　方：吉林省××集团有限公司　　签订地点：长春

签订时间：2020年5月30日

一、标的、数量、价款及交（提）货时间

标的名称	牌号商标	规格型号	计量单位	数量	单价/元	金额/元	交（提）货时间
活塞环	捷达	JT 06A 198 151	套	80	285.00	22 800.00	2020年6月10日
合计人民币金额（大写）：贰万贰仟捌佰元整							

二、质量标准：按国家质量标准和买受人要求的条件执行。

三、供方对质量负责的条件及期限：按照《中华人民共和国产品质量法》负责产品质量，质保期为一年。

四、包装标准、包装物的供应及回收：无。

五、必备品、配件、工具数量及供应办法：产品说明书、合格证、检验报告。

六、标的所有权自：全部贷款到账时起转移，若乙方未履行支付价款义务，标的为甲方所有。

七、交（提）货方式、地点：按乙方指定的具体地点汽运到达。

八、运输方式及到达站（港）费用负担：由甲方承担。

九、检验标准、方法：按乙方提供的标的清单发货验收。

十、违约责任：违约方赔偿另一方的全部经济损失。

十一、合同争议的解决方式：本合同在履行过程中发生的争议，由双方当事人协商解决，也可向受理机构申请仲裁或依法向长春市人民法院起诉。

十二、其他约定事项：付款方式为预付RMB10 000.00元，货到验收付RMB12 800.00元。

十三、本合同自双方签字盖章之日起生效，此合同传真件为合同正式文本，具有法律效力。

甲方	乙方
出卖人：湖北省××汽车配件销售有限公司 出卖人（章）： 单位地址：江城陈庄开发区 法定代表人：张立臣 委托代理人：王铁轮 电话：0312–88886666 传真：0312–88886667 开户银行：江城工商银行 账号：040811109300012422 邮政编码：0000111	买受人：吉林省××集团有限公司 买受人（章）： 单位地址：长春市人民大街 法定代表人：袁彪 委托代理人：封凯 电话：0431–55557777 传真：0431–55557775 开户银行： 账号： 邮政编码：

二、甲乙公司争议索赔的处理

书面合同是购销业务中应用最广泛的一种合同形式，可以确认本合同是有效合同。

处理争议索赔需要划清责任。此案例中由于甲公司的经营管理问题，没有能够按照合同约定的时间交付货物。因此，责任在于甲方，即“商品的品种、规格、数量、质量和包装等不符合合同规定，或未按合同规定日期交付，应偿付违约金、赔偿金。”

在本案件中，甲公司拒绝支付违约金。根据前面学过的相关知识，当买卖双方发生纠纷需要仲裁时，可按照一般的仲裁程序到相应的受理机构提出仲裁申请，仲裁机构受理后，经调查取证，先行调解，如调解不成，再进行庭审，开庭裁决。

在本合同中，双方当事人约定了管辖协议，即“本合同在履行过程中发生的争议，由双方当事人协商解决，也可向受理机构申请仲裁或依法向长春市人民法院起诉”。所以应当按合同中的争议解决方法执行。

思考题

1. 合同具有哪些特征？
2. 合同正文的主要内容有哪些？

任务 4　汽车配件交接

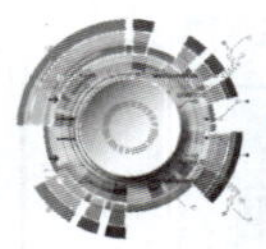

任务目标

- 掌握汽车配件收银管理的内容。
- 掌握汽车配件的交接方式。

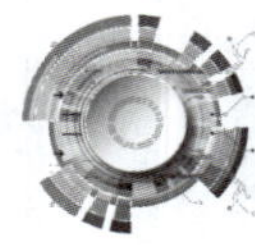

任务引入

客户夏先生来到上海腾达汽车配件商店采购一批上海通用发动机配件。库管员小李根据配件取货单把客户购买的配件交由销售员小王与客户验证认可。小王在确定客户要货后，开具了销售凭单，交由客户。由于货款数额较大，客户提出采用支票结算的方式交款，并提出由配件商店三日之内送货到家。小王为了促使客户成交就答应下来。收银员在收取支票后，将支票送交开户银行入账。小王在办理送货手续时，没有及时将验收单、商品检验合格证和购货发票等随运送配件一并交给客户，导致客户不能及时验收配件。

那么，在汽车配件交接过程中，应如何使用财务票据？货物的交接方式有哪些呢？

本任务要求学生能根据汽配收银管理知识进行货款结算并开具发票，能根据汽配交接方式及时将配件交到客户手中。

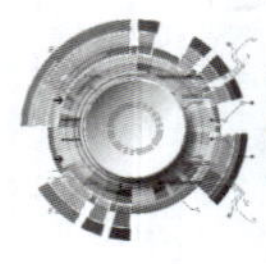

任务分析

在客户现金不足的情况下，为了达成交易，可以采用转账结算的方法进行收银管理。配件商店不能按照与客户约定的时间及时将货物送达客户手中，是因为小王不清楚汽配交接的方式及交接中应该注意的具体问题。根据时间、地点等合约内容正确选择交接方式，办理好交接手续是汽配销售人员应该熟知的内容。

汽车配件的收银管理和货品交接是汽车配件销售的常规性工作，下面我们就来学习相关知识。

相关知识

一、汽车配件收银管理

汽车配件销售企业的收银员执行各项收银工作，为客户提供结账服务。收银管理工作包括对客户的礼仪态度和资讯的提供、现金和电子支付作业管理、促销活动的推广、损耗的预防、业务侵占的防范等内容。下面就收银员在与客户进行钱货交接的过程中涉及的支票、发票等知识以及现金、电子支付等交易方式加以说明。

1. 支票

支票分为现金支票和转账支票，在支票正面有明确标注。现金支票只能用于支取现金（限同城内），转账支票只能用于转账。转账支票样式如图 2-4-1 所示。

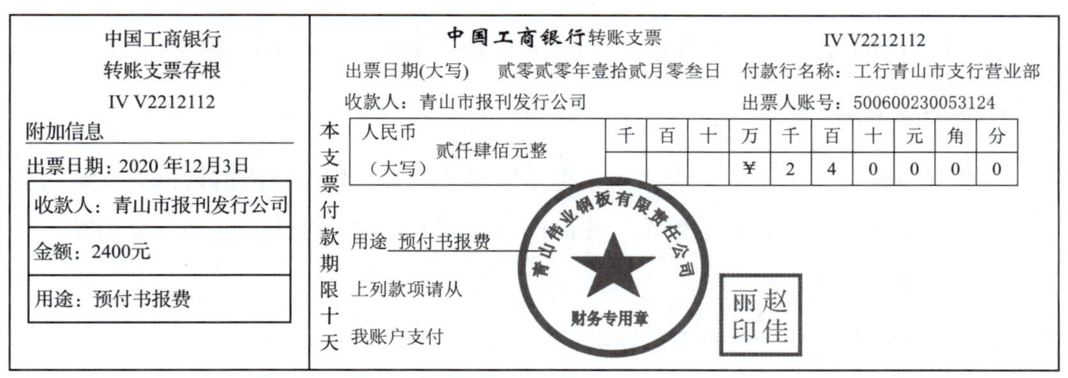

中国工商银行
转账支票存根
IV V2212112
附加信息
出票日期：2020 年12月3日
收款人：青山市报刊发行公司
金额：2400元
用途：预付书报费

中国工商银行转账支票　IV V2212112
出票日期(大写)　贰零贰零年壹拾贰月零叁日　付款行名称：工行青山市支行营业部
收款人：青山市报刊发行公司　出票人账号：500600230053124

本支票付款期限十天

人民币（大写）	千	百	十	万	千	百	十	元	角	分
贰仟肆佰元整				¥	2	4	0	0	0	0

用途 预付书报费
上列款项请从
我账户支付

青山伟业钢板有限责任公司 财务专用章
赵佳印丽

图 2-4-1 转账支票样式

（1）签名盖章

出票人在支票上签名盖章，是负担票据债务的一种具体表示，当支票退票时，要承担出票人的责任，偿还支票上所填写的金额。签名盖章要签或盖在支票上出票人栏的位置，否则就不产生签名盖章的效力，属于不合格支票。

在实际操作中，收票人应注意以下几点：

1）没有签名盖章的支票不能收。没有签名盖章的支票是“不完全票据”，这种票据无法律效力。必须请出票人签字或补盖印鉴方可接收。

2）出票签名或盖章模糊不清的支票不能收。签章不清楚或不明的支票经常被银行退票。

3）支票上签章处只有出票人的指印，没有签名或盖章的支票最好拒收。支票上的签名可以用盖章代替，但不能以指印代替。

4）图章颠倒的支票是有效的，可以收受。

5）盖错印章涂销后，再加盖正确印鉴的支票可以收受。出票人在盖错的印鉴上打“涂销”，这枚印鉴视为没有加盖，只要第二次所盖的印鉴和银行内原有的印鉴相同即可。

（2）出票时间

1）没有填写出票时间的支票最好不收。缺少出票时间的支票是无效支票，出票人不必负任何的票据责任。如果出票人授权收票人代填日期，收票人在收受支票时，应要求出票人出具授权书作为证明，否则可能被认为伪造有价证券。

2）出票时间改写后，必须在改写处盖章。如不盖章，会被银行退票。

（3）支票金额

金额是支票必须填写的事项之一，也是票据债务人员担保范围的指标。支票的金额应以大写数字来书写，以示慎重，并可以防止遭人涂改。因此，金额一经填写，就不能改写，否则支票无效。

支票金额的填写应注意以下问题：

1）票面大写金额栏内漏写“元”字的支票，不可收受。我国通用的货币单位有元、角、分。只填写数字的支票，其金额难以确定。

2）涂改大写金额的支票是无效支票，绝对不能收受。

3）支票上大写金额不应当多写零，而多写零的支票，尽可能不要收受。金额位数连续有几个零时，应只写一个零字。例如“50 005 元”，应写为“伍万零伍元整”，而不能写为“伍万零零伍元整”。

4）票面金额填写“拾元整”的支票不可收受。银行实务对支票金额的写法有特别的要求，10 元应写为“壹拾元整”。

5）大写金额写“廿元”的支票绝对不能接收。20 元的正确写法是“贰拾元”，如果写成“廿元”，银行会以退票方式处理。

2. 发票

发票是指一切单位和个人在购销商品、提供或接受服务以及从事其他经营活动的过程中，开具和收取的业务凭证，是会计核算的原始依据，是消费者维护自身权益的法定凭证，也是审计机关、税务机关执法检查的重要依据。

发票分为普通发票和增值税发票两种类型。

（1）普通发票

普通发票主要由营业税纳税人和增值税小规模纳税人使用，增值税一般纳税人在不能开具专用发票的情况下也可以使用普通发票。普通发票由行业发票和专用发票组成。前者适用于某个行业和经营业务，如商业零售统一发票、商业批发统一发票、工业企业产品销售统一发票等；后者仅适用于某一经营项目，如广告费用结算发票、商品房销售发票等。普通发票有手填发票和机打发票。手填普通发票的样式如图 2-4-2 所示，机打普通发票的样式如图 2-4-3 所示。

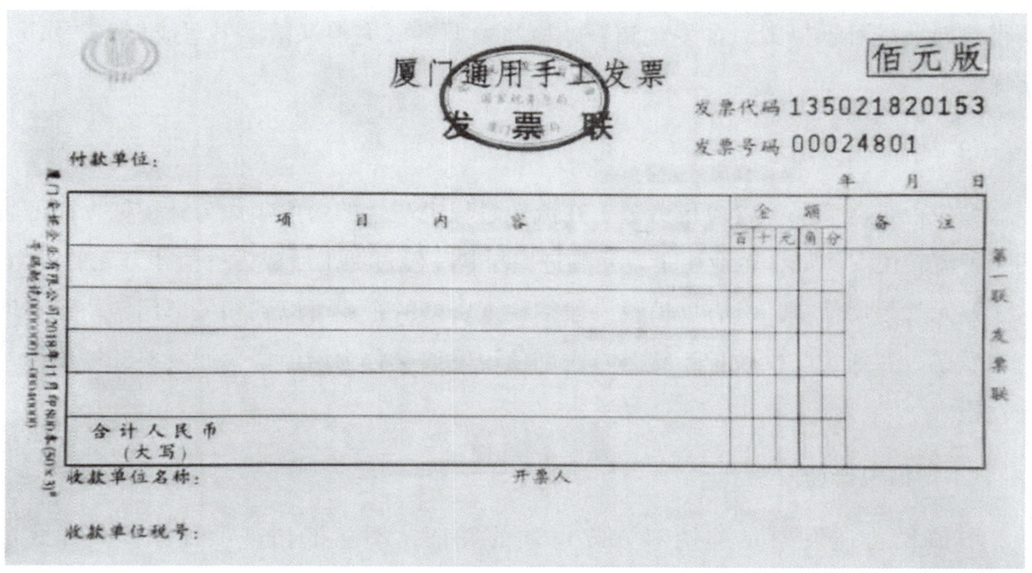

佰元版

厦门通用手工发票

发票联

发票代码 135021820153

发票号码 00024801

付款单位：

年 月 日

项目内容	金额					备注
	百	十	元	角	分	
合计人民币（大写）						

收款单位名称： 开票人

收款单位税号：

第一联 发票联

图 2-4-2 手填普通发票

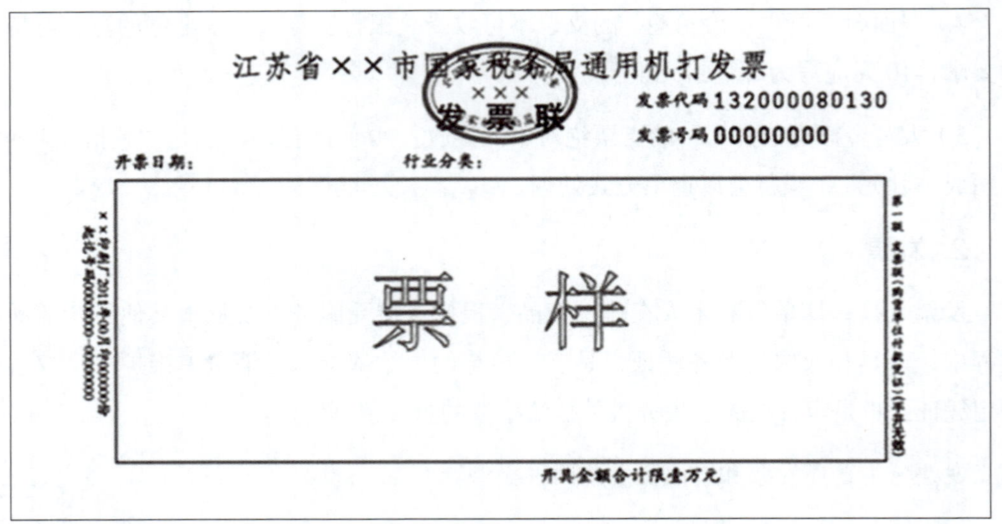

图 2-4-3　机打普通发票

普通发票只开具交易数量、价格等内容，不开具税金。基本联次为三联：第一联为存根联，开票方留存备查；第二联为发票联，收执方作为付款原始凭证，填开后的发票联要加盖财务印章或发票专用章；第三联为记账联，开票方作为记账原始凭证。

用票单位和个人在整本发票使用前，要认真检查有无缺页、错号、发票联无发票监制章或印刷不清楚等现象，如发现问题应报税务机关处理，不得使用。整本发票开始使用后，应做到按号顺序填写，填写项目齐全，内容真实，字迹清楚，填开的发票不得涂改、挖补、撕毁。如发生错开，应将发票各联完整保留，书写或加盖“作废”字样。

（2）增值税发票

增值税是以商品（含应税劳务）在流转过程中产生的增值额作为计税依据而征收的一种流转税。例如，企业用 1 万元购进原材料，经过加工后成为价值 4 万元的成品，这 3 万元就是增值额。具有增值税一般纳税人资格的企业可以到相关部门申请领购增值税发票，并通过防伪税控系统开具。增值税发票又分为增值税普通发票和增值税专用发票。

1）增值税普通发票

增值税普通发票是购销双方收付款的凭证，不能抵扣进项税额，其样式如图 2-4-4 所示。

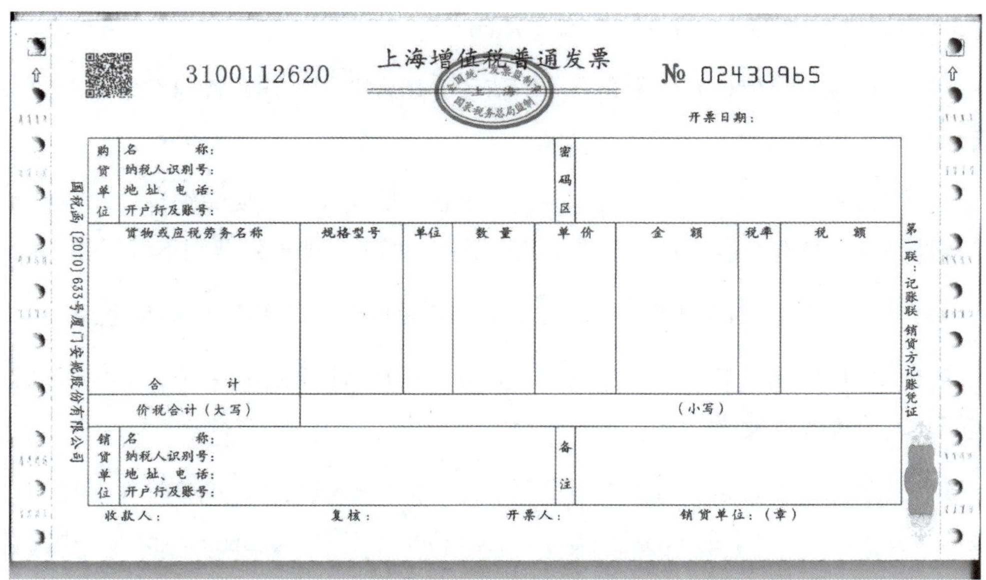

3100112620 上海增值税普通发票 № 02430965

开票日期：

购货单位	名称： 纳税人识别号： 地址、电话： 开户行及账号：	密码区	

货物或应税劳务名称	规格型号	单位	数量	单价	金额	税率	税额
合计							
价税合计（大写）					（小写）		

销货单位	名称： 纳税人识别号： 地址、电话： 开户行及账号：	备注	

收款人： 复核： 开票人： 销货单位：（章）

第一联：记账联 销货方记账凭证

国税函〔2010〕633号厦门安妮股份有限公司

图 2-4-4 增值税普通发票

2）增值税专用发票

增值税专用发票是我国实施新税制的产物，是国家税务部门根据增值税征收管理需要而设定的，专用于纳税人销售或者提供增值税应税项目的一种发票，如图 2-4-5 所示。对于增值税专用发票，购货方可以凭抵扣联，依法申报认证抵扣进项税额。

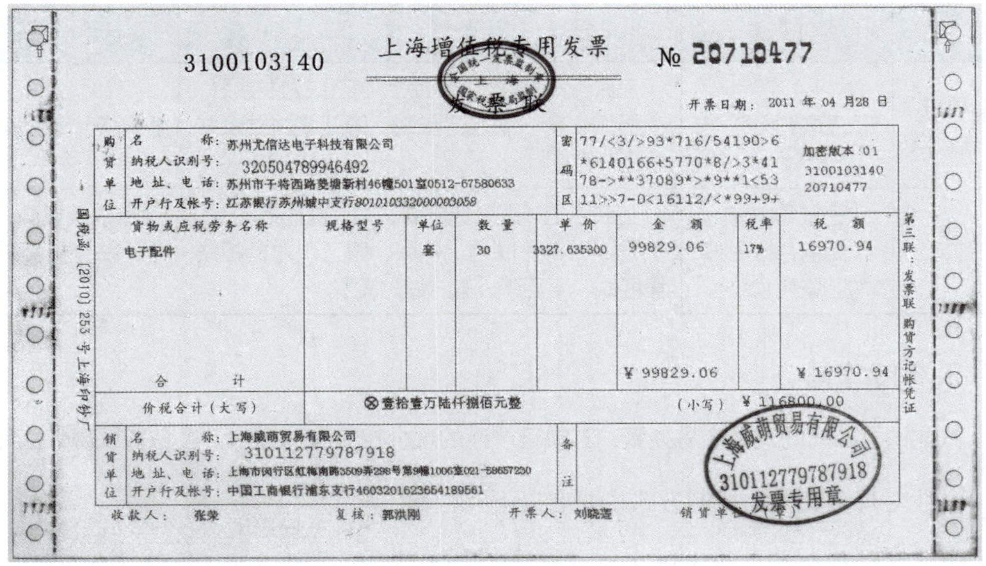

3100103140 上海增值税专用发票 № 20710477

发票联

开票日期：2011 年 04 月28 日

购货单位	名称：苏州尤信达电子科技有限公司 纳税人识别号：320504789946492 地址、电话：苏州市干将西路葑塘新村46幢501室0512-67580633 开户行及帐号：江苏银行苏州城中支行801010332000003058	密码区	77/<3/>93*716/54190>6 *6140166+5770*8/>3*41 78->**37089*>*9**1<53 11>>7-0<16112/<*99+9+	加密版本：01 3100103140 20710477

货物或应税劳务名称	规格型号	单位	数量	单价	金额	税率	税额
电子配件		套	30	3327.635300	99829.06	17%	16970.94
合计					¥ 99829.06		¥ 16970.94
价税合计（大写）	⊗壹拾壹万陆仟捌佰元整				（小写） ¥ 116800.00		

销货单位	名称：上海威萌贸易有限公司 纳税人识别号：310112779787918 地址、电话：上海市闵行区虹梅南路3509弄298号第9幢1006室021-58657230 开户行及帐号：中国工商银行浦东支行4603201623654189561	备注	上海威萌贸易有限公司 310112779787918 发票专用章

收款人：张荣 复核：郭洪刚 开票人：刘晓莲 销货单位：（章）

第三联：发票联 购货方记帐凭证

国税函〔2010〕253号上海印钞厂

图 2-4-5 增值税专用发票

3）增值税专用发票与增值税普通发票的区别

①票面区别。增值税专用发票有“增值税专用发票”字样，普通发票则有“增值税普通发票”字样。

②作用区别。对于开票企业没有区别，不管是哪类发票都要缴纳销项增值税，但对于受票企业，只有增值税专用发票才可以抵扣，增值税普通发票则不可抵扣。

③开票范围区别。对于开票企业，只有营业范围内的销售才可以开具增值税专用发票。

④开票资质区别。只有一般纳税人才有资格开具增值税专用发票，小规模企业则只能开具增值税普通发票。

⑤管理区别。不管是增值税专用发票还是增值税普通发票，税务管理上都是每月上报，购买查验。但对于企业的进项方面，着重于审核具有抵扣功能的增值税专用发票。

⑥印制要求区别。《中华人民共和国税收征收管理法》第二十二条规定：增值税专用发票由国务院税务主管部门指定的企业印制；其他发票，按照国务院主管部门的规定，分别由省、自治区、直辖市国家税务局、地方税务局指定企业印制。未经前款规定的税务机关指定，不得印制发票。

⑦发票联次不同。现行增值税发票联次及联次用途见表 2-4-1。

表 2-4-1　　现行增值税发票联次及联次用途

发票名称	联次	联次用途
增值税普通发票	二联和五联	二联：第一联为记账联，第二联为发票联 五联：第一联为记账联，第二联为发票联，第三联、第四联、第五联为副联
增值税专用发票	三联和六联（如含存根联则为四联和七联）	三联：第一联为记账联，第二联为抵扣联，第三联为发票联 六联：第一联为记账联，第二联为抵扣联，第三联为发票联，第四联、第五联、第六联为副联

3. 现金交易

汽配销售部门的现金交易频繁，若缺乏严谨的现金控制管理方法，极易造成舞弊情形。

企业对现金交易的控制方式主要有以下几种：

（1）经手现金的企业人员必须有承保。承保方式包括保证人、物保、企业重要人物的保证等，并且填写保证书，企业还要加以“对保”，以确认事实。保证在职期间不出现损害企业利益的行为，此为企业的第一道防御措施。

（2）加强现金收入的记录与核查。如果每笔收入都有记录，自然容易核对，而且事经两人以上，作弊的机会便会减少。

（3）营业部门的销售所得要定时存入指定银行。企业应要求各店主管每日汇报前一日销售的发票总额和存入银行的存款金额，并于当日上午 10 时前将前一日现金所得存入银行；出纳人员在上午 11 时到银行或借助计算机网络查询财务收支情况，以确定各部门的现金是否汇入企业户头，如有异常情况，要在当日尽快解决。

（4）建立“零用金”制度，专款专用。管理重点是“一切收款，全部银存；所有支出，统一付款；现金收入，不得移用支付；库存现金，只有零用基金”。

（5）“管财”与“管账”工作要加以区别。

（6）邮购业务应设专人拆信。拆阅后，应根据信内的汇票和支票填写汇款清单交予出纳，再由会计根据此汇款清单及送款簿存根入账。

（7）设立查账制度。设立突击检查制度，检查零用基金、现金以及现金交易的流程与做法是否违规。

4. 电子支付

电子支付是指从事电子商务交易的当事人，包括消费者、厂商和金融机构，通过信息网络，使用安全的信息传输手段，采用数字化方式进行的货币支付或资金流转。

（1）电子支付的基本特征

与传统的支付方式相比，电子支付具有以下特征：

1）数字化的支付方式

电子支付通过数字流转来完成信息传输，其各种支付方式都是采用数字化的方式进行款项支付，而传统的支付方式则是通过现金的流转、票据的转让及银行的汇兑等实体的流转来完成款项支付。

2）开放的系统平台

电子支付的工作环境是一个开放的系统平台（即因特网），而传统支付则是在较为封闭的系统中运作。

3）先进的通信手段

电子支付使用的是最先进的通信手段，如因特网、Extranet，而传统支付使用的则是传统的通信媒介；电子支付对软、硬件设施的要求很高，一般要求有联网的计算机、相关的软件及其他配套设施，而传统支付则要求较低。

4）明显的支付优势

电子支付具有方便、快捷、高效、经济的优势，足不出户便可在很短的时间内完成整个支付过程，且支付费用仅为传统支付的几十分之一，甚至几百分之一。

（2）电子支付的支付类型

电子支付的支付类型按电子支付指令的发起方式分为网上支付、电话支付、移动支付、销售点终端交易、自动柜员机交易和其他电子支付。

1）网上支付

网上支付是电子支付的一种形式。广义来讲，网上支付是以互联网为基础，利用银行所支持的某种数字金融工具，发生在购买者和销售者之间的金融交换，而实现从购买者到金融机构和商家的在线货币支付、现金流转、资金清算、查询统计等过程。

2）电话支付

电话支付是电子支付的一种线下实现形式，是指消费者使用电话或其他类似电话的终端设备，通过银行系统就能从个人银行账户里直接完成付款的方式。

3）移动支付

移动支付是使用移动设备，通过无线方式完成支付行为的一种新型的支付方式。移动支付所使用的移动终端可以是手机、PDA、移动 PC 等。

（3）电子支付的支付工具

随着计算机技术的发展，电子支付的支付工具越来越多，主要可以分为三大类：电子货币类，如电子现金、电子钱包等；电子信用卡类，包括智能卡、借记卡、电话卡等；电子支票类，如电子支票、电子汇款、电子划款等。这些方式各有特点和运作模式，适用于不同的交易过程。

二、汽车配件的交接方式

商品的交接方式是指购销双方根据协议或成交合同，对销售方交货时间、地点、运输和包装条件等做出的具体规定。汽车配件的交接方式主要有提货、送货和发货三种。

1. 提货方式

提货方式是指由购货单位到销货单位仓库或指定地点提取商品的方式，必须事先在购销双方所签订的协议或购销合同中加以确定。其优点是能及时取得凭证，现场验收货物，避免了由于产品不合格而退货所造成的往返运输。这种交接方式中产生的提运商品费用一般由购买单位负担。

目前，同一城市各企业之间大多采用公路运输的方式进行提货。公路运输的特点是机动灵活，运输面广，运输速度快。在运量不大、运距不长时，运费比铁路低，是短途运输的主要形式。

公路运输主要使用发货单和货物委托书两种凭证。

（1）发货单是计算运费的依据，同时也是承运人与发货人之间的合同。

（2）货物委托书是发货人与承运人之间的运输合同，是承运货物的依据，表明承运人按统一规定的条款和条件运送发货人提供的货物。

2. 送货方式

送货方式与提货方式相对应，即由销货单位根据购销合同或协议规定，将商品运到购货单位所指定的地点或仓库点验交货的一种商品交接方式。具体流程是：销货单位将验收单、商品合格证以及发货单证等随运送货物一并交给购货单位，并将商品负责到送达地验收为止。送货方式能使销货单位主动发货，减少流转环节，加速商品周转，保证加工和市场供应。送货一般也采用公路运输的方式。

3. 发货方式

发货方式是指由销货单位根据协议或购销合同规定，将商品委托运输部门运到购货单位所在地或指定的车站、码头，由购货单位提取的一种商品交接方式。适用于购销双方距离较远，自提或送货不便的商品交易。目前，在我国各地区、各城市之间的配件运输大多采用铁路运输的方式。

铁路运输的特点是载运量大，运输速度快，费用较为低廉，一般不受气候条件限制，适用于大宗配件的长距离运输。

（1）发货单位的配件发运

配件发运是配件仓库根据业务部门的配件支拨单或领物单位的委托，将配件通过交通运输部门承运到使用单位的一项经常性的业务。商品发运后，发货单位要将运单及发货单、商品检验合格证、发票等邮寄到购货单位，购货单位凭运单及有关证明到车站、码头取货验收。

（2）购货单位的配件接运

购货单位到车站提货时，应向车站出示领货凭证（铁路运单副票），如提货时尚未收到领货凭证，可凭单位证明或在货票存查联上加盖单位提货专用章，将货提回。到码头提货与到车站提货稍有不同，即提货人事先在提货单上签名并加盖公章或附单位提货证明，到码头货运室取回货物运单，即可到指定库房提货。

提货时，应认真核对配件运号、名称、收货单位和件数是否与运单相符，仔细检查包装等外观质量，如发现包装破损、短件、受潮、油污、锈蚀、损坏等情况，应会同承运部门一起查清，并进行文字记录，方能将货提回。

铁路运输中，主要使用发货单和铁路收据两种凭证。

1）发货单是计算运费的依据，也是发货人与铁路承运人之间的合同。

2）铁路收据是在铁路接收货物、称重、添加标志、装载货物后，交给发货人的凭证。

任务实施

一、货款的结算

上海腾达汽车配件商店在与客户夏先生达成的一批发动机配件销售交易中，由于属于同城采购且货款数额较大，货款结算采用了支票结算的方法。收银员在收到夏先生开具的支票后，认真进行了核对，送交开户银行入账，并办理了相关手续。

二、配件的交接

1. 交接方式的选择

任务引入中，客户提出由配件商店三日之内送货到家，属于交接方式中的送货方式。由于在同一城市，小王采用了公路运输的方式。

采用公路运输的好处是机动灵活，运输面广，只要公路所及都能到达，运输速度快。它是短途运输的主要形式。

2. 问题的处理

任务引入中，小王在办理送货手续时，没有及时将验收单、商品检验合格证和购货发票等随运送配件一并交给客户，导致客户不能及时验收配件。针对该问题，小王应该事先把票据准备齐全。既然问题已经出现，由于是同城送货，经过联系，小王将票据亲自送到了客户夏先生的手中，从而解决了收货和验收问题。

思考题

1. 简述增值税普通发票与增值税专用发票的区别。
2. 简述汽车配件交接的三种方式及其通常采用的运输方式。

任务 5　汽车配件售后服务

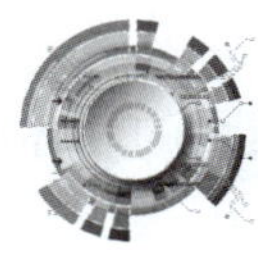

任务目标

- 熟悉汽车配件索赔处理法规。
- 掌握索赔处理的程序并能进行索赔处理。
- 掌握质量信息反馈的相关内容。

任务引入

宋先生购买的别克新君越汽车仅使用 5 000 km 左右后，发现刚开空调的时候会有“滋滋”的响声，响一会儿就不响了。有点像皮带打滑的声音，可是声音又没那么大。宋先生去了同达汽车特约服务站进行修理，服务顾问接待后，根据用户报修情况、车辆状况及车辆维护记录，送至保修工位。索赔员协同维修人员确认故障点及引起故障的原因，经维修人员仔细检查，后又经技术专家判断，确认是空调压缩机问题。通过检查该车的有关资料，确认该空调配件在质量保修索赔范围之内，办理保赔手续的一周后，汽车 4S 店对该车空调压缩机进行了更换。

作为一名汽车维修服务顾问，对于客户提出的质保要求，怎样才能做好售后服务呢？本任务要求学生了解并掌握汽车特约服务站的保修索赔工作和配件售后服务的相关内容。

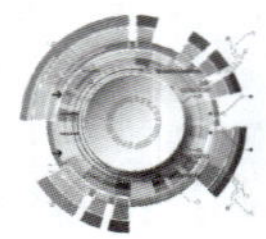

任务分析

消费者对购买的汽车，尤其是配件质量尤为关心，但是否清楚该配件的质量保证期有多久呢？作为汽配工作人员，如何对配件质量索赔进行处理呢？

汽车配件质保索赔的处理和质量信息反馈是汽车配件售后服务的工作范畴，下面就来学习与此相关的知识。

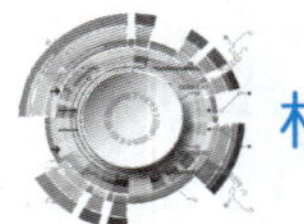

相关知识

销售人员在商品售出后提供的各项服务称为售后服务。企业售后服务质量的好坏直接影响产品的市场占有率。

售后服务一般有三种情况：一是售出的商品质量有问题，客户要求退、换、修；二是客户对商品的使用不了解，要求提供咨询与使用指导；三是客户对商场的服务质量不满意，前来投诉。

根据经销渠道的不同，提供汽车配件售后服务的有汽配商店和汽车特约服务站。

汽配商店经销的配件有两种类型。一是原厂配件，此配件销售之后出现的产品质量问题直接由厂家负责。二是副厂配件，该配件都有质量保证期，如果出现质量问题，一般执行商场“退、换、修”制度。

汽车特约服务站是汽车制造厂面向用户的窗口，用户的保修索赔工作由特约服务站来完成。汽车制造厂为各特约服务站提供了便捷的保修索赔工作环境，特约服务站也应该严格按照汽车制造厂的保修索赔政策，为每一位用户做好保修索赔服务。汽配工作人员要认真、正确地对待客户的投诉，与客户建立和保持良好的信任关系。

一、汽车配件索赔处理法规

1.“三包”责任

《家用汽车产品修理、更换、退货责任规定》（简称汽车产品“三包”制度）于2012年6月27日由原国家质量监督检验检疫总局局务会议审议通过，自2013年10月1日起开始施行。关于“三包”责任的具体规定如下：

（1）家用汽车产品包修期限不低于3年或者行驶里程60 000 km，以先到者为准；家用汽车产品“三包”有效期限不低于2年或者行驶里程50 000 km，以先到者为准。家用汽车产品包修期和“三包”有效期自销售者开具购车发票之日起计算。

（2）在家用汽车产品包修期内，家用汽车产品出现产品质量问题，消费者凭“三包”凭证由修理者免费修理（包括工时费和材料费）。

家用汽车产品自销售者开具购车发票之日起60日内或者行驶里程3 000 km之内（以先到者为准），发动机、变速器的主要零件出现产品质量问题的，消费者可以选择免费更换发动机、变速器。发动机、变速器主要零件的种类范围由生产者明示在“三包”凭证上。

家用汽车产品的易损耗零部件在其质量保证期内出现产品质量问题的，消费者可以选择免费更换易损耗零部件。易损耗零部件的种类范围及其质量保证期由生产者明示在“三包”凭证上。生产者明示的易损耗零部件的种类范围应当符合国家相关标准或规定，具体要求由国家质检总局另行规定。

（3）在家用汽车产品包修期内，因产品质量问题每次修理时间（包括等待修理备用件时间）超过5日的，应当为消费者提供备用车，或者给予合理的交通费用补偿。

修理时间自消费者与修理者确定修理之时起，至完成修理之时止。一次修理占用时间不足24小时的，以1日计。

（4）在家用汽车产品“三包”有效期内，符合本规定更换、退货条件的，消费者凭“三包”凭证、购车发票等由销售者更换、退货。家用汽车产品自销售者开具购车发票之日起60日内或者行驶里程3 000 km之内（以先到者为准），家用汽车产品出现转向系统失效、制动系统失效、车身开裂或燃油泄漏，消费者选择更换家用汽车产品或退货的，销售者应当负责免费更换或退货。

在家用汽车产品“三包”有效期内，发生下列情况之一，消费者选择更换或退货的，销售者应当负责更换或退货：

1）因严重安全性能故障累计进行了 2 次修理，严重安全性能故障仍未排除或者又出现新的严重安全性能故障的。

2）发动机、变速器累计更换 2 次后，或者发动机、变速器的同一主要零件因其质量问题，累计更换 2 次后，仍不能正常使用的，发动机、变速器与其主要零件更换次数不重复计算。

3）转向系统、制动系统、悬架系统、前 / 后桥、车身的同一主要零件因其质量问题，累计更换 2 次后，仍不能正常使用的。转向系统、制动系统、悬架系统、前 / 后桥、车身的主要零件由生产者明示在“三包”凭证上，其种类范围应当符合国家相关标准或规定，具体要求由国家质检总局另行规定。

（5）在家用汽车产品“三包”有效期内，因产品质量问题修理时间累计超过 35 日的，或者因同一产品质量问题累计修理超过 5 次的，消费者可以凭“三包”凭证、购车发票，由销售者负责更换。

下列情形所占用的时间不计入前款规定的修理时间：

1）需要根据车辆识别代号（VIN）等定制的防盗系统、全车线束等特殊零部件的运输时间；特殊零部件的种类范围由生产者明示在“三包”凭证上。

2）外出救援路途所占用的时间。

（6）在家用汽车产品“三包”有效期内，符合更换条件的，销售者应当及时向消费者更换新的合格的同品牌同型号家用汽车产品；无同品牌同型号家用汽车产品更换的，销售者应当及时向消费者更换不低于原车配置的家用汽车产品。

（7）在家用汽车产品“三包”有效期内，符合更换条件，销售者无同品牌同型号家用汽车产品，也无不低于原车配置的家用汽车产品向消费者更换的，消费者可以选择退货，销售者应当负责为消费者退货。

（8）在家用汽车产品“三包”有效期内，符合更换条件的，销售者应当自消费者要求换货之日起15个工作日内向消费者出具更换家用汽车产品证明。在家用汽车产品“三包”有效期内，符合退货条件的，销售者应当自消费者要求退货之日起15个工作日内向消费者出具退车证明，并负责为消费者按发票价格一次性退清货款。家用汽车产品更换或退货的，应当按照有关法律法规规定办理车辆登记等相关手续。

（9）按照本规定更换或者退货的，消费者应当支付因使用家用汽车产品所产生的合理使用补偿，销售者依照本规定应当免费更换、退货的除外。

合理使用补偿费用的计算公式为：车价款 × 行驶里程 ÷1 000×n。其中，车价款单位为元，行驶里程单价为km。使用补偿系数 n 由生产者根据家用汽车产品使用时间、使用状况等因素在0.5%～0.8%之间确定，并在“三包”凭证中明示。

家用汽车产品更换或者退货的，发生的税费按照国家有关规定执行。

（10）在家用汽车产品“三包”有效期内，消费者书面要求更换、退货的，销售者应当自收到消费者书面要求之日起10个工作日内，做出书面答复。逾期未答复或者未按本规定负责更换、退货的，视为故意拖延或者无正当理由拒绝。

（11）消费者遗失家用汽车产品“三包”凭证的，销售者、生产者应当在接到消费者申请后10个工作日内予以补办。消费者向销售者、生产者申请补办“三包”凭证后，可以依照本规定继续享有相应权利。

按照本规定更换家用汽车产品后，销售者、生产者应当向消费者提供新的“三包”凭证，家用汽车产品包修期和“三包”有效期自更换之日起重新计算。

在家用汽车产品包修期和“三包”有效期内发生家用汽车产品所有权转移的，“三包”凭证应当随车转移，“三包”责任不因汽车所有权转移而改变。

（12）经营者破产、合并、分立、变更的，其“三包”责任按照有关法律法规规定执行。

2. 家用汽车产品“三包”主要零件范围

（1）主要总成和系统的主要零件范围

1）发动机、变速器的主要零件范围

发动机、变速器的主要零件由生产者明示在“三包”凭证上，应至少包括表2-5-1所列出的内容。

表 2-5-1 发动机和变速器的主要零件范围

总成	主要零件范围
发动机	曲轴、主轴承、连杆、连杆轴承、活塞、活塞环、活塞销
	气缸盖
	凸轮轴、气门
	气缸体
变速器	箱体
	齿轮、轴类、轴承、箱内动力传动元件（含离合器、制动器）

2）汽车系统的主要零件范围

转向系统、制动系统、悬架系统、前 / 后桥、车身等系统的主要零件由生产者明示在“三包”凭证上，应至少包括表 2-5-2 所列出的内容。

表 2-5-2 汽车系统的主要零件范围

汽车系统	主要零件范围
转向系统	转向器总成
	转向柱、转向万向节
	转向拉杆（不含球头）
	转向节
制动系统	制动主缸
	制动轮缸
	助力器
	制动踏板及其支架
悬架系统	弹簧（螺旋弹簧、扭杆弹簧、钢板弹簧、空气弹簧、液压弹簧等）
	控制臂、连杆
前 / 后桥	桥壳
	主减速器、差速器
	传动轴、半轴
车身	车身骨架
	副车架
	纵梁、横梁
	前后车门本体

（2）易损耗零部件范围

易损耗零部件范围及其质量保证期由生产者明示在“三包”凭证上。生产者明示的易损耗零部件不应超出表 2–5–3 所列出的内容。

表 2–5–3 易损耗零部件范围

序号	易损耗零部件范围
1	空气滤清器
2	空调滤清器
3	机油滤清器
4	燃油滤清器
5	火花塞
6	制动衬片
7	离合器片
8	轮胎
9	蓄电池
10	遥控器电池
11	灯泡
12	刮水片
13	熔丝及普通继电器（不含集成控制单元）

（3）特殊零部件范围

汽车产品中需要根据车辆识别代号等定制的特殊零部件，包括防盗系统和全车主线束。其中，防盗系统不应超出点火锁芯、钥匙和防盗控制单元。

3. 家用汽车产品“三包”凭证

“三包”凭证应当包括以下内容：产品品牌、型号、车辆类型规格、车辆识别代号（VIN）、生产日期；生产者名称、地址、邮政编码、客服电话；销售者名称、地址、邮政编码、电话等销售网点资料、销售日期；修理者名称、地址、邮政编码、电话等修理网点资料或者相关查询方式；家用汽车产品“三包”条款、包修期和“三包”有效期以及按照规定要求应当明示的其他内容。

4. 配件索赔

用户自行付费且在特约服务站更换的零部件或总成，在保修索赔范围内出现质量故障，这类情况属于配件索赔。提出配件索赔必须在索赔申请表后附购件发票的复印件，换件修复后还需要在更换配件的付费发票备注栏内，如实写明当时车辆已经行驶的公里数。

5. 特殊零部件保修索赔期的规定

特殊零部件保修索赔期按照特殊零部件质量担保期执行，因为一般易损件、小零件的损坏较难界定，如玻璃、灯泡、刮水器、制动片等，通常很难断定是由于车主使用不当，还是产品质量问题而导致的损坏。因此，厂家一般不承担质量担保责任或采取缩短保修时间的政策。车辆易损件的保修期是远短于整车保修期的，不同品牌对易损件保修期的规定有所不同，同一品牌的不同易损件，其质保期也不尽相同，从 7 天到 1 年或从 1 000 km 到 20 000 km 不等。某品牌特殊零部件质量担保规定见表 2-5-4。

表 2-5-4　某品牌特殊零部件质量担保规定

类别	质量担保期	质量担保项目
A 类	3 个月或者 5 000 km	空气滤清器滤芯、机油滤清器、燃油滤清器、火花塞、刮水器胶条、轮胎、灯泡
B 类	6 个月或者 10 000 km	传动带、制动盘、制动摩擦片、离合器片
C 类	1 年或者 30 000 km	所有表面镀层和喷涂的零部件因材料本身差异、发生化学反应或附着力差导致的锈蚀、腐蚀、剥落、变色等缺陷（在含酸、碱、盐化工行业地区行驶的车辆除外）
		各类橡胶制品、真皮制品、玻璃制品因材料制造缺陷造成的脱层、褪色、裂纹或断裂（不包括灯泡、刮水器胶条、轮胎）
D 类	10 000 km	装配、调整问题引发的故障
E 类	6 个月	蓄电池

6. 不属于保修索赔的范围

（1）汽车制造厂特许经销商处售出的每一辆汽车都随车配有一本保修保养手册。该保修保养手册必须盖有该车的特许经销商的印章，购车客户签名后方可生效。不具有该保修保养手册、保修保养手册上印章不全或有擅自涂改现象的，汽车特约服务站有权拒绝客户的保修索赔申请。

（2）车辆正常例行保养和车辆正常使用中的损耗件不属于保修索赔范围（或保修时间很短），如各类滤清器、火花塞、制动片、离合器片、灯泡、轮胎等。

（3）因不正常保养造成的车辆故障不属于保修索赔范围。汽车制造厂的每一位用户都应该根据保修保养手册上规定的保养规范，按时到汽车特约服务站对车辆进行保养。车辆因缺少保养或未按规定的保养项目进行保养而造成的车辆故障，不属于保修索赔范围。例如，未按规定更换变速器油而造成变速器故障，特约服务站有权拒绝用户的索赔申请。同时，汽车特约服务站有义务在每次为用户做完保养后记录保养情况并盖章，并提醒用户下次保养的时间和内容。

（4）若车辆安装了未经汽车制造厂售后服务部门许可的配件，则不属于保修索赔范围。

（5）用户私自拆卸更换里程表，或更改里程表读数的车辆（不包括汽车特约服务站对车辆故障诊断维修的正常操作）不属于保修索赔范围。

（6）因为环境、自然灾害、意外事件造成的车辆故障不属于保修索赔范围。

（7）因用户使用不当、滥用车辆或未经汽车制造厂售后服务部门许可改装车辆而引起的车辆故障不属于保修索赔范围。

（8）间接损失不属于保修索赔范围。因车辆故障引起的经济、时间损失不属于保修索赔范围。

（9）由于特约服务站操作不当造成的损坏不在保修索赔范围。同时，特约服务站应当承担责任并进行修复。

（10）在保修索赔期内，用户车辆出现故障后未经汽车制造厂（或汽车特约服务站）同意而继续使用造成的进一步损坏，汽车制造厂只对原有故障损失（须证实属于产品质量问题）负责，其余损失责任由用户承担。

二、汽车配件索赔旧件的管理

1. 索赔旧件处理规定

（1）被更换下来的索赔旧件的所有权归汽车制造厂所有，各特约服务站必须在规定时间内按指定的方式将其运回汽车制造厂索赔管理部。

（2）被更换下来的索赔旧件应挂上索赔旧件悬挂标签，保证粘贴牢固并按规定填写好该标签，零件故障处需要详细填写，相关故障代码和故障数据也必须填写完整。索赔旧件悬挂标签由汽车制造厂索赔管理部统一印制，特约服务站可以向索赔管理部申领。

（3）故障件的缺陷、破损部位一定要用红色或黑色的不易脱落的颜料或记号笔做出明显标记。

（4）应尽可能保持索赔旧件拆卸下来后的原始故障状态，一些规定不可分解的零件不可擅自分解，否则将视作该零件的故障为拆卸不当所致，不予索赔。

（5）旧机油、变速箱油、制动液、转向器用油、润滑油脂、冷却液等不便运输的索赔旧件无特殊要求不必运回，按当地有关部门规定自行处理（应注意环境保护）。

（6）在规定时间内将索赔旧件运回。回运前索赔员需要填写“索赔件回运清单”，注明各索赔旧件的装箱编号。索赔旧件必须统一装箱，箱子外部按规定贴上“索赔旧件回运装箱单”，并把箱子封装牢固。

（7）汽车制造厂索赔管理部对回运的索赔旧件进行检验后，存在问题的索赔申请将被返回或取消。

（8）被取消索赔申请的旧件，各特约服务站有权索回，但须承担相应运输费用。

2. 索赔旧件悬挂标签的填写与悬挂要求

（1）应在悬挂标签上如实填写所有内容，保证字迹清晰、不易褪色。标签不能粘贴在索赔旧件的外包装盒上，同时不能粘贴在有文字、数字、字母和图形处；标签不能打折或弯曲粘在索赔旧件上，索赔旧件标签的粘贴方式如图 2-5-1 所示。

（2）如果遇到特殊索赔，一定要在悬挂标签备注栏内填写授权号。

（3）所有标签应该由索赔员填写并加盖专用章。

（4）保证一物一签，物和签要对应。

（5）悬挂标签一定要固定牢固。如果无法悬挂，则用透明胶布将标签牢固地粘贴在索赔旧件上，同时保证标签正面朝外，如图 2-5-2 所示。

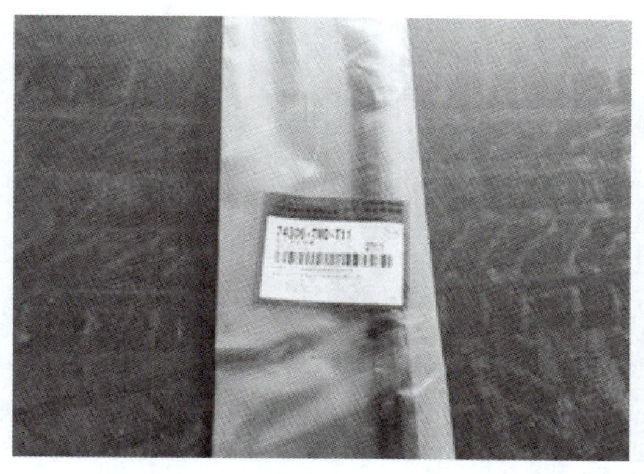

图 2-5-1　索赔旧件标签的粘贴方式

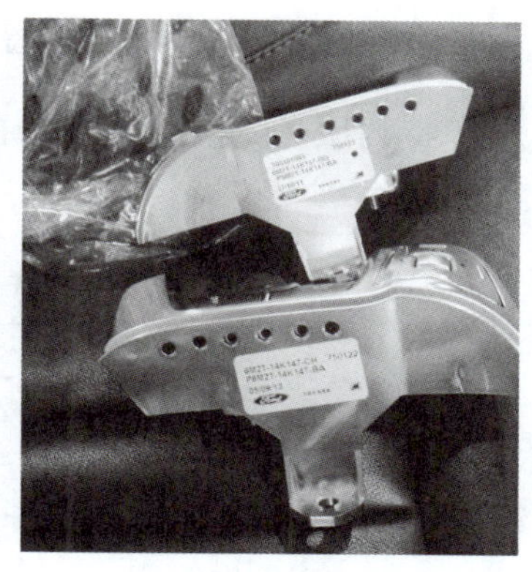
图 2-5-2　索赔旧件标签的粘贴方式

3. 索赔旧件的清洁和装运要求

（1）发动机、变速器、转向器、制动液罐等内部的油液要全部放干净，外表要保持清洁。

（2）更换下来的索赔旧件必须统一装箱，即相同索赔旧件集中装在同一包装箱内，并且在每个包装箱外贴上该箱索赔旧件的“索赔旧件回运装箱单”，注明装箱号与索赔旧件的零件号、零件名称和零件数量，在规定时间内由物流公司运到汽车制造厂索赔管理部。

（3）各个装箱清单上的索赔件种类和数量之和必须与“索赔件回运清单”上汇总的完全一致。

（4）“索赔件回运清单”一式三联，第一联由特约服务站保存，第二联由物流公司保存，第三联由物流公司承运人交索赔管理部保存。

三、索赔处理程序

1. 汽车特约服务站的保修索赔工作流程

汽车制造厂对汽车特约服务站的配件索赔管理规定如下：

（1）因配件价格错误产生的索赔与配件分部销售人员联系。

（2）配件索赔一般应有“配件索赔申请单”、照片、运输商提供的货损证明等，才能办理配件索赔。

（3）配件索赔旧件在未得到发回或销毁的要求前，一律放在配件仓库索赔区的货架上，并应有明显的索赔旧件标签。

汽车特约服务站在接受用户的保修索赔要求时，应遵照以下工作流程进行，如图 2–5–3 所示。

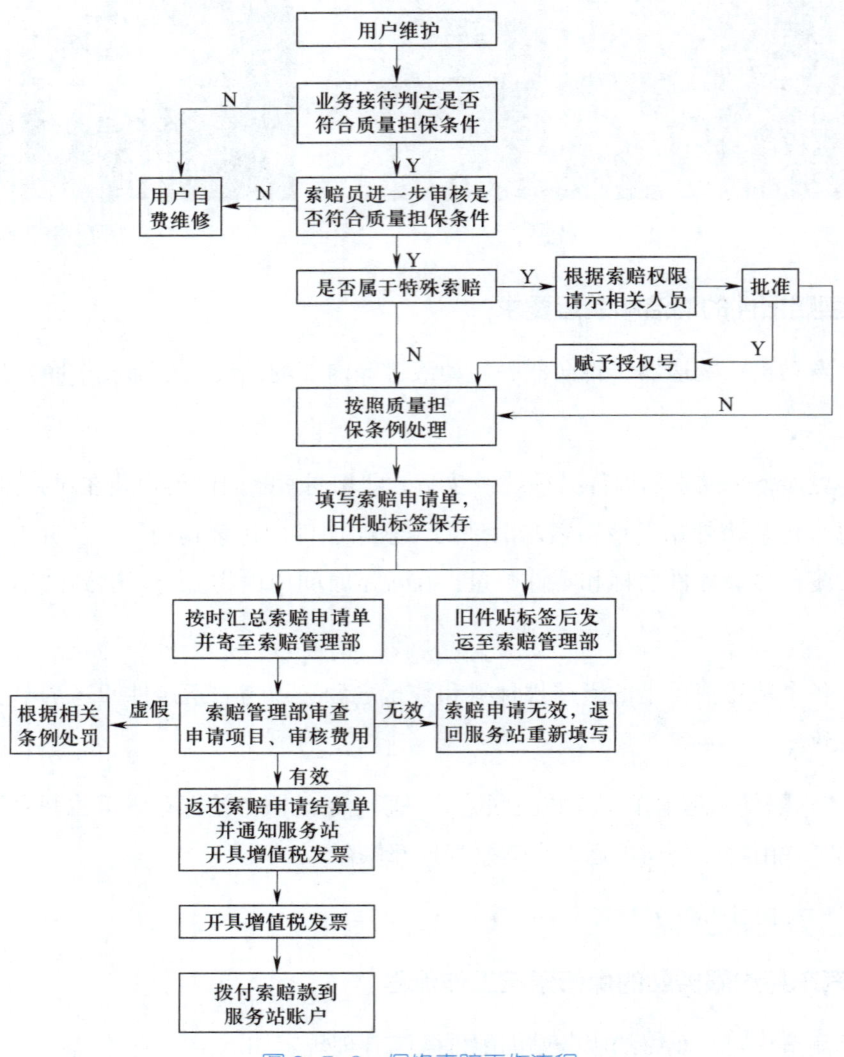

图 2–5–3　保修索赔工作流程

具体工作流程如下：

（1）用户至特约服务站报修。

（2）业务员根据用户报修情况、车辆状况及车辆维护记录，预审用户的报修内容是否符合保修索赔条件（要特别检查里程表的工作状态），如不符合请用户自行付费修理。

（3）把经初步判断符合保修索赔条件的车辆送至保修工位，索赔员协同维修人员确认故障点及引起故障的原因，制定相应的维修方案，并进一步审核维修内容是否符合保修索赔条件。如不符合则通知业务员，请用户自行付费修理。

（4）索赔员在确认用户车辆符合保修索赔条件后，根据情况登记车辆相关数据，为用户分类提交索赔申请。特殊索赔需事先经汽车制造厂索赔管理部审批通过，才能给予用户车辆保修赔偿。

（5）保修结束后，在索赔旧件上挂上索赔旧件悬挂标签，送入索赔旧件仓库统一保管。

（6）索赔员要每天统计当天的索赔申请，填写索赔申请单。

（7）索赔员要在规定时间内汇总索赔申请单并邮寄至汽车制造厂索赔管理部。

（8）索赔员应按规定时间，按规定包装索赔件（见索赔件处理规定），并由第三方物流企业负责运回汽车制造厂索赔管理部。

（9）经汽车制造厂索赔管理部初步审核，不符合条件的索赔申请将予以返回，索赔员应根据返回原因立即修改，下次提交索赔申请时一起提交，以待再次审核；若索赔管理部判定该索赔申请是虚假的，则要根据相关条例对相关人员进行处罚。

（10）汽车制造厂索赔管理部对符合条件的索赔申请审核完成后，将索赔申请结算单返给各特约服务站并通知其开具增值税发票。特约服务站开具发票后，可根据结算单金额与汽车制造厂索赔管理部进行结算。

2. 索赔申请单及其填写方法

若某质量保修项目需要申请索赔，索赔员必须填写索赔申请单，若公司要求传真给市场开发部售后服务分部，则待批准后实施。一般情况下，公司应尽快予以答复，对于重大质量故障问题，最迟在收到配件保修鉴定单后两个工作日内给予答复。

（1）“配件索赔申请单”的填写要求

1）“配件索赔申请单”由索赔员填写，要完整、清晰、真实，否则索赔管理部概不受理，后果由经销商自负。

2）“配件索赔申请单”应附有简要说明和必要照片，经经销商领导签字并加盖公章，经索赔管理部有关人员核实无误，配件科科长签字后，方可生效，予以索赔。

3）“配件索赔申请单”中的申请单编号书写格式：SP × × 01，具体含义如下。

SP——索赔两字的拼音字头；

× ×——年份；

01——批次。

（2）“配件索赔申请单”的样式

“配件索赔申请单”如图 2-5-4 所示。

配件索赔申请单

单位名称：　　　　　　　　　　单位代码：

申请方式
1—多发补款　2—欠货补发
3—多发退货　4—欠货退款
5—错发退回　6—不合格件退回

领导签字/盖章：　　　　　　　　申请单编号：

填单日期：　年　月　日

第　页　共　页

序号	配件号	配件名称	订货日期	发货清单号	订货数量	发货数量	到货差异	错发数量	质量不合格数量	单价/元	原发货方式	申请方式	备注

仓库管理员签字：　　　　　　仓库主任签字：　　　　　　配件科科长签字：

年　月　日　　　　　　　　　年　月　日　　　　　　　　年　月　日

图 2-5-4　配件索赔申请单

四、质量信息反馈（故障报告）

故障报告是配件厂方获得使用质量信息的最重要来源，故障报告比索赔申请报告更能准确地反映情况，并且信息反馈速度快。通过维修站获取质量信息反馈是最为简便、快捷的方法。配件厂家通过对反馈信息进行分析和总结，将有助于对产品设计和售后服务做出优化。所有的质量问题均应填写故障报告，并在规定时间内与供货厂家联系。为了尽快找出故障原因，在填写故障报告时，应将损坏件作为证明保存起来。

1. 重大故障报告

各特约服务站在日常工作中如遇到重大的车辆故障，必须及时、准确、详尽地填写“重大故障报告单”（见表 2–5–5），并立即传真至汽车制造厂索赔管理部，以便汽车制造厂各部门能及时做出反应。重大故障包括：影响车辆正常行驶的故障，如动力系统、转向系统、制动系统的故障；影响乘客安全的故障，如主、被动安全系统故障、轮胎问题、车门锁止故障等；影响环保的故障，如排放超标、油液污染等。

表 2–5–5　重大故障报告单

<table>
<tr><td colspan="6">经销商代码：758 □□□□
经销商联系人：　　联系电话：　　服务传真：</td></tr>
<tr><td>用户单位</td><td colspan="3"></td><td>用户姓名</td><td></td></tr>
<tr><td>用户地址</td><td colspan="5"></td></tr>
<tr><td>车型</td><td></td><td>底盘号</td><td></td><td>发动机号</td><td></td></tr>
<tr><td>领证日期</td><td></td><td>里程数</td><td></td><td>变速器号</td><td></td></tr>
<tr><td colspan="6">故障现象：</td></tr>
<tr><td colspan="6">故障分析结果（必要时提供有关数据、图示及照片）：</td></tr>
<tr><td colspan="6">用户态度及要求：</td></tr>
<tr><td colspan="6">经销商处理建议：
鉴定人：　　站长：　　日期：　　站章：</td></tr>
<tr><td colspan="6">现场代表处理意见：
处理人：　　日期：</td></tr>
<tr><td colspan="6">服务科经理意见：
经理：　　日期：</td></tr>
<tr><td colspan="6">是否要求经销商立即运返该索赔件：
是□　否□　日期：</td></tr>
<tr><td colspan="6">经销商传真售后服务科日期：　年　月　日
售后服务科回传服务站日期：　年　月　日
售后服务科回传负责人：</td></tr>
</table>

2. 常见故障报告和常见故障避除意见

各特约服务站应坚持在每月底对当月进厂维护的所有车辆产生的各种故障进行汇总，统计出发生频率最高的十个故障点或故障零部件，并对其故障原因进行分析，提出相应的故障避除意见。各服务站需在每月初向汽车制造厂索赔管理部提交上月的常见故障报告（见表 2–5–6）和常见故障避除意见。

表 2–5–6　　常见故障报告

<table>
<tr><td colspan="5">经销商名称：　　　　经销商代码：758 □□□□</td></tr>
<tr><td>故障件名称</td><td colspan="2"></td><td>车型</td><td></td></tr>
<tr><td rowspan="3">制造厂代码及数量</td><td>制造厂代码（1）</td><td></td><td>数量</td><td></td></tr>
<tr><td>制造厂代码（2）</td><td></td><td>数量</td><td></td></tr>
<tr><td>制造厂代码（3）</td><td></td><td>数量</td><td></td></tr>
<tr><td>故障大量出现起始时间</td><td colspan="4"></td></tr>
<tr><td>发生故障平均行驶里程</td><td colspan="4"></td></tr>
<tr><td rowspan="3">用户状况百分率 /%</td><td>公车</td><td colspan="3"></td></tr>
<tr><td>出租车</td><td colspan="3"></td></tr>
<tr><td>私车</td><td colspan="3"></td></tr>
<tr><td colspan="5">故障描述：
报告人：
报告日期：</td></tr>
<tr><td colspan="5">经销商联系人：　　　　经销商站章：
联系电话：
联系传真：
注：本报告记录批量出现的质量问题，服务站将该报告以传真发出后，需即刻将索赔件寄往售后服务科，并注以特殊说明</td></tr>
</table>

3. 用户质量信息反馈表

各特约服务站应在用户进站维修、电话跟踪等与用户交流的过程中，积极听取用户对汽车制造厂的意见，并做相应记录。意见包括某处使用不便、某处结构不合理、某零件使用寿命过短、可以添加某些配备、某处不够美观等。各站需以季度为周期，在每季度末提交“用户质量信息反馈表”（见表 2–5–7）。

表 2-5-7 用户质量信息反馈表

<table>
<tr><td>经销商代码</td><td></td><td colspan="2">年 月 日 第 号</td></tr>
<tr><td>经销商名称</td><td></td><td>联系人</td><td></td></tr>
<tr><td>联系人电话</td><td></td><td>联系人传真</td><td></td></tr>
<tr><td colspan="2">对方联系人或部门</td><td colspan="2"></td></tr>
<tr><td colspan="2">主题</td><td colspan="2"></td></tr>
<tr><td colspan="4">反馈的信息内容
……

经销商印章：
领导签字：</td></tr>
</table>

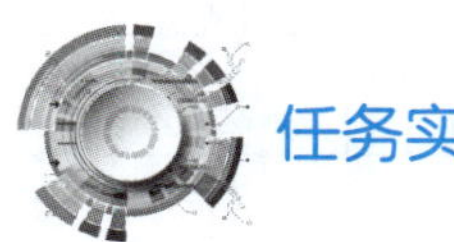

任务实施

通过相关知识的学习，掌握了汽车特约服务站配件索赔处理方法和程序，接下来需要完成“任务引入”中提出的任务。

一、保修索赔条件的确定

宋先生购买的别克新君越汽车在使用仅 5 000 km 左右时发现空调压缩机异响，空调压缩机不属于特殊零部件，经检查核实，车辆目前行驶仅 5 000 km，且保养正常，没有发生过交通肇事。该车整车质量担保期为 3 年 /60 000 km。根据凯越汽车销售有限公司的整车质量担保规定：“在质量担保期内，由产品设计、制造、装配及材料等质量问题造成的各类故障及损坏的零部件（丧失使用功能），且属于厂家责任的、未在‘非质量担保范围’内注明的，凯越汽车销售有限公司将无偿为用户维修或更换相应的零部件，以确保用户车辆正常使用。”所以宋先生的车辆的空调压缩机在质量保修索赔范围之内。

二、索赔手续的办理

根据前面质保索赔的程序，同达汽车特约服务站索赔员在确认用户车辆符合保修索赔条件后，根据情况登记车辆相关数据，为用户提交索赔申请。

配件索赔申请单

单位名称：宋涛　　　　　　单位代码：9999

领导签字 / 盖章：韩磊　　　申请单编号：SP2018

填单日期：2020 年 9 月 16 日

第 1 页　共 1 页

申请方式
1—多发补款　2—欠货补发
3—多发退货　4—欠货退款
5—错发退回　6—不合格件退回

序号	配件号	配件名称	订货日期	发货清单号	订货数量	发货数量	到货差异	错发数量	质量不合格数量	单价 / 元	原发货方式	申请方式	备注
	GJ6B61 P11H	汽车空调压缩机	2020 年 9 月 16 日	80012676					1	4 500		6	

仓库管理员签字：王芳　　　仓库主任签字：郭铭　　　配件科科长签字：陈诚

2020 年 9 月 16 日　　　2020 年 9 月 16 日　　　2020 年 9 月 16 日

将该“配件索赔申请单”寄至汽车制造厂索赔管理部，经索赔管理部审查申请项目、审核费用后，认为索赔申请有效。厂家直接调配同一车型的空调压缩机，通知服务站取货。一周后，特约服务站对该车空调压缩机进行了索赔更换。

同达特约服务站索赔员根据厂家的索赔旧件处理规定，对更换下来的旧的空调压缩机进行清洁，挂上索赔旧件悬挂标签，按规定包装索赔件，在规定时间内由第三方物流企业负责运回汽车制造厂索赔管理部。

三、质量信息反馈

配件厂家为了获得配件使用质量信息，对产品设计和售后服务进行优化，建立了完善的质量反馈信息系统。所以，同达特约服务站应在用户进站维修的面谈沟通、电话跟踪等交流过程中，积极听取用户对汽车制造厂的意见，并做相应记录。在每季度末提交用户质量信息反馈表，以便更及时、准确地做好售后服务工作。

思考题

1. 面对客户的索赔要求，如何完成索赔流程并正确填写索赔申请单？
2. 汽车制造厂对汽车特约服务站的配件索赔管理规定是什么？

任务6　汽车配件产品促销

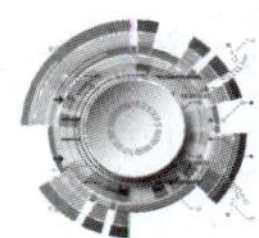

任务目标

- 掌握汽配产品陈列促销的方法。
- 掌握汽配产品广告宣传促销的方法。
- 能根据促销工具实施销售促进方案。

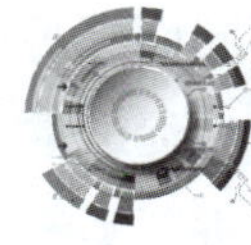

任务引入

近期，受金融风暴的影响，汽车市场整体低迷，轮胎的需求也有所下降。老李是佳美汽车轮胎专卖店的销售经理，正为轮胎销售量的下滑而烦恼。刚刚大学毕业的小刘了解到这种情况，提出设计一个针对性强的区域促销方案，来提升轮胎的销售份额。小刘会根据当地的汽配销售情况，向李经理提出什么样的促销方案呢？

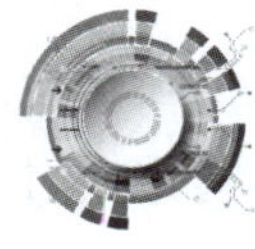

任务分析

小刘要设计一个针对性强的区域促销方案，首先要了解当地的市场状况，要进行市场调查，这方面内容会在模块三任务1中讲述。其次，要了解促销的主要方式和利用促销工具制定销售促进方案并实施的要点，下面就来学习相关知识。

相关知识

促销是指企业营销部门通过一定的方式，将企业的产品信息及购买途径传递给目标用户，从而激发用户的购买兴趣，强化购买欲望，甚至创造需求，促进企业产品销售的一系列活动。

促销的实质是传播与沟通信息，目的是促进销售、提高企业的市场占有率及增加企业的收益。为了沟通市场信息，企业可以采取两种方式：一是单向沟通，即由卖方到买方的沟通，如广告、陈列、说明书、宣传报道等，或由买方到卖方的沟通，如用户意见书、评议等。二是双向沟通，如上门推销、现场销售等方式，即买卖双方相互沟通信息和意见。

现代市场营销将上述促销方式归纳为四种类型：人员推销、广告、营业推广和公共关系，并将这四种方式的运用搭配称为促销组合。对汽车配件市场营销而言，促销手段还应包括一种重要的促销方式，即销售技术服务（含售后服务）。

汽车配件产品的种类繁多，因此采取的促销方式和策略应根据市场的不同而灵活变化。例如，重型汽车因使用上相对集中，市场也比较集中，因而人员推销对促进重型汽车销售的效果较好；而轻型汽车、微型汽车的市场分散，所以广告对促进这类汽车销售的效果更好。总之，对于市场比较集中的汽车产品，人员推销产生的效果最好，营业推广和广告次之。反之，市场的需求越分散，广告效果越好。这里主要讲解产品陈列促销和广告宣传两种方式。

一、汽配产品陈列促销

对汽车配件销售而言，陈列商品十分重要，特别是大型商场的橱窗设计要做到宣传与介绍相结合，具有美感。商场内部商品陈列丰富，可以给顾客提供更大的挑选余地并使顾客加深对商品的了解，以便选购。特别是一些新产品和通用商品，可以通过样品陈列起到极大的宣传作用，达到促销的目的。

汽车产品陈列促销包括橱窗陈列，柜台、货架陈列，架顶陈列，壁挂陈列和平地陈列等形式。

1. 橱窗陈列

橱窗陈列是利用商店临街的橱窗专门展示样品的陈列，是一种综合性的陈列形式，也是商业广告的主要形式之一。橱窗陈列一般适用于高价商品，给人以高档的感觉。橱窗陈列商品一要有代表性，体现出企业的特色，使顾客了解其主要经营的品种和特长；二要美观大方，引人注目。

2. 柜台、货架陈列

柜台、货架陈列也叫商品摆布，它是指根据商品情况，调节陈列架的高低和范围来陈列商品，具有既陈列又销售、更换频繁的特点。除了无法摆上货架或柜台的商品外，其他商品均可以用此法陈列。柜台、货架陈列是销售员的经常性工作，也是商店中最主要的陈列方式，如图 2–6–1 所示。

3. 架顶陈列

架顶陈列是指在货架的顶部陈列商品，是零售商店普遍采用的形式之一。架顶陈列的特点是可以利用上部空间，使商品陈列的视野范围较高，顾客易于观看，有充当柜组“招牌”的作用，适用于音响、美容清洗剂等商品的陈列，如图 2–6–2 所示。

图 2-6-1 柜台、货架陈列

图 2-6-2 架顶陈列

4. 壁挂陈列

壁挂陈列是指在墙壁上或货架两端设置悬挂陈列架来陈列商品，使顾客容易看到。适用于季节性商品、新商品、畅销商品中质量较轻的配件，如图 2–6–3 所示。

5. 平地陈列

平地陈列是指将体积大而笨重、无法摆上货架或柜台的商品，在营业场所的地面上设置陈列。平地陈列的特点是可以充分利用营业场所的空余空间，适用于轮胎、蓄电池、发动机总成、离合器总成等的陈列。陈列时应摆放合理，陈列有序，并留有通道，以便于销售。

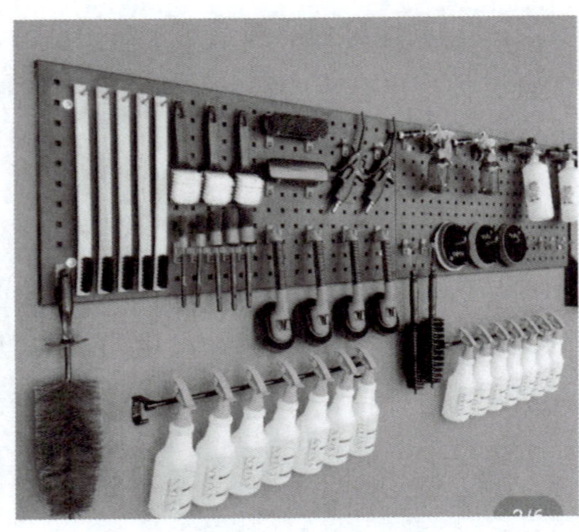

图 2-6-3 壁挂陈列

二、汽配产品广告宣传促销

广告是在促进销售策略中受到普遍重视和应用的形式，是直接向现有和潜在市场传递信息的一种手段。广告作为一种传递信息的工具，可以产生唤起注意、引起兴趣、启发欲望和导致行动的作用。

1. 产品广告宣传媒体

（1）报刊广告

报刊广告即刊登在报纸或刊物上的广告，它具有广泛性、自由度大、有深度、保存性、低成本等优势。当然它也有不足之处，如传播信息不够迅速、及时，受读者文化水平和理解能力的限制等。

（2）招贴广告

招贴广告又称海报，是一种提供简短、及时、确切信息的招贴。它常张贴于能引起顾客注意的醒目之处，以告知顾客某种商品的促销信息，营造宣传氛围。招贴广告适用于某种或某系列商品信息的公布，如图 2-6-4 所示。这种广告宣传方式的信息覆盖面较窄。

图 2-6-4 某配件经销公司的招贴广告

（3）邮寄广告

邮寄广告的特点是信息传播方向性强、宣传

效果好，适用于企业经营范围、产品品种价格的宣传。

（4）报纸夹页或传单

报纸夹页或传单是一种印成单张向外散发的宣传品。报纸夹页或传单上说明本企业经营品种范围、价格水平、联系方式等，可作为促销广告使用。这种形式比较灵活、成本低廉、散发方便。

此外，还有利用交通工具如公共汽车车身及车厢内张贴广告的交通广告，以及灯光广告和路牌广告等。

（5）声像广告

声像广告是指利用无线电波发送声像的广告，包括电视广告和广播广告。电视广告的优点是表达直观、传播迅速、适应面广、娱乐性强，它的缺点是成本较高，受时间的限制。广播广告的优点是覆盖面广、传播迅速、成本较低，缺点是缺乏视觉效果，时效较短。

（6）网络广告

网络广告是利用网站上的广告横幅、文本链接、多媒体等在互联网刊登或发布广告，通过网络传递到互联网用户的一种高科技广告运作方式，如图 2–6–5 所示。

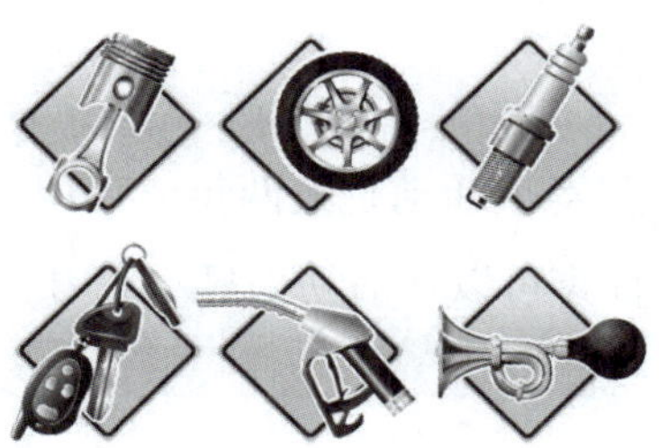

图 2–6–5 网络广告

与传统的广告相比，网络广告具有得天独厚的优势，是实施现代营销媒体战略的重要部分。它的优点是覆盖范围广、主动性强、互动性强、时间持久、性价比高，可直达产品核心消费群。

2. 汽车用品广告的投放

对于绝大多数汽车用品商家而言，去哪里投放广告、如何投放，是有规律可循、有技巧可用的，在投放广告时应该注意以下几点：

（1）分清投放主体

企业产品的主体有“产品”和“品牌”之分。对于新兴的汽车产品，广告宣传应先推出产品，让消费者全面了解该产品的功能和用途。对于已经被大众熟知的汽车产品，在广告投放时应更注重推广品牌，以提升企业层次，以便未来推出其他产品。

（2）选择投放对象

在汽车用品市场不成熟，企业渠道建设未完善时，选择专业媒体进行投放是非常必要的。专业媒体的受众是各大经销商、代理商，对于要铺开销售网络的商家来说是最快捷的宣传方式。

汽车用品是最终要走向消费者的产品，所以大众媒体是市场成熟期的选择。此时需要注意的是不同的大众媒体定位不同，受众不同，所带来的影响也不同。

（3）选择新颖的投放形式

目前，汽车用品商家多采用产品的文字介绍加形象的广告形式，该形式属于常规形式，很多时候需要增强个性化来突出自身的特色。

1）促销活动

促销是一种短期却集中的宣传手法，在短期内将企业想要宣传的理念传输给受众。汽车用品商家可选择发放宣传单、礼品等形式进行宣传，此种形式的亲和力最强。

2）赛事活动

举办或参与赛事活动是近两年汽车用品商家们比较喜爱的广告形式，赛事活动的影响力较大，商家可以在活动中显示实力、宣传品牌。

3）学习讲座

这种形式的传播范围虽然不是很广，却可以提升专业性和权威性。

4）横向结盟

横向结盟是指与其他行业著名品牌结盟，通过结盟者的宣传来达到宣传自己的效果。对于汽车用品商家来说，与整车企业的结盟是较好的选择。

5）公益事业

这是提升企业信誉度的方法，汽车用品企业的良好形象可以通过参与公益事业建立。

三、制定销售促进方案

销售促进是指企业运用各种短期诱因，鼓励购买或销售企业产品或服务的促销活动。一般来讲，企业的销售促进策略包括确定目标、选择工具、制定方案、预试方案、实施和控制方案及评价结果等内容。

1. 确定销售促进目标

销售促进目标根据目标市场的不同而有所差异，如图 2-6-6 所示。

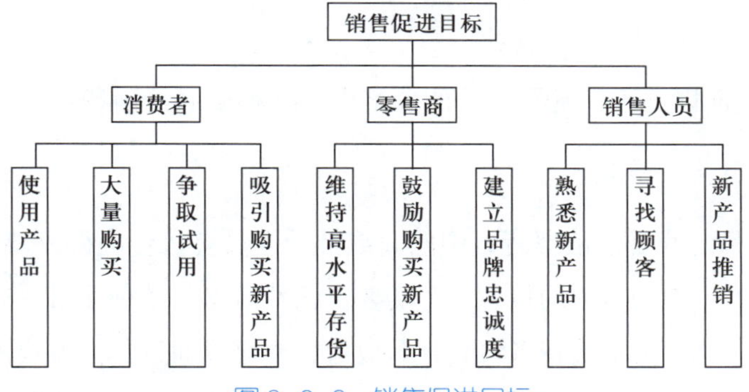

图 2-6-6　销售促进目标

2. 选择销售促进工具

销售促进工具的选择必须充分考虑市场类型、销售促进目标、竞争情况以及每种销售促进工具的成本效益等因素。

配件产品经销商经销配件时关心的是顾客的光顾和购买，销售促进工具的选择应以此目标为中心。折价券、特价包、赠奖、交易印花、竞赛、兑奖、游戏等在零售业中最常使用。

（1）折价券

折价券是给目标客户一个凭证，他在购买某种商品时可凭此免付一定金额。折价券可以邮寄、附在其他商品中或在广告中附送。这是一种刺激成熟品牌产品销量的有效工具，也可以鼓励顾客试用新品牌。

（2）特价包

特价包是向消费者提供低于正常价格的商品的销售方法，其做法是在商品包装或标签上加以附带标明。它可以采取减价包的形式，即将商品单独减价出售，如原价 50 元的商品现售价 30 元。也可以采取组合包的形式，即将两件相关的商品捆绑减价出售，如洗车液和汽车玻璃水捆绑销售。特价包对于刺激短期销售十分有效。

（3）赠奖

赠奖是以相当低的价格出售或免费赠送商品作为购买特定商品的奖励，主要有三种形式：

1）随附赠品可以附在商品或包装中，或包装物本身就是一个能重复使用的容器。

2）免费赠品即消费者出示买过某种商品的包装、标签或其他证据，商店就可以赠送赠品给消费者。

3）低价赠品即以低于正常零售价的价格出售某种商品给消费者。

（4）竞赛、兑奖和游戏

竞赛、兑奖和游戏是让消费者、中间商或推销人员有机会赢得一些奖品，如现金、旅游或商品，作为对他们努力的报答。竞赛要求消费者参与某种项目，通过裁判员或评委会评出最优者。兑奖要求消费者将其姓名放进摇奖箱或通过其他方式进行抽奖。游戏是指消费者每次购买商品时，商家赠送给消费者一些有助于他们获得奖品的东西。

3. 制定销售促进方案

销售促进方案的内容主要包括诱因的大小、参与者的条件、促销媒体的分配、促销时机的选择和促销的总预算等。

（1）诱因的大小

市场营销人员必须确定诱因的大小。要想取得促销的成功，一定规模的最低限度的诱因是必需的。如一张减价 15 元的折价券比减价 5 元的折价券更能吸引消费者试用，但不能因此确定前者的反应为后者的 3 倍。一般来说，诱因规模很小时，销售反应也很小。诱因的大小应使促销效益与成本之比最大化，且能达到商家预期的促销效果。

（2）参与者的条件

销售促进决策的另一个重要内容是决定参与者的条件。例如，特价包是提供给每一个人，还是仅给予那些购买量大的人。又如，抽奖可能限定在某一特定范围内，而不允许企业职员的家属或某一年龄以下的人参与。通过确定参与者的条件，企业可以有选择地排除那些不可能成为商品固定使用者的人。当然，如果条件过于严格，往往会导致只有部分品牌忠诚者或喜好优待的消费者才会参与。

（3）促销媒体的分配

市场营销人员必须决定促销媒体的分配。假设商家通过减价 15 元的折价券进行促销，则至少有四种途径可使顾客获得折价券：一是放在已购商品的包装内，二是在商店里分发，三是邮寄，四是附在广告媒体上。每一种途径的送达率和成本都不相同。例如，第一种途径主要用于送达经常光顾的顾客，而第三种途径虽然成本费用较高，却可将折价券送达非本品牌使用者手中。

（4）促销时机的选择

市场营销人员还要决定促销的时机。如果促销时间太短，一些顾客可能无法重购，或由于太忙而无法及时参与。如果促销时间太长，顾客可能认为这是长期降价，而使优待失去效力，甚至还会使顾客对产品质量产生怀疑。专家经调查研究发现，最佳的促销频率为每季度三周，最佳时间长度为平均购买周期。当然，促销时机还会随着促销目标、顾客购买习惯、竞争者策略及其他因素而调整。

（5）促销的总预算

销售促进总预算可以通过两种方式确定：

1）自下而上的方式即市场营销人员根据全年销售促进活动的内容、所运用的销售促进工具及相应的成本费用来确定销售促进总预算。销售促进总成本与管理成本（如印刷费、邮寄费和促销活动费）、诱因成本（如赠奖、折扣等成本）及预期售出数量有关，即：

$$销售促进总成本 = （管理成本 + 诱因成本）\times 预期售出数量$$

2）按习惯确定各项促销预算占总促销预算的比率。不同品牌的促销预算比率不同，多品牌经营者可以协调各种促销活动以节省费用。如一次邮寄多种赠券给消费者，就可以节省邮寄及其他相关费用。

企业在制定销售促进总预算时，要注意避免以下失误：

1）缺乏对成本效益的考虑。

2）使用过分简化的决策规划。沿用上年的促销开支、按预期销售的比例计算、维持对广告支出的固定比例等都是不可取的。

3）广告预算和销售促进预算分开制定。

4. 预试销售促进方案

销售促进方案是根据经验制定的，需要经过预试以确认所选用的工具是否适当、诱因规模是否最佳、实施的途径和效率如何。面向消费者市场的销售促进方案能够轻易地进行预试，可邀请消费者对几种不同的优惠方案做出评价，给出评分，也可以在有限的地区范围内进行试用性测试。

5. 实施和控制销售促进方案

对每一项销售促进工作都应确定实施和控制计划。实施计划必须包括前置时间和销售延续时间。前置时间是方案实施之前的准备时间。它包括计划工作、设计工作、材料的邮寄和分送、广告的准备、销售现场的陈列、现场推销人员的分工、个别分销商地区定额的分配、购买和印刷特别赠品或包装材料、预期存货的生产和存放以及给零售商的分销工作。

任务实施

在任务引入中，小刘要根据佳美汽车轮胎专卖店的轮胎销售情况设计促销方案，以提升轮胎的销售量。根据上文介绍的相关内容，小刘建议经理利用广告和商品陈列的方式进行促销。

一、利用广告进行促销

1. 利用声像广告进行促销

声像广告包括广播广告和电视广告。由于佳美汽车轮胎专卖店是当地中小规模的轮胎经销公司，没有必要花费大量的费用在当地做电视广告。因此，小刘设计在当地的交通之声频道进行广告宣传活动，使当地的汽车司机能够在开车途中对促销活动有所了解。例如："为回馈广大新老客户，佳美汽车轮胎专卖店正在推出特价活动，部分产品特价销售，希望您能抓住机会，数量有限，售完为止。"

2. 利用报纸进行广告促销

报刊具有广泛性、自由度、深度、保存性、低成本等优势，小刘建议经理在当地《新文化报》的汽车栏目上做广告促销活动。例如："买轮胎到佳美，销售热线：×××-×××××××××。"

二、利用商品陈列进行宣传

商品陈列是向顾客推荐商品的宣传方式之一，也是商品促销的主要方式。为了突出商品宣传效果，小刘建议在商店门口放置多个成层的轮胎，以吸引客户对商品的注意，如图 2-6-7 所示。

图 2-6-7 轮胎的平地陈列

思考题

1. 汽车配件产品的陈列促销有哪几种形式，各有什么特点？
2. 汽车配件产品进行广告投放时应该注意哪些事项？
3. 制定销售促进方案的具体内容有哪些？

模块三

汽车配件购进业务

任务 1　汽车配件市场调查

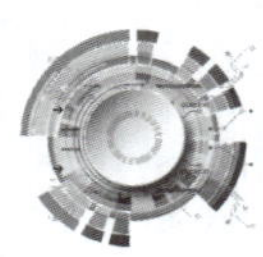

任务目标

- 掌握汽车配件市场调查的内容、方法和程序。
- 了解汽车配件销售量的预测方法，并能对配件销售量进行预测。
- 能设计汽配市场调查问卷。

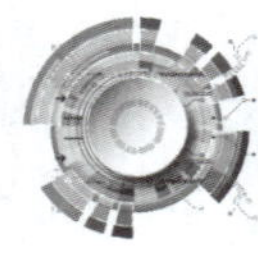

任务引入

个体经营者彭先生开车到某市中心办理业务时发现四周车辆很多，而且以私家车为主。彭先生想：“正好有一笔闲钱，不如开个汽车配件商店。”可是汽车配件种类繁多，该经营哪一类好呢？

如果你是彭先生，想要经营汽车配件商店，要经营哪些汽车配件品种才能销售顺畅，获取利润呢？本任务要求设计对汽车配件需求量、需求结构、企业外部经营环境和内部经营能力的调查问卷并展开调查。

任务分析

彭先生想要经营汽车配件商店获取利润，就必须对该市的汽车配件市场进行市场调查，了解该市的汽配需求量、需求结构以及周围环境、竞争对手的状况等，这就要进行汽配市场需求调查。下面就来学习与此类工作相关的知识。

相关知识

市场是企业研究的中心，根据市场状况制定的营销策略决定了企业的经营方向和目标。市场调查是指以科学的方法收集市场资料，并运用统计分析的方法对所收集的资料进行分析研究，发现市场机会，为企业管理者提供科学决策的信息依据的一系列过程。

汽车配件销售企业的市场调查，就是对汽车配件的各种商品或某种商品的产供销及其影响因素、企业的销售量、用户结构及市场占有率进行调查研究。在汽车配件市场调查的策划及实施过程中，市场调查的内容和方法的确定是首要环节，确定之后才能根据市场调查的程序，一步步地得出调查结果。

一、汽车配件市场调查的内容

汽车配件市场调查的内容十分广泛，一般有汽车配件需求调查、市场经营条件调查和市场商品分析等内容。

1. 汽车配件需求调查

汽车配件需求调查的目的是了解配件的消费需求量、需求结构和需求时间。

（1）需求量调查

对于汽车配件销售企业而言，市场需求量调查不仅要了解企业所在地区的需求总量、已满足的需求量和潜在需求量，还必须了解本企业的销售量在本地区销售总量中所占的比重，即市场占有率。市场占有率的公式如下：

市场占有率 = 本企业汽车配件销售额 ÷ 该地区汽车配件销售总额 ×100%

市场占有率表明了企业在该地区的竞争能力和开拓地区市场的可能性。

影响汽车配件需求量的基本因素如下：

1）国家政策和社会经济形势的变化。如国家汽车产业政策的变化、国家经济政策的变化、经济发展稳定与否等。

2）消费观念的变化。消费者对商品的需求可概括为生存、舒适和发展。随着国内生活水平的提高，人们对汽车舒适性的要求必然会增加，这就会带来某些汽车配件需求量的增长，如中央门锁、真皮座椅、视听设备等。

3）人口总量及年龄结构的变化。人口总量及年龄结构是决定商品需求总量及构成的自然基础，从年龄结构上分析，老年人和青年人对汽车的需求差别很大。近年来，青年人对汽车装饰的需求更加个性化，因此，对汽车配件的需求也会随之变化。

4）社会商品购买力及其投向的变化。社会商品购买力和购买投向的变化必然会导致汽车购买需求的变化，汽车配件的需求量也会随之改变。

5）价格的变化。一般来说，当其他因素不变时，汽车配件的需求量与配件的价格成反比。

6）消费者使用产品后的评价。消费者使用产品后的评价会直接影响该产品的销售情况。为全面反映消费者对产品的使用感受，许多企业引入顾客满意度指数模型来进行调查测评，一些变量要素如顾客期望、感知质量、感知价值、顾客抱怨、顾客忠诚度、顾客满意度等正越来越多地出现在消费者使用产品后的评价调查问题之中。

（2）需求结构调查

需求结构调查的目的是了解购买力投向，不仅要调查汽车配件需求总量，还要调查分车型、分品种的结构。例如，奔驰、宝马、奥迪、雅阁、帕萨特、迈腾等车型的配件需求量；各种规格的活塞、制动器、发动机等的需求量。另外，还必须了解引起需求量变化的原因，并调查用户结构情况。图 3-1-1 所示为某省份在某月对汽车配件采购需求种类调查的前五名。

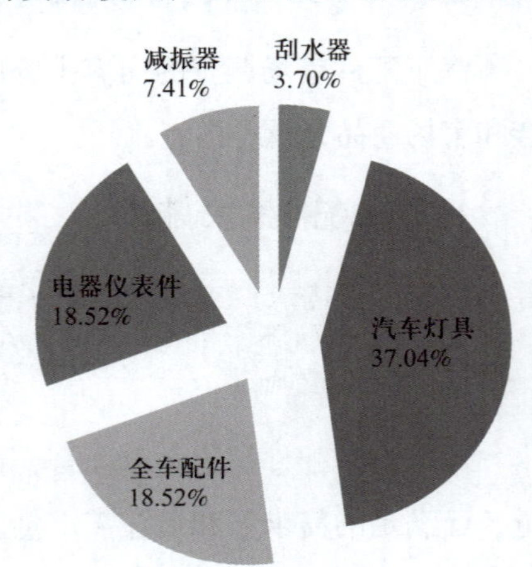

图 3-1-1　某省份在某月对汽车配件采购需求种类调查的前五名

（3）需求时间调查

许多汽车配件的需求是有季节特点的，汽配销售人员要了解用户需要购买配件的具体时间，以及在需求时间内要购买的品种、规格及数量。

2. 市场经营条件调查

了解企业外部经营环境和内部经营能力称为市场经营条件调查，主要包括以下内容。

（1）本地区宏观经济发展概况

如工农业生产发展速度、固定资产投资规模、信贷规模、社会商品零售总额、各种等级的公路建设情况等。这些因素均会影响汽车配件的需求量。

（2）本地区汽车保有量增长情况（包括车型、数量）

汽车保有量的增长与汽车配件需求量的增长直接相关。

（3）配件商品资源情况

主要是生产厂（或其他供货方）所能提供的配件品种、质量、价格、数量、供货时间等，特别要了解开发新产品的可能性等情况。

（4）配件销售渠道情况

销售渠道是多种多样的，包括批发商、零售商和直接用户（一般是需求量较大的用户）。需要对这些客户的实际需求量、资信情况，特别是货币支付能力进行较详细的调查和评估，从而为决定与他们的合作关系提供依据。

（5）竞争对手情况

即正在同本企业进行竞争的汽车配件销售企业的情况，要了解其优势、劣势、竞争策略、销售情况、货源与销售方向、进销价格等，还要摸清可能出现的新竞争对手及其有关情况。

（6）企业内部情况

要对本企业内部的经营管理水平、职工素质及物资设备、经营场所等情况进行调查。

3. 市场商品分析

市场商品分析主要是从销售量较大的易损件与易耗件的使用价值和消费等角度，

调查研究其销售情况及发展变化趋势，为开拓新市场、防止库存积压提供可靠信息。商品分析的内容有：商品销售状况分析、商品潜在市场分析、商品生命周期分析、新产品投入市场的时间和销售趋势分析、市场商品需求变化动态及其发展趋势分析等。

二、汽车配件市场调查的方法

市场调查的方法有很多，调查方法是否科学、恰当，对调查结果的影响很大。汽车配件市场调查的方法主要有文案调查和实地调查两种，如图 3–1–2 所示。

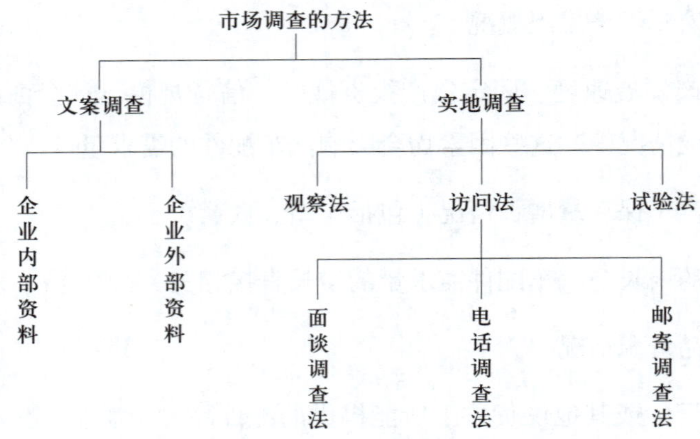

图 3–1–2　汽车配件市场调查的方法

1. 文案调查

文案调查是一种间接调查方法，是市场调查人员利用企业内部和外部资源，收集过去和现在的各种信息、情报资料，对调查内容进行分析研究的一种调查方法，如图 3–1–3 所示。

图 3–1–3　文案调查

（1）文案调查的特点

文案调查既能节省时间，又能节省费用，且资料来源广，调查的材料保密性强，实施起来也比较容易。因此，文案调查往往是首选的市场调查方法，只有当收集到的第二手资料不能满足需要时，才会开展实地调查。

但是，文案调查的局限性也十分明显。资料是前人为自身的目的去收集、整理和刊载发布的，因此可能对本企业的某个调查项目而言适应性不高。而且第二手资料受到各方面的限制，与原始资料会有些差距，有的经人多次传抄引证，已经成为第三、第四手资料，精确度更为欠缺，使用时需仔细核实。更为重要的一点是，在信息时代，知识的更新日新月异，市场的变化节奏加快，二手资料在时效性上常常不能满足调查的需要。

（2）文案调查资料的来源

文案调查资料的来源十分丰富，对于汽车配件市场调查，资料的来源主要有汽车平面媒体、汽车网站、汽车行业协会报告和国家统计局公布的数据等。归纳起来，资料的来源可以分为企业内部来源和企业外部来源两个方面。

1）企业内部资料

企业内部资料主要是企业在营销活动中所做的各种形式的记录，包括与企业营销活动有关的各种书面的和存储在计算机内的各种业务资料、统计资料、财务资料以及平时积累的报告、总结、会议记录、用户来信、营销活动的照片与录像等。

2）企业外部资料

企业外部资料的来源多，信息量大，包括政府各主管部门、统计部门发布的资料和数据；各经济信息中心、专业信息咨询机构公布和提供的信息资料；各类新闻、出版部门发行的书报杂志以及电台、电视台公布的市场信息、经济信息；专业性、学术性机构每年召开的年会、学术研讨会上所发表的论文；各级图书馆收藏的相关资料等。

随着计算机网络的迅猛发展，计算机网络系统成为文案调查又一重要的外部信息来源。网络信息的第一个特点是丰富性。国际互联网络系统能够提供经济、科技、金融、企业、市场、供求等多方面信息，内容极为广泛，其信息量和精确度超过任何其他媒体。网络信息的第二个特点是共享性。只要加入网络系统，成为网络用户，就可以共享网络中的全部信息。网络信息的第三个特点是便利性。用户可以随时随地、足不出户地获得全球性的信息。网络信息的第四个特点是时效性。全球互联网络系统能提供全球的最新信息，而且是不断更新的。此外，计算机网络提供的信息还具有传送质量高、获取成本低等特点。

2. 实地调查

实地调查是一种直接调查方法，是由调查人员直接同受访者接触以收集未被加工的来自调查对象的原始信息的调查方法。对于汽车配件市场调查，要获取一手资料，来源途径主要有：

（1）汽车生产商。

（2）汽车交易市场。

（3）汽车专卖店。

（4）汽车租赁市场。

（5）二手车市场。

（6）汽车行业协会。

（7）车辆管理机构。

（8）保险公司、税务机构。

（9）洗车厂。

（10）停车场。

（11）汽车修配厂。

（12）已购车用户（国企、事业单位、外企、合资企业、私企等）。

（13）欲购车用户（国企、事业单位、外企、合资企业、私企等）。

实地调查方法又可分为观察法、访问法和试验法。

（1）观察法

观察法由调查人员到现场，通过直接观察人们的行为并进行实地记录，也可以用录音或摄像方式进行，这是一种单向调查方法。例如，某发动机专营商店的调查人员实地观看用户选购发动机的情况，观察最吸引用户的是哪些事项，以便进一步提出改进产品设计的建议。观察法常为特定目的的调查而专门使用，不是直接向被调查者提出问题，而是从侧面客观地观察所发生的事实。观察法的优点是可以比较客观地收集资料，调查结果更接近事实。缺点是只能报告事实的发生，观察不到其内在的原因，且调查耗费时间长、费用高。为了弥补观察法的不足，可在观察的同时，结合询问法进一步了解用户的购买动机等情况。

（2）访问法

访问法是一种双向调查法，主要包括面谈调查法、电话调查法和邮寄调查法三种。

1）面谈调查法

面谈调查法是指通过与被调查者面对面地交流，调查人员对有关问题提出询问，并当场记录被调查者提供的答案，以获取所需资料的一种调查方法。调查人员在面谈之前，应当熟悉调研的核心、重点和提纲。询问时既可按提纲顺序提问也可自由交谈，但一般应遵循设计者的安排。

图 3-1-4 个别面谈

面谈调查法可采用个别面谈（见图 3-1-4）和小组面谈（见图 3-1-5）两种形式。个别面谈时调查人员可以到消费者家中、办公室或在街头进行一对一面谈。小组面谈是邀请 6 ~ 10 名消费者，由调查人员组织进行对某一产品、服务或营销措施的讨论，从中获得更有深度的市场信息。

图 3-1-5 小组面谈

面谈调查的最大优点是灵活性强，它可以采用任何方式提问，在面谈时可根据被调查者的个性等特点采取不同的谈话技巧，可与被调查者进行较深入的讨论。另外，这种调查方法能直接听取被调查者的意见，可相互启发，调查资料的真实性较高。缺点是在调查地区比较广阔时，费用较高，时间较长。

2）电话调查法

电话调查法是指由调查人员根据调查问卷，通过电话向被调查者询问意见、收集资料的方法，如图 3–1–6 所示。在调查时，可按拟定的统一询问表进行询问，以便统计处理。电话调查的优点是调查速度快、调查成本低，并且适于访问不易接触的被调查者。缺点是交谈的时间不能太长，不能对有关问题做过多的解释，容易产生误解。

图 3–1–6　电话调查法

3）邮寄调查法

邮寄调查法是指调查人员将设计好的调查问卷或表格邮寄给被调查者，要求被调查者自行填妥寄回，以收集所需资料的办法。

这种调查方式的优点是：调查面广，凡邮件可以到达的地方都可以用此法进行调查；成本低，只需花费少量邮寄费用；被调查者无时间压力，有充分的时间来考虑所要回答的问题，并可与他人商量后再进行回答。缺点是：调查问卷回收率比较低，有的被调查者对所调查的问题不感兴趣或没有时间回答；调查时间较长，邮寄问卷需要花费一定的时间，并且被调查者对回答问题无紧迫感，导致调查结果的获取不够及时。

（3）试验法

试验法是把调查对象置于一定的条件下进行小规模试验，从而获得市场信息的方法。试验法可以有效地分析、观察某些市场变量之间是否存在因果关系、影响程度如何等。

试验法通常有分割试验法和销售区域试验法两种方式。试验法的优点是可以获取比较准确的原始资料。缺点是可变动因素难以掌握，试验结果难以相互比较，成本较高。

实际工作中选用哪种调查方法，主要取决于调查问题的性质。例如，对大型产品，往往直接向用户调查；而对量大面广的产品，可采用电话调查法或发调查表的方式进行调查；对新产品的前景预测，可结合使用访问法、观察法和试验法。

三、汽车配件市场调查的程序

汽车配件市场调查的程序如图 3–1–7 所示。

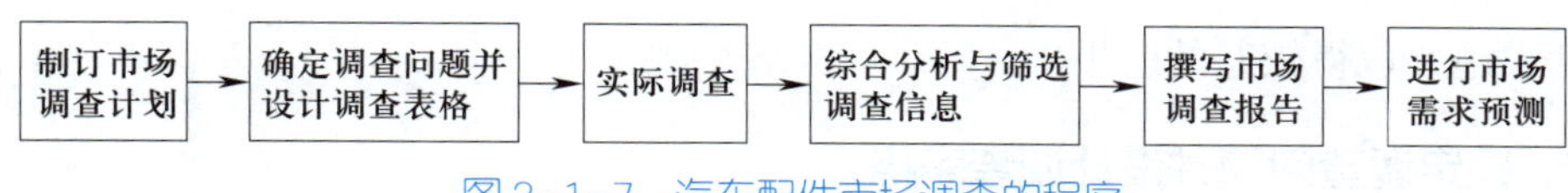

图 3–1–7 汽车配件市场调查的程序

1. 制订市场调查计划

（1）确定调查目标

这是在任何一个市场调查计划中都应首先写明的。目标确定后，才能确定达到该目标所需的人、财、物，以保证在有限的预算条件下，以最少的资金消耗达到目标。

（2）确定调查项目

为达到既定的调查目标，应确定调查项目，即围绕调查目标来确定所需要的信息和统计资料，根据所需信息和资料的内容来拟定调查项目，并通过对调查项目重要程度的分析和排序，明确其对企业决策的影响，以此决定资料的取舍。

（3）决定调查方法

为实现调查目标，必须针对调查项目和调查预算选定调查方法。调查方法很多，目前在市场调查活动中被广泛应用的主要有访问法、观察法、试验法和统计分析法四大类。在确定调查方法后，还应根据调查方法的要求确定调查地点、调查对象、资料种类、样本数量和抽样方法等。资料可以分为观察资料、试验资料和访问资料，还可分为第一手资料和第二手资料。

（4）制订调查实施计划

调查实施计划是调查计划的实施方案，它由调查计划、预算计划、问卷拟定和预试计划、统计计划、调查实施管理计划等构成。

（5）实施试验调查

根据实施计划进行一次小规模的试验调查，目的在于检验或改进实施计划，以确保调查计划的顺利进行。实施试验调查可以检查问卷格式及内容是否合适，求证抽样是否适当，收集和取得有关调查费用的相关资料，监督检查调查组织的工作效率以及计划的适应性等。

正式调查计划只有在实施试验调查，并且确定所需时间和经费后才能确定。实施试验计划实际上是对正式调查计划的一个求证补充过程，只有这样才能保证调查计划的顺利实施并取得较好的效果。

2. 确定调查问题并设计调查表格

市场调查表通常由三部分内容构成，即被调查者项目、调查项目和调查者项目。

被调查者项目主要包括被调查人的姓名、性别、年龄、文化程度、职业、家庭住址、联系电话等。设置这些项目的目的主要是便于日后查询。有些项目对分析研究也很有用处，应根据调查目的，有针对性地选择被调查者项目。

调查项目就是将所要调查了解的内容，具体化为一些问题和备选答案。通常在所列项目中，要给出若干个答案供被调查者选择填写。

调查者项目主要包括调查人员的姓名、工作单位及调查日期等。这些项目主要是为了明确责任和方便查询而设。

（1）市场调查表的类型

1）单一表格是指一张调查表只由一个被调查者填写或回答。由于只填写一个被调查者的情况，因此可以容纳较多的调查项目。以同业产品价格市场调查表为例，单一表格的样式见表 3-1-1。

表 3-1-1　同业产品价格市场调查表

企业名称					
品名	规格	厂牌	单价	价格来源根据（发票或经办人）	对品质价格的评价
说明			调查时间		

2）一览表是指在一张调查表中包含若干个被调查者及其意见或基本情况。一览表中容纳的被调查者较多，设置的调查项目较少。它特别适用于集中性的调查，这种

调查节省时间、人力和财力，调查易于实施，资料便于统计汇总，但难以了解较具体、较详细的情况，所以企业很少使用。以某地汽车展销会展销情况调查表为例，一览表的样式见表 3–1–2。

表 3–1–2 某地汽车展销会展销情况调查表

序号	参展单位	产品名称	规格型号	展销价格	已售件数（不包括已订购件数）	已订购件数
调查员：					调查时间：	

3）问卷是指采用访问调查法时记录被调查者意见的文卷。若将单一表格的线框删去，并将其文字化，便构成问卷。它比单一表格能容纳更多的调查项目，且能收集更系统、更详细的资料，所以经常被企业采用。此外，问卷从结构上可分为表头、表体和表脚三部分。其中，表头包括客套语、对填表者的激励方式等；表脚包括填表说明和必要的注释等（详见案例）。

［案例］

某公司汽车配件市场调查问卷

尊敬的__________先生 / 女士：

您好！

我是 ×× 交通职业技术学院的学生，正在进行有关汽车配件的市场调查，希望您能抽出一点宝贵的时间对以下问题做出选择。您的意见非常重要，非常感谢您的大力支持。

Ⅰ. 您认为通过以下哪种方式能进一步促进汽车配件的销售？

A. 视频广告　　B. 报刊广告　　C. 促销活动

Ⅱ. 在您看来，什么价位的汽车的配件更新频率快？

A. 低档汽车　　B. 中档汽车　　C. 高档汽车

Ⅲ. 您店里每年的销售高峰期在哪几个月？

A. 1—3 月　　B. 4—7 月　　C. 8—10 月　　D. 11—12 月

Ⅳ. 您觉得哪部分汽车配件的销售情况好？

A. 轮胎部分　　B. 发动机部分　C. 底盘部分　　D. 外形内饰部分

感谢您的合作，祝您工作顺利、生意兴隆！

调查员：________　　　　　　　　　　　　调查时间：____年__月__日

（2）调查项目的设计

调查项目设计的关键在于怎样命题以及如何确定命题的答案。一般情况下，调查项目中有以下三类问题。

1）开放式问题，即自由回答式问题

其做法是调查表上没有提供可选择的答案，所提出的问题由被调查者自由回答，不加任何限制。其优点在于可以使被调查者充分发表自己的意见，活跃调查气氛，尤其是可以收集到一些设计者意料之外的资料和建设性意见。其缺点是资料的整理分析困难，难免带有被调查者的主观意见。同时，由于答案是随意的，被调查者可能不易回答，即使回答，回答者往往集中于知识水平较高的阶层，容易形成阶层偏见。

2）封闭式问题

其做法是对调查表中所提出的问题都设计了各种可能的答案，被调查者只要从中选定一个或几个答案即可。它主要有以下三种类型。

①是非式问题，又称两项选择或对比式问题。这类问题只需要被调查者在两个可能的答案中选答一个，适用于诸如“是”与“否”、“有”或“无”等互相排斥的两择一式问题。这类问题易问易答，便于统计调查结果，但被调查者回答时没有说明原因的机会，不能表达出意见的深度和广度，结果不够精确，且应用范围较窄，只适用于两项选择，没有中立答案。

②多项选择式问题。其做法是对一个问题预先列出若干个答案，让被调查者从中选择一个或几个答案。这种方法可以避免强制选择的缺点，应用范围较广，且便于资料的分类整理。但被调查者的意见可能没有在拟定的答案中，选择的答案不一定能反映其真正的意见。因而，设计答案时应尽可能地包括所有的情况，但备选答案一般不得超过 10 个。

③顺位式问题，又称序列式问题。其做法是在多项选择式问题的基础上，要求被调查者将选择的答案或全部选项，按照自己认为的重要程度或喜爱程度顺位排列。

3）度量性问题

在市场调查中，往往涉及被调查者的态度、意见和感受等有关心理活动方面的问题。这类度量性问题通常用数量方法来加以测定，其实施工具就是态度测量表。态度测量表的类型主要有以下几种。

①评比量表是指由设计者事先把所测问题按不同态度列出一系列顺位排列的答案，并按顺序赋予一定分值，由被调查者自由选择回答。例如，调查客户对某汽车配件商店服务员满意程度的评比量表如下：

很不满意	不满意	稍不满意	还可以	比较满意	满意	很满意
1	2	3	4	5	6	7

评比量表可划分为若干阶段（如上文中的 7 段量表），企业可以根据具体情况而定，一般以 3 个或 5 个阶段为宜。表两端是反映极端态度的极端答案，中间的答案反映中立态度。上文中的分值也可以采用 –3、–2、–1、0、1、2、3。

②数值分配量表是指由被调查者在固定数值范围内，对所测问题依次分配一定数值以做出不同评价的一种态度测量表。例如，在调查客户对不同汽车配件销售员的满意程度时，可让客户按对 A、B、C 三个销售员的满意程度分别打分，三人总分为 100 分。汇总所有被调查者的评分，就可以判断客户对各销售员的满意程度。注意：运用数值分配量表时所对比的问题不宜过多。

③等值差距应答者量表，也叫沙斯通量表，其制作比较麻烦，但使用操作很简单，它只要求受测者指出量表中所同意的陈述或语句。每条语句对应一个分值（受测者并不知晓），量表中的语句排列可以是随意的，但每个受测者都应该只同意其中分值相邻的几个意见，如果一个受测者的语句或意见的分值过于分散，则判定此人对要测量的问题没有一个明确的态度，或者量表的构成可能存在问题。

（3）设计市场调查表的注意事项

市场调查表不是随意设计的，必须注意以下几个问题。

1）市场调查表中所列的项目要有客观性，不要提出向被调查者揭示答案方向或暗示调查者观点的问题。因市场调查表的设计是为了取得满意的结果，故除了起引导启发作用的问题之外，其他项目都应是调查目标所必需的。

2）所提问题的用词要准确，要避免使用含糊不清、可做多种理解以及过于专业化的语句。另外，一个项目只能包含一个层次的内容，否则会影响被调查者对问题的正确理解以及回答的准确性。

3）设计方案应当是可行的，主要包括以下三个方面。

①对所有的问题，被调查者能够根据常识或经验回答，而不是依靠记忆或计算作答。

②设计要讲究艺术。可适当安排少数融洽调查气氛或引导作答的趣味性项目；对令人困窘且又有必要调查的问题，应设计出引导性语句或问题。

③要注意设计问题的顺序性。所有项目应按其内容的逻辑联系顺序排列，问题设计宜先易后难：在一张调查表中，融洽气氛或过渡性的问题应列在最前面，随后列出较简单的或被调查者较关注的开放式问题，继而插入核心问题，最后才是较复杂的问题。

3. 实际调查

在实际调查中，调查者要注意以下几个问题：

（1）发现问题，寻找原因

在调查之前虽然已明确了调查目标和调查项目，但市场是“活”的，竞争是“活”的，在调查原因时，往往会发现一些新问题，有的原因本身就是问题。如产品销售量下降的原因是产品过时，那么，产品过时的原因又是什么呢？

（2）分析调查资料

在调查过程中，可能会获得大量的市场情况资料，但内容往往比较杂乱，必须边调查边分析。这样做一方面可将调查资料随时与调查目的、要求进行对照，以便进一步明确调查方向；另一方面可以根据调查中发现的新问题，拟定新的调查项目，把调查引向深入，获得更好的调查效果。

（3）保持绝对客观

调查者在调查过程中应始终保持客观的态度，实事求是，不要用主观想象去代替客观事实。

4. 综合分析与筛选调查信息

调查信息的分析与筛选主要包括分类、比较、计算、研究、判断和编写，以期得到有用的信息并加以利用。

（1）分类

分类是将杂乱无章的初始信息按问题、时间、目的、要求等，分门别类、排列成序。

（2）比较

比较是从各种企业信息资料的比较中，分析企业活动变化趋势及特征，并与本企业的管理需要进行比较，判断是否符合要求。

（3）计算

计算是按照一定的方法，对数据进行加工运算，并从计算中得出所需要的新数据。

（4）研究

研究是在比较、计算的基础上进一步加工深化，通过信息加工者的分析，从纷繁的信息资料中形成新的概念、结论，也就是形成新的富有指导作用的信息。

（5）判断

判断是对企业信息的准确性和可信度进行鉴别，剔除不可信、不真实的部分，同时也对信息含量、价值和时效进行判断，以供使用。

（6）编写

编写是将研究分析后的信息，通过加工编写成新的信息资料，它是分析与筛选调查信息的基本产出，也是重要内容之一。

5. 撰写市场调查报告

市场调查报告一般由题目、目录、概要、正文、结论和建议、附件等几部分组成。

（1）题目

题目包括市场调查题目、报告日期、委托方和调查方，一般应打印在扉页上。

（2）目录

如果调查报告的内容、页数较多，为了方便读者阅读，可以使用目录或索引形式列出报告的主要章节和附录，并注明标题、有关章节号码及页码。一般来说，目录的篇幅不宜超过一页。例如：

目　录

（3）概要

调查报告的概要部分用来阐述调查的目的与基本情况。它按照市场调查课题的顺序将问题展开，主要有以下几个方面的内容：

1）调查目的，即简要说明调查的由来和委托调查的原因。

2）调查对象和调查内容，包括调查时间、地点、对象、范围、调查要点及所要解答的问题。

3）调查研究的方法，是指对所用方法进行简短叙述，并说明选用方法的原因，目的是提高调查结果的可信度。例如，是用抽样调查法还是用典型调查法，是用实地调查法还是文案调查法。

（4）正文

正文是市场调查报告的主要部分，包括问题的提出、结论的引出、论证的过程、分析研究问题的方法等。正文部分还应当有可供决策者进行独立思考的全部调查结果和必要的市场信息，以及对这些情况和内容的分析、评论。

（5）结论和建议

得出结论和建议是撰写市场调查报告的主要目的。这部分包括对概要和正文部分所提供的主要内容的总结，并且要提出解决某一具体问题可供选择的方案与建议。结论和建议与正文部分的论述要紧密对应，不可以提出没有证据的结论，也不要提出没有结论性意见的论证。

（6）附件

附件是指调查报告的正文无法包含或没有提及，但与正文有关而必须附加说明的部分。它是对正文的补充或更详尽的说明，包括数据汇总表、原始资料、背景材料和必要的工作技术报告，如为调查选定样本的有关细节资料及调查期间所使用的文件副本等。

撰写市场调查报告时，应该注意以下几点：

第一，忌表面化的调查。

第二，忌堆砌数据，不做分析。调查报告中如果只有材料数据而没有分析，就无法说明问题、证明观点，这样的调查报告就没有意义和价值。

第三，忌脱离材料，空发议论。调查报告中的结论和观点要依靠事实进行证明，不能脱离材料，空发议论。材料要与观点一致，所举的事例、数据一定要典型，能够充分说明问题，否则同样依据不足，易犯主观性、片面性的错误。

6. 进行市场需求预测

市场需求预测的方法分为两大类，一类是定性预测法，另一类是定量预测法。汽车配件生产经营过程中通常使用定量预测法对市场进行预测。

定量预测法是利用过去几个月发生的经营统计数据，运用一定的数学模型，通过计算与分析来确定市场未来发展趋势的预测方法。下面介绍常用的几种定量预测方法。

（1）算术平均法

算术平均法是指将过去几个月的实际数据相加求其平均值来进行预测的方法。例如，某汽车配件经营店7—11月的实际销售额如图3-1-8所示。

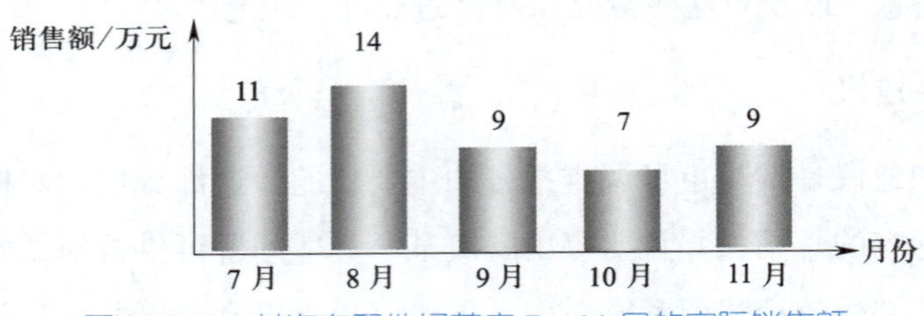

图3-1-8　某汽车配件经营店7—11月的实际销售额

根据算数平均法，12月的预测销售额 =（11+14+9+7+9）万元 ÷5=10万元。

（2）加权平均法

算术平均法无法反映经济形势对预测值的影响，从上例可知，受市场实际需求的影响，该汽车配件经营店7—11月的汽车配件销售额波动较大，为了使预测值更加接近实际，必须考虑每个时期的数据对预测值影响大小的差别。

加权平均法就是根据不同时期数据的重要程度，分别给予其不同的权数，求出加权平均值作为预测值。其计算公式如下：

$$Y_t = \frac{W_1X_1 + W_2X_2 + \cdots + W_nX_n}{W_1 + W_2 + \cdots + W_n} = \frac{\sum_{i=1}^{n} W_iX_i}{\sum_{i=1}^{n} W_i}$$

式中　Y_t——第 t 期的预测值；

X_i——第 i 期的实际值；

W_i——第 i 期的权数；

n——期数。

现仍以上例资料为例，设7月的销售额权数为1，以后各期的权数分别为2、3、4、5，则按加权平均法求得12月的销售额预测值为：

Y_{12}=（11×1+14×2+9×3+7×4+9×5）万元 ÷（1+2+3+4+5）≈ 9.27万元

（3）移动平均法

移动平均法是用一组最近的实际数据值来预测未来发展变化趋势的方法。移动平均法可分为一次移动平均法、二次移动平均法和加权移动平均法三种。这里主要介绍前两种，加权移动平均法与加权平均法的共通之处不再赘述。

1）一次移动平均法

一次移动平均法是通过一次移动平均进行预测的方法，它按选定段的大小，对已有的时间序列数据逐段平均，每次移动一个时段。具体做法就是把最后一期的移动平均值作为下一期的预测值。其计算公式如下：

$$Y'_{n+1}=M'_n=\frac{1}{k}\sum_{i=n-k+1}^{n}Y_i$$

式中 Y'_{n+1}——第 n+1 期的预测值；

M'_n——第 n 期的一次移动平均值；

Y_i——第 i 期的实际值；

k——移动跨期；

n——期数。

例如，某汽车配件商店 2020 年前 11 个月的销售额与预测值见表 3–1–3。

表 3–1–3 某汽车配件商店 2020 年前 11 个月销售额与预测值

期数	实际销售额 / 万元	五期移动平均值 / 万元（k=5）	七期移动平均值 / 万元（k=7）	期数	实际销售额 / 万元	五期移动平均值 / 万元（k=5）	七期移动平均值 / 万元（k=7）
1	46			7	48	50.8	
2	52			8	51	50.0	49.7
3	50			9	57	50.2	50.4
4	47			10	55	52.2	51.1
5	53			11	58	52.6	51.9
6	52	49.6		12		53.8	53.4

现分别以 5 个月和 7 个月作为移动跨期，预测第 12 个月的销售额。计算结果列于表 3–1–3 中。

当 k=5 时，第 12 个月的预测值为 53.8 万元；当 k=7 时，第 12 个月的预测值为

53.4万元。通过比较可知：当k取值较大时，预测值的趋势较为平稳；当k取值较小时，预测值起伏较大。因此，k的取值应视经营实际确定。

2）二次移动平均法

二次移动平均法是指在一次移动平均法的基础上，采用相同的k值，对一次移动平均值再做一次平均移动，从而获得时间序列数据的预测方法。

二次平均移动法的计算公式如下：

$$Y''_{n+1}=M''_n=\frac{1}{k}\sum_{i=n-k+1}^{n}M'_i$$

式中 Y''_{n+1}——第n+1期的预测值；

M''_n——第n期的二次移动平均值；

M'_i——第i期的一次移动平均值；

k——移动跨期；

n——期数。

仍以上例列表的数据为例，设k=3，用二次移动平均法进行预测，结果见表3–1–4。

表3–1–4　二次移动平均法预测结果

期数	实际销售额/万元	一次移动平均值/万元（k=3）	二次移动平均值/万元（k=3）	期数	实际销售额/万元	一次移动平均值/万元（k=3）	二次移动平均值/万元（k=3）
1	46			7	48	50.7	49.7
2	52			8	51	51.0	50.1
3	50			9	57	50.3	50.6
4	47	49.3		10	55	52.0	50.7
5	53	49.7		11	58	54.3	51.1
6	52	50.0		12		56.7	52.2

由表3–1–3和表3–1–4可知，用一次移动平均法预测的数值有较大的起伏，而用二次移动平均法预测的数值起伏较小，呈现出明显的线性趋势。

上述方法为预测汽车配件市场销售情况提供了基本的方法。但是从几种方法的运用情况来看，其与实际发生的销售额仍有一定的偏差。因此，使用时应根据影响市场的多种因素对预测值进行必要的调整。

影响预测结果的因素主要有国家政策、社会商品购买力及投向变化、人口变化、消费心理差异、价格变化等，每种因素的影响程度不同。对汽车配件预测量影响最大的当属国家政策，其次是价格变化和社会商品购买力及投向变化，再次是消费心理差异，而人口变化的影响最小。

任务实施

通过以上汽车配件市场调查相关知识的学习，彭先生掌握了汽车配件市场调查的基本内容和方法，可以根据市场调查的程序对汽车配件市场进行调查。

一、汽车配件市场调查的内容

彭先生要开一家汽车配件商店，要经营哪些汽车配件品种才能销售顺畅，获取利润呢？他对本市汽车配件的需求进行了调查，发现经营汽车用品不需要太专业的汽车方面的知识，所以决定经营汽车用品。他聘请了调查人员对本市的汽车用品市场做了一个调查，下面是调查时使用的“××市汽车用品调查问卷”。

××市汽车用品调查问卷

尊敬的客户：

您好！

非常感谢您能在百忙之中接受我们的调查，本问卷旨在了解您对汽车用品市场的一些看法，请根据您的真实情况完成以下问卷。您的意见对我们非常重要，衷心感谢您的热情参与。

1. 您的性别：

男□　　　　女□

2. 您的年龄阶段：

20～29 岁□　　　　30～40 岁□　　　　40 岁以上□

3. 您是否拥有一辆汽车？

是□　　　否□

4. 您是否购买过汽车用品？

是□　　　否□

5. 您每月愿意在汽车用品上花费多少钱？

100 元以下□　　　100 ~ 150 元□　　　500 ~ 1 000 元□

1 000 元以上□

6. 您一般在哪里购买汽车用品？

4S 店□　　　汽车美容店□　　　网店□　　　其他□

7. 您购买汽车用品是为了？

彰显个性□　　　让汽车更舒适□　　　让汽车更漂亮□　　　其他□

8. 您购买汽车用品最看重的因素是什么？

价格□　　　品牌□　　　质量□　　　售后服务□

9. 您觉得汽车用品存在的最大问题是什么？

个性化产品太少□　　　产品不够时尚□　　　产品价格混乱□

假冒伪劣产品太多□

10. 您对汽车用品的了解是通过哪种途径？（多选题）

书本、杂志□　　　广告□　　　朋友介绍□　　　营业员介绍□

洗车工介绍□　　　其他□

11. 您愿意把自己的私家车装饰成什么样？（多选题）

个性化□　　　大众化□　　　可爱化□　　　时尚化□

新颖□　　　漂亮□　　　其他□

12. 您最担心购买汽车用品后会出现什么问题？

质量问题□　　　售后服务问题□　　　安全性问题□　　　其他□

13. 您平时最常用到的汽车用品有哪些？（如汽车清新剂、汽车坐垫、汽车挂饰、车座吸尘器等）

____

14. 您希望在网购汽车用品的过程中享受什么服务？

____

感谢您的合作，祝您工作顺利、生意兴隆！

调查员：__________　　　　调查时间：____年__月__日

二、汽车配件市场调查的方法

汽车配件市场的调查方法一般有文案调查和实地调查。本次调查采用实地调查中的访问法，共发放问卷 800 份，收回有效问卷 740 份，调查人员对调查信息进行了综合分析与筛选。

三、汽车配件市场调查的结果及建议

从消费者每月愿意在汽车用品上的花费、购买汽车用品的地点、购买汽车用品最看重的因素和汽车用品存在的最大问题等方面进一步了解消费者在汽车用品方面的需求，主要调查结果见表 3-1-5、表 3-1-6、表 3-1-7 和表 3-1-8。

表 3-1-5　消费者每月愿意在汽车用品上的花费

项目	费用 / 元			
	<100	100 ~ 150	500 ~ 1 000	>1 000
人数	188	485	67	0
比例	25.41%	65.54%	9.05%	0

通过数据可以看出，消费者每月愿意在汽车用品上花费 100 元以下的占 25.41%，愿意花费 100 ~ 150 元的占 65.54%，，愿意花费 500 ~ 1 000 元的占 9.05%，而愿意花费 1 000 元以上则无人选择。由此可见，汽车用品以中低价格销售为好。

表 3-1-6　消费者购买汽车用品的地点

项目	地点			
	4S 店	汽车美容店	网上	其他
人数	126	335	132	147
比例	17.03%	45.27%	17.84%	19.86%

由此数据可以看出，选择在4S店、汽车美容店、网上和其他地方购买汽车用品的比例分别为17.03%、45.27%、17.84%和19.86%。由此可见，大多数人更愿意来汽车美容店购买汽车用品。

表3-1-7　消费者购买汽车用品最看重的因素

项目	因素			
	价格	品牌	质量	售后服务
人数	188	69	258	225
比例	25.41%	9.32%	34.86%	30.41%

汽车用品销售中，消费者最看重的因素主要有价格、品牌、质量和售后服务。数据显示，大多数消费者最看重的是质量和售后服务，价格次之，而最看重品牌因素的消费者只占9.32%。可见，汽车用品商店不仅要考虑商品价格，更要关注商品质量和售后服务。

表3-1-8　汽车用品存在的最大问题

项目	问题			
	个性化产品太少	产品不够时尚	产品价格混乱	假冒伪劣产品太多
人数	173	158	304	105
比例	23.38%	21.35%	41.08%	14.19%

由此数据可以看出，有41.08%的消费者认为汽车用品存在的最大问题是产品价格混乱，有20%以上的消费者认为汽车用品中个性化产品太少或产品不够时尚，有14.19%的消费者认为假冒伪劣的汽车用品太多。

通过以上的汽车用品市场调查，调查公司建议彭先生经营汽车用品以质优价廉为主，而且最好经营具有个性化和时尚化的产品来满足市场需求。

思考题

1. 影响汽车配件需求量的基本因素有哪些？
2. 简述市场调查的程序。

任务 2 汽车配件供应商的选择

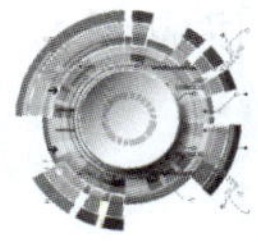

任务目标

- 了解汽车配件的采购原则。
- 掌握汽车配件供应商的评价方法。
- 了解汽车配件的进货渠道。
- 能正确选择汽车配件供应商。

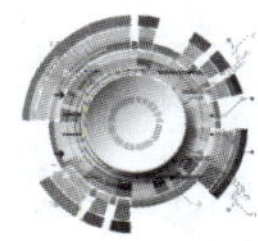

任务引入

有很多配件供应商得知小张所在的宏远汽配经销店（简称宏远）准备购进一批进口活塞，纷纷前来洽谈。小张与多家供应商接触后，最后选定了北京德外汽车配件进出口经销公司。根据宏远的经销情况，小张准备在今天进行进一步的商谈。于是，他打电话给该供应商的销售人员约定了商谈时间，并要求对方带来样品。那么，小张为什么选择了这家供应商呢？

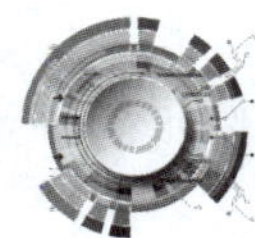

任务分析

市场上的供应商数量众多，但不是所有的供应商都能成为企业的供应商。在采购过程中，为了企业和消费者的共同利益，采购人员需要把握汽车配件采购的原则，对供应商进行评估和选择，确定进货渠道。下面就来学习与此类工作相关的知识。

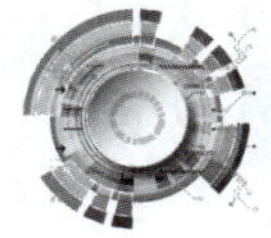

相关知识

供应商是指为企业生产提供原材料、设备、工具及其他资源的企业。供应商可以是生产企业，也可以是流通企业。企业为了维持正常的生产，必须有一批可靠的供应商为其提供充分及时的物资和服务。因此，供应商对企业的发展十分重要。

在买方市场，往往有多家供应商可供选择，此时买方处于有利地位，可以货比多家，要求一些服务条件。企业应该尽可能地列出所有的供应商，向各供应商征询拟购材料的报价单，收到报价单后需要相关人员进行科学的分析，从而挑选出合适的供应商。

一、汽车配件的采购原则

企业在采购过程中要遵循5R原则，才能使采购效益最大化。5R原则就是在适当的时候以适当的价格从适当的供应商处买回所需数量的商品。采购工作必须围绕“质”“时”“量”“地”“价”几个基本要素展开。

1. 适质——符合产品质量要求的物品

在当今激烈的市场竞争环境中，不重视品质的企业根本无法立足。优秀的采购人员不仅要做一个精明的商人，同时也要在一定程度上扮演管理人员的角色，在日常的采购工作中要积极推动供应商改善、稳定物品品质。

采购物品品质达不到使用要求的后果是显而易见的，常见的有以下几种。

（1）往往导致企业内部相关人员花费大量的时间与精力去处理，会增加大量的管理费用。

（2）往往在重检、挑选上花费额外的时间与精力，造成检验费用的增加。

（3）导致生产线返工增多，产品质量和生产效率降低。

（4）可能导致生产计划的推迟，进而无法按承诺的时间向客户交货，会降低客户对企业的信任度，甚至需要赔偿一定的违约金。

（5）可能引起客户退货或令企业蒙受某种损失，甚至可能丢失客户。

2. 适时——合适的采购时机

若原材料延期到达，往往会导致停工待料等混乱情况。当产品不能按计划出货时，往往会引起客户的强烈不满。若原材料提前太多时间到达，储存在仓库里等待生产，则会造成库存过多，大量积压采购资金。故采购人员要扮演协调者与监督者的角色，促使供应商按预定时间交货。

3. 适量——合理适量的采购数量

批量采购虽然有可能获得数量折扣，但会积压采购资金，采购数量太少又不能满足生产需要，故合理确定采购数量相当关键，一般按经济订购量采购。采购人员不仅要监督供应商准时交货，还要强调按订单数量交货。

4. 适地——合适的供货地点

与企业距离较近的供应商不失为一个好的选择。近距离供货不仅使买卖双方沟通更为方便，处理事务更为快捷，还可降低采购物流成本。

5. 适价——合理的采购价格

价格永远是采购活动中的焦点，因此采购人员不得不把相当多的时间与精力放在与供应商议价上。物品的价格与该物品的种类、是否长期购买、是否大量购买及市场供求关系有关，与采购人员对该物品的市场熟悉程度也有关系。如果采购人员未能把握市场脉搏，供应商就有可能在报价时蒙骗采购人员。

6. 其他原则

在汽车配件进货时，还应注意遵循以下原则：

（1）坚持数量、质量、规格、型号、价格综合考虑的购进原则，合理组织货源，保证配件适合客户的需要。

（2）坚持依质论价、优质优价、不抬价、不压价，合理确定配件采购价格的原则；坚持按需进货、以销定购的原则；坚持“钱出去、货进来、钱货两清”的原则。

（3）购进的配件必须加强质量的监督和检查，防止假冒伪劣配件进入企业，流入市场。在配件采购的过程中，不能只重数量而忽视质量，只强调工厂“三包”而忽视产品质量的检查，不符合质量标准的配件坚决不进。

（4）购进的配件必须有产品合格证和商标。实行生产认证制的产品，购进时必须附有生产许可证、产品技术标准和使用说明。

（5）购进的配件必须有完整的内、外包装，外包装上必须有厂名、厂址、产品名称、规格型号、数量、出厂日期等信息。

（6）要求供应商按合同规定按时发货，以防应季不到、过季到货或提前太多时间到货，造成配件缺货或积压。

（7）高价值配件和冷件必须落实好客户方可进货，如发动机、车架等。

（8）坚决反对吃回扣等不正之风。

二、供应商的选择

对企业而言，供应商质量参差不齐，要有效地完成采购工作，寻求合格的供应商是首要任务之一。

1. 选择供应商的途径

（1）征询企业现有的所有相关的供应商。

（2）通过大型行业展会来征询和了解供应商的信息。

（3）通过相关网站选择符合企业要求的供应商。

2. 选择供应商的条件

不同的企业在选择各自的供应商时，要求其具备不同的条件。但需要供应商提供齐全的企业资料、合理的交易条件以及完善的售后服务等，这些是企业在采购方面的共同要求。供应商应具备的基本条件有以下几个方面。

（1）齐全的企业资料

对于初次与企业接触的供应商，企业应要求其提供以下资料，以便对其资信、资金、生产经营等方面进行调查、评估。

1）基本文件资料

①营业执照。

②税务登记证。

③生产许可证（特种商品由制造商提供）。

④卫生许可证（食品制造商适用）。

⑤产品合格证。

⑥安全认证。

⑦代理授权书（代理商适用）。

⑧指定 / 总经销证书。

2）其他资料

①供应商简介。

②供应商基本资料表。

③供应商报价单。

④新供应商问卷调查表。

⑤新供应商产品问卷调查表。

⑥产品目录或样品。

（2）合理的交易条件

合理的交易条件主要表现在以下几个方面。

1）过硬的产品质量

供应商提供的产品质量是否良好，会直接影响企业的生产与经营。对供应商产品质量体系的考核，主要是针对其是否取得 ISO 系列认证、有无产品合格证等。在日常的买卖合同或订单上，供应商的产品质量一般用以下形式表示：

①样品。

②产品的规格、等级。

③商业上常用的标准。

④产品的图样。

2）合适的价格

价格是在选择供应商的过程中要考虑的重要因素，也是供应商选择的难点所在。理想的供应商应能向企业提供合适的价格，为企业提供弹性的生产与经营空间。

3）准确的交货期

供应商准确而及时地交货能降低企业的存货投资，这是选择供应商的一个重要条件。但是不切实际地压缩供应商的交货期，会降低供应商的产品质量，增加供应商的成本，这样反而会最终影响企业的产品价格与服务水平。因此，企业应根据供应商的生产与经营情况，来确定合理可行的交货期，并督促其按时交货。

4）强大的促销支持

对于商业企业来说，要求供应商对其产品提供强大的促销支持是非常必要的。若能在产品促销方面得到供应商强有力的支持，则不仅可以减轻企业促销方面的压力与费用，而且对于提高供应商产品的品牌知名度与市场占有率也有很大帮助，可以达到双赢的效果。

3. 选择供应商的方法

选择供应商的方法较多，一般要根据供应商数量的多少、对供应商的了解程度以及对物资需要的时间是否紧迫等因素来确定。

（1）主观经验法

主观经验法是根据对供应商的调查和意见的征询，主要依靠采购人员的经验和主观判断选取供应商的方法，包括直观判断法、招标法和协商选择法。

1）直观判断法是根据征询和调查所得的资料并结合经验丰富的采购人员的分析和判断，对合作伙伴进行分析、评价的一种方法。直观判断法主要是倾听和采纳有经验的采购人员的意见，或者直接由采购人员凭经验做出判断。

2）招标法。当订购数量大、合作伙伴竞争激烈时，可采用招标法来选择合适的供应商。它是由企业提出招标条件，各招标合作伙伴进行竞标，然后由企业决标，与最适合本企业的供应商签订合同或协议。

3）协商选择法是由企业先选出供应条件较为有利的几个供应商，与其分别进行协商，再确定最终的供应商。

（2）加权选择法

加权选择法是指先规定衡量供应商的各项重要指标（如质量、价格、合同完成率等）的加权分值，再根据历史统计资料分别计算出各个供应商的得分，然后选择其中得分最高者为最终供应商。

（3）成本比较法

对质量和交货期都能满足要求的供应商，则需要通过计算采购成本来进行比较分析。采购成本通常包括产品售价、采购费用和运输费用。企业在产品质量与交货期均得到满足的情况下，常常以此来选择采购成本最低的供应商。

三、进货渠道的选择

一般来说，汽车配件经营企业大都从汽车配件生产厂家进货，进货渠道应以生产优质名牌配件的厂家为主。但为适应不同层次消费者的需求，也可购进一些非名牌厂家的产品。进货时可按A类厂、B类厂、C类厂的顺序选择进货渠道。

1. A类厂

A类厂通常指主机配套厂，这些厂知名度高，产品质量优，大多是名牌产品。这类厂商应是进货的重点渠道。与A类厂合作时，可先签订全年需求量的意向协议，以便于厂家安排生产，再具体按每季度、每月签订供需合同，双方严格执行。

2. B类厂

B类厂的生产规模和知名度不如A类厂，但配件质量有保证，配件价格比较适中。订货方法与A类厂不同，与B类厂合作时一般签订较短期的供需合同。

3. C类厂

C类厂是一般生产厂，配件质量尚可，价格较前两类厂家更低。这类厂的配件可作为进货中的补充。订货方式也与A、B类厂不同，可以采取电话、网络订货的办法，如需签订供需合同，合同期应更短一些。

必须注意，绝对不能向没有进行工商注册、生产“三无”产品及假冒伪劣产品的厂家订货和采购。

四、供应商的评价

企业相关部门要定期对供应商进行综合评价，淘汰不合格的供应商，同时加强对符合要求的、重点供应商的进一步管理，为企业采购提供有力保障。

企业通常采用ABC法对供应商进行评价。所谓ABC法，就是企业对供应商的一些需要考评的指标赋予一定的分值，按考评总分高低将供应商划分为A级、B级、C级、D级等级别。企业可以此为依据，针对不同级别的供应商采取不同的管理措施。

供应商评价及评价结果分别见表3–2–1和表3–2–2。

表3–2–1 供应商评价

考核指标	具体评价				得分
	优	良好	一般	较差	
商品畅销程度	非常畅销（10分）	畅销（8分）	普通（6分）	滞销（2分）	
商品品质	很好（15分）	较好（10分）	一般（6分）	较差（2分）	

续表

考核指标	具体评价				得分
	优	良好	一般	较差	
供应价格（与其他供应商比较）	优惠（20分）	相同（10分）	略高（8分）	很高（2分）	
促销配合与支持	极佳（10分）	佳（8分）	普通（6分）	较差（3分）	
配送能力	准时（15分）	偶误（10分）	常误（4分）	极常误（2分）	
退货服务	准时（10分）	偶误（10分）	常误（4分）	极常误（2分）	
市场信誉	很好（10分）	较好（8分）	一般（6分）	较差（2分）	
经营潜能	极佳（10分）	佳（8分）	普通（6分）	较差（3分）	
合计					

表 3-2-2 供应商评价结果

评价结果	级别	管理措施
优秀	A	1. 首选的供应商 2. 宜建立长期的业务合作伙伴关系 3. 必要时可在价格、付款等方面给予适当的优惠政策 4. 通常由采购主管亲自控制及管理或决定合作方式
优良		
良好	B	1. 督导改善，限量采购 2. 由采购主管及品质部主管共同负责对其提出改善要求，并进行督导、追踪、查核
及格	C	1. 督导改善，由采购主管及品质部主管共同负责对其提出改善要求，并进行督导、追踪、查核 2. 改善前，企业仅在紧急采购时向该供应商采购 3. 需选择后备供应商
差	D	取消供应商资格，选择新的供应商

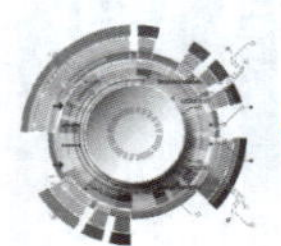

任务实施

通过相关知识的学习，小张掌握了对供应商进行选择和评价的方法。接下来需要完成“任务引入”中提出的任务。

小张所在的宏远汽配经销店准备购进一批进口活塞。进口活塞品种较多，不同的发动机配装的活塞型号也不同，而我国的进口活塞主要来自日本。就工程机械和重型汽车而言，主要活塞品牌有 IZUMI、KSK 和 SAKURA。其中，IZUMI 品牌的活塞在我国进口工程机械及重型汽车上使用最多。

小张所在的企业对北京德外汽车配件进出口经销公司的基本信息、注册及历史背景、股东背景、财务状况、银行往来、负责人情况、员工情况、经营状况、信用记录等进行了调查，并对各项考核指标进行了打分，总体评价见表 3-2-3。

表 3-2-3 供应商评价

考核指标	具体评价				
	优	良好	一般	较差	得分
商品畅销程度	非常畅销（10 分）				10 分
商品品质	很好（15 分）				15 分
供应价格（与其他供应商比较）		相同（10 分）			10 分
促销配合与支持	极佳（10 分）				10 分
配送能力	准时（15 分）				15 分
退货服务	准时（10 分）				10 分
市场信誉	很好（10 分）				10 分
经营潜能	极佳（10 分）				10 分
合计	90 分				

由表 3-2-3 可知，该供应商的得分为 90 分，因此小张所在公司选择了信用好、产品质量可靠、价格合理、经营 IZUMI 品牌活塞的北京德外汽车配件进出口经销公司作为自己的首选供应商，计划建立长期的业务合作伙伴关系。在进行洽谈后，通过对相关型号活塞样品的检验，小张获知该公司经销的活塞正是企业所需要

的纯正品件。小张根据企业的实际经销情况，签订了订购合同，满足了公司的需要。

思考题

1. 选择供应商的途径有哪些？
2. 进货渠道的选择有哪些？它们各有怎样的特点？

任务 3　汽车配件的订货

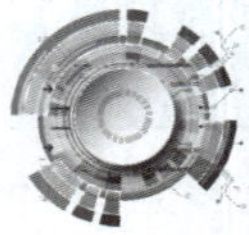

任务目标

- 熟悉汽车配件订货业务。
- 掌握汽车配件订货量和订货品种的确定方法。
- 能制订汽车配件订货计划。

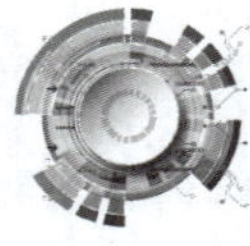

任务引入

小王是一家经销凯力汽车的4S店的配件订货员。在每个月的25日，小王需要制订一份准确的配件订货计划。他在下订单之前对各零件的库存情况、销售情况做了足够的了解，他该如何做出订货计划并能由领导审批通过呢？

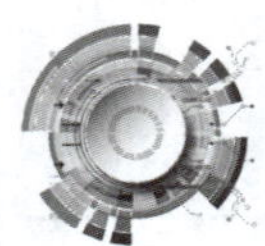

任务分析

订货是汽车配件营销中的经常性工作，尤其是4S店的配件订货，它是4S店进行正常售后服务的必备条件。4S店的配件是由汽车制造厂家直接供应的。订货人员应该熟悉汽车配件订货业务，掌握订货量和订货品种的确定方法，并且能够制订配件订货计划。下面就来学习与此类工作相关的知识。

相关知识

汽车配件订货工作直接影响产品的生产进度和生产质量。汽车配件的订货工作主要由配件计划员（订货员）完成，订货员应具有高度的责任感及敬业精神，熟悉配件订货流程，努力钻研订货业务知识，不断积累配件订货经验，千方百计保证配件供货充足。

一、配件订货的目的

1. 良性库存

订货过程实质上是在满足一定时间内用户需求的同时，对配件库存不断进行调整，以求得最经济合理的库存结构。配件订货的目的就是追求良性库存。

良性库存就是在一定时间段内以最经济的成本，取得合理的配件库存结构，保证向用户提供最高的配件满足率。订货员应该不断完善、优化库存结构，保持经济合理的配件库存，向用户提供满意的服务，争取良好的配件利润。

2. 实现良性库存的方法

汽车配件销售的随机性很大，客户何时需要什么配件很难预测，而一辆汽车的配件有几十万个，不可能所有的配件都有库存，降低库存量和资金占有量与提高配件供货率是一对矛盾。库存成本包括订购成本（采购费、验收入库费）和储存成本（占用资金利息、仓库管理费、罚金）。订货时间过早，存货必然增加，使存储成本上升；订货时间过晚，存量可能不足，使缺货成本上升。订货数量过多，资金必然被占用，并将增加存储费用；订货量过少，配件将会短缺，并要增加订购费用。由上述分析可知，库存的存在是对资源和资金的占用，但为了有效防止或缓解供需矛盾，库存又必须存在。因此，提高库存管理水平，制定正确的存货决策对企业而言是至关重要的。

总之，要实现良性库存，一是要提高配件供应率，二是要减少库存、提高收益，总结起来就是“精简库存”。实现良性库存的关键在于依据配件的流通等级确定库存的深度（库存数量）和宽度（库存品种）。

二、汽车配件的订购方法

从汽车制造厂家配件技术部门设立一个零件编码开始直至该零件停止供应为止，每一个零件都有其特定的生命周期。该生命周期主要包括三个阶段：新零件订货→正常件订货→停产件订货。在这三个不同时期，市场对配件的需求与市场车辆保有量呈相似的曲线，如图 3–3–1 所示。

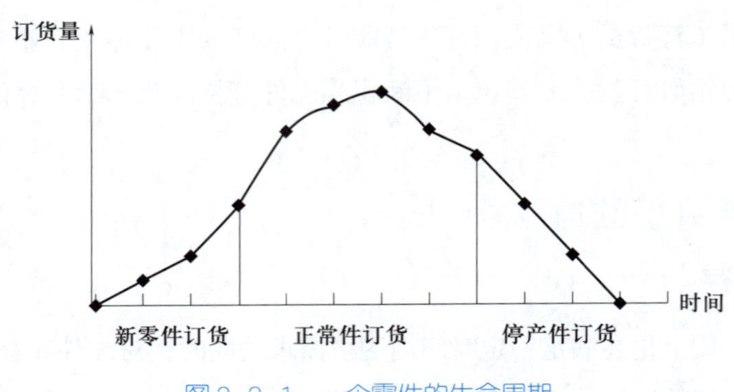

图 3–3–1　一个零件的生命周期

1. 新零件订货

一般来说，本区域内有新车型投放或现有车型有技术更改时会产生新零件，这时应保证新零件有合理的库存。

对配件订货而言，初期投放的零件应予以特别重视，应从技术角度确定一个适中的数量，尽量避免产生死库存。与之相反，如果在投放期备货不足，将会导致市场上维修配件缺件。因此在新零件投放时，往往要找出一种与该零件相似的零件作为参考，分析其销售历史和销售特点，确定一个合适的订货数量，并在未来的销售过程中跟踪变化情况。

2. 正常件订货

（1）正常件的定义

正常件是指已经有 6 个月以上的销售历史，且已具有一定销售规律的配件。

正常件因其具有一定的销售规律，可将配件的销售历史和根据销售历史绘制的销售趋势图（专指重点零件）作为配件订货工作的重要参考依据，可以利用计算机对这些数据进行处理，根据订货规则模拟计算并向订货人员推荐订货数量。

（2）正常件的订货技巧

1）非季节性配件应以前三个月的历史销售平均数作为本月订货的主要依据，如果该车型在本地区的保有量在不断增加，该月的订货数量可适当增大。

2）季节性配件（如夏季件、冬季件）应提前一个时间段进行储备，即在销售旺季开始前半个月建立库存储备，储备数量应参考上一年度该季节的销售及本地区当年整车保有量情况。

季节性配件有以下几类：

①夏季空调系统零件：冷凝器、膨胀阀、制冷管等。

②冬季暖风系统、制动系统及外围覆盖件：暖风热交换器、冷却液等。

③雨季刮水系统零件。

3）应建立库存覆盖天数的概念。库存覆盖天数是指在现有库存正常消耗的情况下所能维持的销售天数。

应满足库存覆盖天数 > 配件订货周期，目前正常件的订货周期为 10 ~ 15 天。

配件订货周期是指从网点发出配件订单开始到配件验收入库为止所需的天数。

库存覆盖天数可随配件的供货保障能力及配件运输时间进行调整，保障能力差则应加大库存覆盖天数，保障能力强则可减少库存覆盖天数以加快资金的流转。所以应充分考虑从订货到入库的周期及网点仓库的验收周期，并适量留有余地。

一般情况下，常用件、易损件的库存覆盖天数为两个月，这样可以大大降低缺件的发生。

4）订货时应掌握以下原则：根据配件流转速度，通常采用 ABC 法则对配件进行分类。

① A 类件（快速流转配件，简称快流件）：连续三个月经常使用的消耗性零件及周转性较高的产品。一般地，会把易磨损和易失效的零件或材料作为快速流转配件，如离合器片、制动器片、橡胶密封件等。相关统计结果表明，快速流转配件仅占零件总数的 10%，销售收入却占销售总额的 70%。

② B 类件（中速流转配件，简称中流件）：连续六个月内发生，但周转性次高的

产品。B 类件占零件总数的 20%，销售收入仅占销售总额的 20%。

③ C 类件（慢速流转配件，简称慢流件）：一年内属偶发性的产品或由于各种原因不利于周转的产品。它占零件总数的 70%，销售收入只占销售总额的 10%。

因此，要运用 ABC 法则对配件进行分级管理，也就是对销量大但品种较少的快流件进行重点管理，对销量一般但品种相对较多的中流件采取次要的管理，对销量很小但品种很多的慢流件可不重点管理，但并不意味着不对其进行管理。

值得注意的是，零件的流通级别不是一成不变的，快流件可能会变成中流件，甚至变成慢流件，而中流件和慢流件在一定时期内也可能变成快流件。影响和决定零件流通级别的因素是多方面的，主要有车辆投放市场的使用周期；制造、设计是否合理；材料选择、使用是否合理；燃油、机油选择是否得当和油质是否合格；道路状况；季节性的影响因素。因此，在配件订货时要充分考虑零件流通等级的影响，科学制订订货计划。

3. 停产件订货

停产的车型会慢慢在维修市场中被淘汰，所以停产车型的配件储备应予以特别重视。

（1）对于这类车型的常用件、易损件应根据本区域该类车型的保有量逐步降低订货数量，直至取消订货。

（2）对这类车型的非常用件，订货时应特别注意，以免造成积压，成为死库存。

（3）建议各网点对库内的滞销件、死库存件通过计算机系统建立翔实的信息库，可以利用地区之间的差异进行融货调剂，或在公司的指导下，统一减价，促进销售。

4. 紧急件订货

由于对交货周期的要求不同，配件中心仓库对正常订单和紧急订单的运输方式也不同，因此对这两种订单采取不同的价格进行结算。月订单按正常价格执行，紧急订单通常给予 5% 的加价处理。

通常情况下，销路好、销量稳定的配件，应定期订货，订货品种和数量要尽可能做到有计划性，以便配件中心组织备货，实现均衡供货。紧急订单仅用于冷件和事故车急需件。紧急订单有品种和数量限制，常用易损件不予执行紧急订单，外观覆盖件应有适量的库存，原则上不予紧急订货。

三、配件订货原则

1. 勤进管理原则

勤进管理是加速资金周转，避免商品积压，提高经济效益的重要方式。勤进快销，就是采购次数要适当，采购批量要小，采购间隔要适当缩短。要在采购适销对路的前提下，选择能使采购费用、保管费用最低的采购批量和采购时间，以降低成本。勤进快销要随时掌握市场行情，密切注意销售去向，勤进、少进、进全、进对，以勤进促快销，以快销促勤进，不断适应消费需要，调整更新商品结构，力求加速商品周转。

2. 以销定进原则

以销定进原则是按照销售状况决定采购数量。建议订货量的计算方式如下：

建议订货量 = 日平均销售量 ×（距下次订货天数 + 下次交货天数 + 厂商交货前置期 + 商品安全天数 + 内部交货天数）– 已订货未交量 – 库存量

订货量是一个动态的数据，根据销售状态的变化（季节性变化、促销活动变化、供货厂商生产状况变化、客观环境变化）决定订货量的多少，才能使商品适销对路，供应及时，库存合理。

3. 以进促销原则

以进促销原则是与以销定进相联系的，单纯地以销定进会使进货管理处于被动局面。因此，扩大采购来源，积极组织适销商品，能主动地促进企业扩大销售。

4. 保管保销原则

企业要保持合理的库存，以保证商品流通连续不断。

四、配件订货计划的制订方法

制订订货计划必须了解各种配件的库存与销售情况，分析销售历史并结合库存状态做出订货计划。订货计划在经过审批后按订货日历发出。

1. 配件订货前的准备

在制订配件订货计划之前，配件订货人员应充分了解以下信息：

（1）本店经营影响区域内品牌车辆的市场占有情况，主要来源为外部媒体和内部资料。

（2）本店销售部门的销售能力、销售特点和销售趋势。

（3）本店售后维修的客户实际保有量、客户流失率、车型分布、车辆使用年限、行驶里程和维修技术特点。

（4）了解汽车厂家配件部最新的维修技术要求。

（5）掌握本店的配件库存结构和配件销售历史。

（6）是否是新零件或停产件。

（7）是否是常用件或易损件，是否具有季节性特点，当月是否有促销活动。

（8）配件的质量信息。

（9）配件是否有替换件。

（10）是否有缺件。注意在 DMS 系统（汽车经销商管理系统）上查询缺件配件，正常订单的缺件是网点的潜在库存，订货时要加以考虑，避免重复订货。

（11）配件的供货周期及交货时间、交货品种、交货数量误差。

（12）节假日的供货影响。

2. 配件订货数量的确定

要确定配件订货的数量，首先应建立目标库存、实际库存和安全库存的概念。

目标库存：目标库存是指从满足用户需求的角度出发建立的一种无论在任何时候都能满足用户的任何需求的库存状态。

实际库存：实际库存是指在某一时间段内仓库实际库存的数量。

安全库存：安全库存的实质是最低库存，即在正常件订货到达仓库时必须保证的库存数量，否则就会缺件。

影响安全库存的因素有两个：需求波动和到货时间波动。因此，要分别计算需求波动的影响和到货时间波动的影响，将两者综合考虑即可求得配件的安全库存。

$$\text{需求波动的影响}=\frac{\text{最大需求量}\times\text{覆盖率}-\text{月平均需求量}}{\text{月平均需求量}}$$

$$到货时间波动的影响 = \frac{最长到货天数 \times 覆盖率 - 平均到货天数}{30 \times 平均到货天数}$$

上述公式的覆盖率是指覆盖波动量的范围。

举例说明，某零件月平均需求量是 5 个，但历史最大需求量是 10 个，没有必要满足所有的异常需求，只需满足大部分的需求量变化即可。例如，覆盖波动量的范围为 80%，覆盖率即 80%。

同样，到货时间也会有波动。最长到货时间可能会比平均到货时间长很多，但没有必要按照最长到货时间计算安全库存，设定一个合理的覆盖率，按照覆盖率计算安全库存时间即可。

安全库存的计算公式为：

$$安全库存 = （需求波动的影响 + 到货时间波动的影响）\times 月平均需求量$$

【例 3–3–1】某配件月销售情况见表 3–3–1。

表 3–3–1　　某配件月销售情况调查表

月份	*N*	*N*−1	*N*−2	*N*−3	*N*−4	*N*−5
销售量 / 件	25	11	18	22	13	19

注：*N*= 当前月，月平均需求量 =（25+11+18+22+13+19）件 ÷6=18 件。

最长到货时间为 20 天，平均到货时间为 9 天，要求覆盖率为 80%，则安全库存计算如下：

$$需求波动的影响 = （25 \times 80\%-18）\div 18 \approx 0.111\,1$$

$$到货时间波动的影响 = （20 \times 80\%-9）\div（30 \times 9）\approx 0.025\,9$$

$$安全库存 = （0.111\,1 + 0.025\,9）\times 18 = 2.466$$

3. 制订配件订货计划

制订一份准确的配件订货计划并向汽车厂家下订单之前，必须对各零件现有的库存情况、销售情况有足够的了解。分析零件的销售历史、销售趋势，并结合仓库的库存状态制订订货计划。根据目前的实际情况，建议配件的库存储备应能维持 2 个月的销量。

则月订货需求的计算公式如下（以正常配件订货为例）：

建议月度订货量 = 月平均销量 ×2– 实际库存 – 在途数量 – 欠拨数量

注：库存设定为 2 个月的销量，考虑了订货时间、到货时间和安全库存。

再订货点：考虑到订货时间、到货时间和安全库存，必须进行补充订货的配件仓库库存数量的临界点。再订货点的影响因素有配件的月平均销量、配件订货时间、配件到货时间和安全库存周期。

再订货点的计算公式如下：

再订货点 = 月平均销量 ×（平均订货时间 + 平均到货时间 + 安全库存周期）÷30

注意：再订货点作为参考数据有一定的时效性，应定期进行计算和调整（建议按照季度进行计算调整）。

【例 3–3–2】某配件月销售情况见表 3–3–2。

表 3–3–2　某配件月销售情况调查表

月份	*N*	*N*–1	*N*–2	*N*–3	*N*–4	*N*–5
销售量 / 件	25	11	18	22	13	19

注：*N*= 当前月，月平均销量 =（25+11+18+22+13+19）件 ÷6=18 件。

平均订货时间为 7 天，平均到货时间为 9 天，安全库存周期为 2 天。再订货点计算如下：

再订货点 = 18×（7 + 9 + 2）÷30 = 10.8

即当该配件的库存数量下降至 11 件时则要考虑订货。

如果没有在途数量和欠拨数量，则：

建议月度订货量 = 18×2–11 = 25

4. 注意季节性强的配件和促销配件的订货计划

部分配件的销售具有很强的季节性，如夏季空调系统的配件和橡胶密封件的销量大，冬季暖风系统和制动系统的配件销量大；由于北方冰雪较多，容易发生事故，故北方冬季外覆盖件需求相对较多。若某些配件处于促销阶段，则其销量也会有明显的上升。因此，这些配件的订货卡片上都应做出标记，提前做好订货准备，在销售旺季开始之前将配件入库。

5. 配件库存盘点报表的利用

配件订购的另一项重要工作是提出积压件、滞销件或销售下滑配件的处理方案，制订这个方案的主要依据是年终的库存盘点报表。事实上，盘点报表不仅仅是一份库存数量与金额的统计表，通过对报表的认真分析，还能够提高经营质量和用户服务质量。

以下为某店的库存状况：

库存量≤近 12 个月的销售量 /2	正常状态
库存量＞近 12 个月的销售量 /2	非正常状态
一年无销售历史	积压库存
两年无销售历史	死库存

应该强调的是，若因为技术变更或者与销量相比积压量很大，导致某个货位的配件无法销售出去，例如，某个配件几年来销量为 1，而库存达到 300 个，则可以建议提前报废。

在上述情况下，可保留 10 个库存，其余 290 个建议报废。也可以建立各销售点的滞销件、死库存信息库，利用地区之间的差距和新、老配件的差异，通过统一的减价措施和调剂，促进配件销售。

6. 积极应用配件订货及数据库管理系统

由于汽车配件数量多、更新快，订货管理工作十分复杂，因此要积极应用配件订货及数据库管理系统。建立起配件订货数据库以后，可以很方便地处理数据，统计配件订货、库存、出库数量，迅速了解某一种配件的库存与销售情况，也可以很快地根据订货公式计算出配件订货推荐数量，然后根据综合因素确定最终订货数量。

任务实施

通过相关知识的学习，小王掌握了汽车配件的订购业务，接下需要完成“任务引入”中提出的任务。

一、订单准备

1. 订货日历

根据凯力汽车 4S 店和汽车厂家的物流资源关系确定正常配件的订货日期为每月的 25 日，正常订单截止时间是 16：40，厂家要求至少提前 1 小时上传，否则订单将推迟至下个订货日处理。所以在 20 日左右，小王就要开始订货准备。

2. 配件账目

根据厂家规定，只有货款到厂家账户后才能发货，所以在做配件订购计划的同时，小王所在公司根据上月配件订货情况做好了订货资金的准备。

二、订单制作

小王在下订单之前对各零件现有的库存情况、销售情况做了足够的了解，制作了一份详细的订单。例如，订单中的常用件离合器片在最近几个月的销售量分别为 50、60、70、80、70、90 件（见表 3-3-3）。订货时，最长到货时间为 20 天，要求覆盖率为 80%，平均订货时间为 7 天，平均到货时间为 9 天，安全库存周期为 2 天。根据该离合器片的销售情况，小王计算出该配件的安全库存量和再订货点。

表 3-3-3　离合器月销售情况调查表

月份	*N*	*N*-1	*N*-2	*N*-3	*N*-4	*N*-5
销售量 / 件	90	70	80	70	60	50

注：*N*= 当前月，月平均销量 =（90+70+80+70+60+50）件 ÷6=70 件。

1. 安全库存

计算如下：

$$需求波动的影响 =（90 \times 80\%-70）\div 70 \approx 0.028\,6$$

$$到货时间波动的影响 =（20 \times 80\%-9）\div（30 \times 9）\approx 0.025\,9$$

$$安全库存 =（0.028\,6 + 0.025\,9）\times 70 件 = 3.815 件$$

2. 再订货点

计算如下：

$$再订货点 = 70 件 \times（7 + 9 + 2）\div 30 = 42 件$$

当该配件的库存数量下降至 42 件时，则要考虑订货。

如果没有在途数量和欠拨数量：

建议月度订货数量 = 70 件 ×2–42 件 = 98 件

对于公司该月需求的其他配件数量，小王采用同样的方法进行计算，最终形成一份准确的配件订货计划，获得了领导的批准。

思考题

1. 如何实现良性库存？
2. 零件的流通级别是一成不变的吗？

任务 4　汽车配件的入库

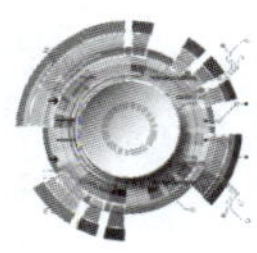

任务目标

- 掌握汽车配件入库验收的要求和验收流程。
- 能根据入库验收要求进行入库验收。
- 掌握汽车配件货源鉴别分类及检验方法。
- 能运用简单的检验方法鉴别货源。

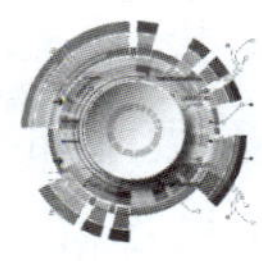

任务引入

石家庄市某物流配送中心根据某企业需要，于 2020 年 2 月 6 日从航模发动机制造有限公司购入 LJ465QE5 发动机 5 台。厂家定于 2020 年 3 月 9 日将货物送至仓库，入库单见表 3–4–1。汽车配件部的赵主管要求小李按照入库单完成一批汽车配件的入库作业，小李却不太了解入库验收的要求和程序，担心无法完成工作任务。那么，汽车配件应该如何进行入库管理呢？

表 3-4-1　　汽车零部件入库单

仓库：01　　编号：2020030901

合同号	182110283
入库汽车零部件厂家、品牌	航模发动机制造有限公司
入库生产商电话	3888766
入库汽车零部件名称	LJ465QE5 发动机
入库汽车零部件数量	5 台
入库汽车零部件等级	合格品
入库汽车零部件产地	广西南宁
拟到库日期	2020 年 3 月 9 日
运输方式	□水路　□铁路　□公路　□在库
入库汽车零部件始发地	广西南宁
备注：	

注意事项：

1. “汽车零部件入库单”一式二联，第一联采购部留存，第二联仓库留存。
2. 采购部必须提前 7 天发出入库单。

采购部（盖章）：　　指定交收库（盖章）：

仓库联络员：　　指定交收库签收人：

通知发出日期：2020 年 3 月 2 日　　签收日期：　年　月　日

任务分析

小李之所以担心无法完成主管交代的工作任务，是因为不清楚入库验收的要求和程序。入库的配件情况比较复杂，有的在出厂前就不合格，有的在出厂时虽然合格，但经过几次装卸、搬运和运输，导致包装损坏、含量短少、质量受损等情况，甚至会使有些配件失去部分或全部使用价值。配件一经验收入库，仓库保管工作就正式开始，同时也划清了入库与未入库之间的责任界限。因此，做好入库验收工作，把好“收货关”，能为提高仓库保管质量打下良好的基础。

按照汽车配件验收入库的要求和验收程序入库是汽配工作人员的常规性工作，下面就来学习与此类工作相关的知识。

相关知识

一、入库验收的依据

汽车配件的入库验收是按照一定的程序和手续对配件的数量和质量进行检查，以验证它们是否符合订货合同的一项工作，是配件进入仓库保管的准备阶段。

1. 入库凭证依据

入库凭证指的是由供应商开具的发票附件，如汽车配件销售清单、发货清单、装箱清单（或产品入库单、收料单、调拨单、退货通知单）等。入库凭证上应有配件名称、型号、规格、编码、生产厂家、单位、数量等足以反映待入库配件准确信息的内容，相关部门凭以上各项信息对配件进行实物核对验收。

2. 合同依据

对于和供应商签有采购合同的配件产品，在入库验收时，合同上对配件产品规格、质量等方面的约定也是入库验收的依据。

3. 法律法规依据以及企业制定的验收规范依据

《中华人民共和国产品质量法》《中华人民共和国标准化法》《中华人民共和国计量法》等是配件入库验收的法律依据。不同汽车配件的产品质量标准、包装标准和检验标准是入库验收的操作依据。入库时要根据国家对产品质量要求的标准进行验收。有的维修企业针对不同汽车配件品种的特点制定了一些入库验收规范（应符合科学、公平、合理的原则），也可以作为入库验收工作的依据。

二、入库验收的基本要求

1. 及时

配件到货后，要及时开箱验收。配件验收及时，就可以尽快建卡、立账、销售，可以减少配件在仓库的停留时间，缩短其流转周期，加速企业的资金周转，提高企业的经济效益。

2. 准确

配件入库时应将入库单所列内容与实物逐项核对，同时要对配件外观和包装认真检查。入库验收要坚持“五不入”原则，即品名不符不入、规格不符不入、质量不符不入、数量不符不入、超储备不入。要随时填写验收记录，不合格品由配件主管进行处理，并及时填写来货记录。

如果发现有渗漏、变色、沾污和包装破损、潮湿等异状的汽车配件，要查清原因，做出记录，及时处理，以免扩大损失。要严格执行一货一单制，按单收货，单货同行，禁止无单入库。

三、入库验收的流程

汽车配件的入库验收流程如图 3-4-1 所示。

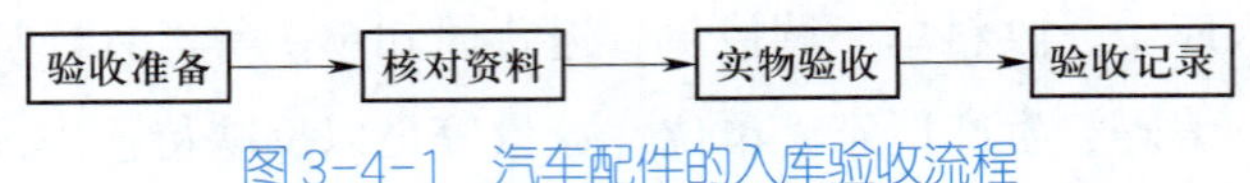

图 3-4-1　汽车配件的入库验收流程

1. 验收准备

熟悉收受凭证及相关的订货资料；准备并校验相应的验收工具，如磅秤、量尺、卡尺等，保证计量准确；准备堆码、搬运用的搬运设备、工具以及材料；配备足够的人力，根据到货产品数量及保管要求，确定产品的存放地点和保管方法等。

2. 核对资料

入库产品应具备下列资料：

（1）主管部门提供的产品入库单。

（2）发货单位提供的产品质量证明资料。

（3）发货明细表、装箱单。

（4）承运部门提供的运单及证明其承运资质的必要证件。

仓库须对上述资料进行整理和核对，确认准确无误后方可进行实物验收。

3. 实物验收

实物验收包括数量和质量两个方面。数量验收是整个入库验收工作中的重要组成部分，是做好保管工作的前提。库存配件的数量是否准确与入库验收的准确程度是分不开的。入库的质量验收，就是保管员利用自己掌握的技术和在实践中总结出来的经验，对入库配件的质量进行检查验收，必要时也可通知企业技术部门或取样送请专业检验部门检验。实物验收的程序如下：

（1）点收大件

点收大件即仓库保管员接到进货员、技术检验人员或工厂送货人员送来的配件后，要根据入库单所列的收货单位、品名、规格、型号、等级、产地、单价、数量等各项内容，逐项进行查对和验收，并根据入库配件的数量、性能、特点、形状、体积等，安排适当货位，确定堆码方式。

（2）核对包装

在点清大件的基础上，应将包装物上的商品标志和运输标志与入库单进行核对，只有在实物商品和运输标志、入库凭证都相符时才能入库。同时，应对包装物是否符合保管、运输的要求进行检查验收。经过核对检查，如果发现票物不符或包装破损等异状，应将其单独存放，并协助有关人员查明情况，妥善处理。

（3）开箱点验

凡是生产厂原包装的产品，开箱点验的数量一般为总数量的 5% ~ 10%。当发现箱内数量不符或外观质量有明显问题时，可以不受上述比例的限制，适当增大开箱检验的比例，甚至全部开箱，新产品入库也不受开箱点验比例限制。对数量不多而且价值很高的汽车配件以及非生产厂原包装的或拼箱的汽车配件、国外进口汽车配件、包装损坏或存在异状的汽车配件，必须全部开箱点验，并按入库单所列内容进行核对验收，同时还要查验合格证，经全部查验无误后才能入库。

检验方法主要有：

1）目测法

一般的汽车配件销售企业没有完备的检测手段，但根据经验用目测比较的方法也能识别配件的优劣。

①看质量

产品表面质量是评定产品优劣的第一印象。质量低劣的产品，其表面质量往往较差。目测法主要是观察商品后道工艺的表面处理情况，主要有以下几个方面：

a）涂装工艺。采用先进工艺生产的零部件与采用陈旧落后工艺生产的零部件表面有很大差异。目测时可以看出，前者表面细腻、有光泽、色质鲜明；后者色泽暗淡、无光亮，表面有气泡和“拖鼻涕”现象，用手触摸有砂粒感，汽车配件涂装工艺的差异如图 3-4-2 所示。

图 3-4-2　汽车配件涂装工艺的差异

b）镀锌等电镀工艺。在汽车零部件表面处理的过程中，镀锌工艺占的比重较大，一般零部件的铸铁件和可锻铸铁件、铸钢件及冷热板材冲压件，大都在表面镀锌。若镀锌工艺较差，表面往往是白一块、红一块、黄一块交错混合，批量一致性很差。若镀锌工艺较好，则表面金光闪闪，一致性好，且批量之间的一致性也没有变化，稳定性较好。镀铝、镀铬、镀镍可看其镀层和镀量是否均匀，以此来分辨优劣。汽车配件镀锌等电镀工艺的差异如图 3-4-3 所示。

c）电焊。减振器、钢圈、前后桥、大梁、车身等汽车配件的生产均有电焊焊接工序。专业化程度很高的工厂大都采用自动化焊接，它能定量、定温、定速，有的还使用低温焊接法等先进工艺。采用自动化焊接的产品焊缝整齐，厚度均匀，表面无波纹状，直线度好，即使是定位焊，焊点、焊距也很规则，这是再好的手工操作也无法做到的。

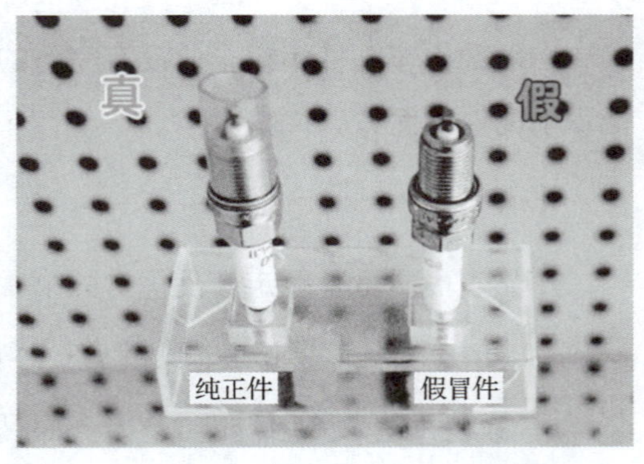

图 3-4-3　汽车配件镀锌等电镀工艺的差异

d）表面热处理。大部分工厂都要配备一套高频感应加热淬火设备，包括硬度、金相分析测试仪器及仪表的配套，它的投入资金多，还要具备输配电设备条件，因此小工厂、手工作坊一般不会使用。

汽车配件产品经过精加工以后，才进行高频感应加热淬火处理，因此淬火后各种颜色都原封不动地留在产品上。如汽车万向节内、外球笼经淬火后，有明显的黑色、青色、黄色和白色，其中，白色面是受摩擦面，也是硬度最高的面。在目测时，凡是全黑色和无色的，一定没有经过高频感应加热淬火处理。

e）橡胶制品。汽车上使用的橡胶件均有特殊要求，它要求耐高温、耐油、耐压、复原性好等，因此它的原料成本比一般橡胶原料高出许多，而且橡胶件在制造时对模具有强烈的腐蚀作用，模具损耗很大，也提高了橡胶件的成本。与鉴别机械金属配件不同的是，鉴别橡胶件的质量时，橡胶件表面乌黑光亮的不一定是好产品。需要进一步了解生产厂家的生产过程，并在实际应用中观察辨别。

f）汽车配件非使用面的表面伤痕。从对汽车配件非使用面伤痕的分析，可以分辨正规生产厂产品和非正规生产厂产品。优质的产品是靠科学的管理和先进的工艺技术生产出来的，生产一个零部件要经过几十道甚至上百道工序，而且每道工序都要配备工艺装备，其中包括工序运输设备和工序安放的工位器具。高质量的产品有很高的工艺装备系数做保障，因此高水平工厂的产品是不可能在中间工艺过程中互相碰撞的。由此推断，凡是在非使用面留下伤痕的产品，一定是小厂、小作坊生产的劣质产品。

②看表面包装和表面商标

汽车配件是互换性很强、精度很高的产品，为了能较长时间存放，需在产品出厂前用低度酸性油脂涂抹。正规的生产厂家对包装纸盒的要求十分严格，要求其无酸性物质，不产生化学反应，有的采用硬质透明塑料抽真空包装。汽车配件的箱、盒大都采用防伪标记，常用的有激光、条码、暗印等。在验收配件商品时，要认真查看其商标、厂名、厂址、等级和防伪标记是否真实。因为对于有短期行为的仿冒制假者而言，防伪标志的制作并不容易，需要一笔不小的支出。另外，在商标制作上，正规厂商生产的配件表面有硬印和化学印记，注明零件编码、型号和出厂日期，一般采用自动打印，字母排列整齐、字迹清楚，小厂、小作坊通常是做不到这一点的。

③看文件资料

首先要查看汽车配件的产品说明书，产品说明书是生产厂进一步向用户宣传产品，为用户做某些提示，帮助用户正确使用产品的资料，产品说明书可增强用户对产品的信任感。一般来讲，每个配件都应配一份产品说明书（有的厂家配用户须知），但也有些厂家为几个配件配一份产品说明书。如果交易量相当大，还必须查询技术鉴定资料。进口配件还要查看海关进口报关资料。国家规定，进口商品应具有中文说明，假冒进口配件一般没有中文说明，且包装上的外文可能语法不通，甚至写错单词，一看便能分辨真伪。

④看规格型号

大多数汽车配件都有规定的型号和技术参数。凡主机厂的配套产品，为了满足主机厂的设计要求，零部件为适用不同机型（如基本型及变型产品）多进行了改进，既保留了基本车型的优点，又能适应不同车辆的动力性和经济性。因此，在订购配件时，一定要熟悉整车与配件的型号。例如，东风朝阳柴油机公司生产的 CY4102BQ 柴油发动机，配装在郑州轻型 EQ1060 货车上的是 CY4102BQ-1B 型发动机，配装在东风汽车公司 EQ1061 货车上的是 CY4102BQ-11 型发动机。所以入库验收时要仔细核对配件的规格型号是否符合订货要求。

2）用简单的技术手段鉴别汽车配件

①经验法

a）看表面硬度是否达标。各配件的表面硬度都有规定要求，在征得厂家同意后，可用钢锯条的断茬去试划，划时打滑无划痕的，说明硬度高；划后稍有浅痕的，说明硬度较高；划后有明显痕迹的，说明硬度低（注意试划时不要损伤工作面）。

b）看接合部位是否平整。零部件在搬运、存放的过程中，由于振动、磕碰等原因常会在接合部位产生毛刺、压痕、破损等，这会影响零部件的使用，选购和检验时要特别注意。

c）看几何尺寸有无变形。有些零部件会因制造、运输、存放不当而产生变形。检查轴类零部件时，可将其沿玻璃板滚动一圈，通过观察零部件与玻璃板贴合处有无漏光来判断是否变形；检查离合器从动盘钢片或摩擦片时，可将其放在眼前观察是否翘曲；检查油封时，带骨架的油封端面应呈正圆形，能与平板玻璃贴合无翘曲，无骨架油封外缘应端正，手握使其变形，但松手后应能恢复原状；在检查各类衬垫时，也应注意检查其几何尺寸及形状。

d）看总成部件有无缺件。总成部件必须齐全完好，才能保证汽车的顺利装配和正常运行。

e）看转动部件是否灵活。在检验机油泵等转动部件总成时，用手转动泵轴，应感到灵活、无卡滞现象；检验滚动轴承时，一只手支撑轴承内环，另一只手打转外环，外环应能快速自如转动，然后逐渐停转。若转动部件转动不灵，则说明内部锈蚀或变形。

f）看装配标记是否清晰。为保证配合件的装配关系符合技术要求，在某些零部件上会刻有装配标记，比如正时齿轮的正时标记。若无标记或标记模糊无法辨认，将给装配工作带来很大困难，甚至装错。

g）看连接零部件是否松动。由两个或两个以上零部件组合成的配件，零部件之间是通过压装、胶接或焊接的，它们之间不允许有松动现象。例如，油泵柱塞与调节阀是通过压装组合的，离合器从动摩擦片与钢片是铆接或胶接的，纸质滤清器滤芯骨架与滤纸是胶接而成的，电器设备的接头是焊接而成的。检验时，若发现松动，应予以调换。

h）看配合零部件表面有无磨损。若配合零部件表面有磨损痕迹，或涂漆配件拆开后发现表面有旧漆，则多为废旧件翻新。

②敲击法

判定汽车的部分壳体及盘形零部件是否有不明显的裂纹、用铆钉连接的零部件有无松动以及轴承合金与钢片的接合情况时，可用锤子轻轻敲击零部件并听其响声检验。如果发出的金属声音清脆，说明零部件状况良好；如果发出的声音沙哑，可以判定零部件有裂纹、松动或接合不良。

浸油锤击是一种探测零部件隐蔽裂纹的最简便的方法。检查时，先将零部件浸入煤油或柴油中片刻，取出后将表面擦干，撒上一层滑石粉或石灰，然后用锤子轻轻敲击零部件的非工作面，如果零部件有裂纹，振动会使浸入裂纹的油溅出，裂纹处的滑石粉或石灰有黄色浅迹，这样便可看出裂纹所在。

③比较法

比较法即将标准零部件与被检零部件做比较，从对比中鉴别被检零部件的技术状况。

3）进口汽车配件的鉴别

进口汽车配件可从多方面进行鉴别，主要包括包装、内在质量、产品价格和进货渠道。

①根据包装进行鉴别是检验进口配件真伪的重要程序。国外专业配套厂的配件包装制作精美，色彩、花纹、样式都有一定的规则，一般是很难仿制的。仿制的包装制作比较粗糙，较容易辨别。但有些仿制者依靠现代先进的印刷技术，将配件包装制作得很逼真，如不仔细辨认，很难区别。进口汽车配件一般都有外包装和内包装，外包装有包装箱、包装盒，内包装一般是带标记的包装纸和塑料袋或纸袋。正规进口配件外包装箱（盒）上都贴有厂家统一标签，标签的印刷清晰、纸质优良，并印有GENUINE PARTS（纯正部件）标记、零件编码、名称、数量及生产厂和国家。而仿制的标签则印刷不精细，色彩非轻即重，很难与纯正部件包装一致，仔细辨认使用电脑打印的零件编码及生产厂商标记的色彩就能区分真伪。有的国外公司为防止伪造，在其包装标签上设有防伪标记，可在鉴别时加以注意。

鉴别进口配件包装时还应注意，工程机械及汽车制造厂都有自己的专业配套厂零部件供应商。进口配件的包装盒上既有整机厂标记，也有配套厂的标记。

②从产品质量辨别汽车配件是识别纯正部件真伪的最关键的环节。受利益驱动，有些经销商将进口的纯正部件组装成整机后，再将纯正部件的包装用于非纯正部件向市场销售。因此，必须对产品的内在质量进行检验，才能确认进口配件的真伪。对产品质量的鉴别应进行以下观察、检验和试验。

a）从外观上进行检查。观察产品表面的加工是否精细，颜色是否正常。如果有纯正部件的样品，可进行对照检查，一般仿制品表面都比较粗糙，产品颜色也不够纯正。

b）检查产品上的标记。纯正部件上都印有品牌标记、零件编码和特定代码等，有些产品上还印有制造厂及生产国。

c）通过专用工具测量产品的尺寸，检验其是否符合要求。有些厂商还专门为客户提供了测量工具以防假冒。

d）对产品进行性能试验。有些零部件从外观上无法辨别真伪，需用专门的仪器进行检测。例如，喷油器和柱塞要通过试验台进行性能试验，检测其喷油压力、喷油量、喷油角度等。

e）对产品进行理化性能试验。这种情况一般是在对产品内在质量产生怀疑或使用中出现问题时，为向厂家寻求索赔才使用的方法。

③从产品价格上进行辨别。同样的配件，纯正部件、专业厂件、国产件和仿制品的价格差别很大。纯正部件的价格最高，专业厂件次之，仿制品的价格最低。一般纯正部件的价格可超出仿制件的一两倍，甚至更多；国外专业配件厂件比整机厂纯正部件价格略低。定期批量进口的配件执行外商谈判的协议价，平时零星采购的配件则执行外商每年的统一目录价，有时外商还有定期处理配件的优惠。这些配件的报价是按照当时的进口汇率计算的，再加上关税、运输费等，然后将其换算成配件单价，这是行业人士共知的常规价。价格低于常规价的配件，一般可判定为非纯正部件或非专业厂件。要注意的是，进口环节中减税和中间经销商加价也会使价格偏离常规价。

④根据进货渠道进行分析。进口汽车配件的进货渠道较多，一般包括两个方面：一是直接从国外进口，二是从经销商处购买。直接从国外整机厂和零部件配套厂进口的配件，质量大都有保障。如果是从经销商处购买或从港澳转口进来的配件，就要根据上述方法加以鉴别。此外，所有直接从国外进口的机械配件，均有订购合同、提单、运单、装箱单及发票。如果从进口公司采购配件，可让其出示上述手续，若无法出示可判断为非正品。

4）常见的假冒伪劣汽车配件的危害与鉴别

近几年来，在利益驱使下，各种假冒伪劣汽车配件充斥着市场，假冒件与纯正部件虽然在外观上相差不大，但在内在质量和性能上的差别却相当悬殊。车辆装用假冒伪劣配件会给车主造成极大的损失，轻则返工复修，造成经济损失，重则危及行车安全，甚至造成交通事故。例如，若使用质量不过关的机油，只会损坏发动机，使其使用期限降低，但如果制动片、油管造假，就不仅是汽车的性能会受到影响，严重的甚至会导致重大交通事故。据统计，近几年全国每年发生的交通事故都在 20 万起左右。其中，制动失灵是造成事故的重要原因之一，而使用劣质制动片又是造成制动失灵的主要原因。了解一些常见的假冒伪劣汽车配件的危害与鉴别方法，对配件管理人员而言是非常必要的，详见表 3–4–2。

表 3-4-2　　常见的假冒伪劣汽车配件的危害与鉴别

<table>
<tr><th>配件名称</th><th colspan="2">纯正件特征</th><th>假冒件特征</th><th>使用假冒件的危害</th></tr>
<tr><td rowspan="2">燃油滤清器</td><td colspan="2">材料及工艺考究，滤纸质感好、粗细均匀、有橡胶密封条，能有效过滤汽油中可能存在的杂质颗粒，与燃油管匹配精确</td><td>材料及工艺粗糙，滤纸质感低劣、疏密不匀，无橡胶密封条，过滤效果差，与燃油管的匹配精度低</td><td>假冒件的过滤效果差，可能会导致汽油泵及喷油嘴等零部件过早损坏，导致发动机出现工况不良、动力不足及油耗增加等情况</td></tr>
<tr><td>真假对比图</td><td colspan="3">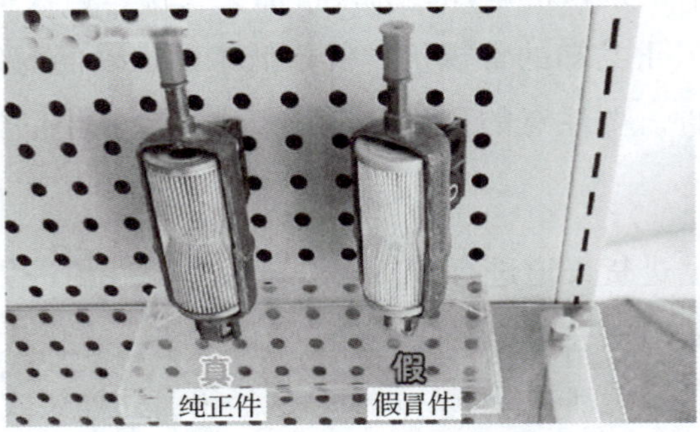
</td></tr>
<tr><td rowspan="2">机油滤清器</td><td colspan="2">采用专业的滤纸材料，过滤性能良好，有可靠的回流阻止机构</td><td>内部材料及制造工艺粗糙，过滤性能差，无回流阻止机构或机构可靠性差</td><td>假冒件的过滤效果差，容易导致曲轴及轴瓦等主要部件过早磨损，大大缩短发动机的使用寿命</td></tr>
<tr><td>真假对比图片</td><td colspan="3">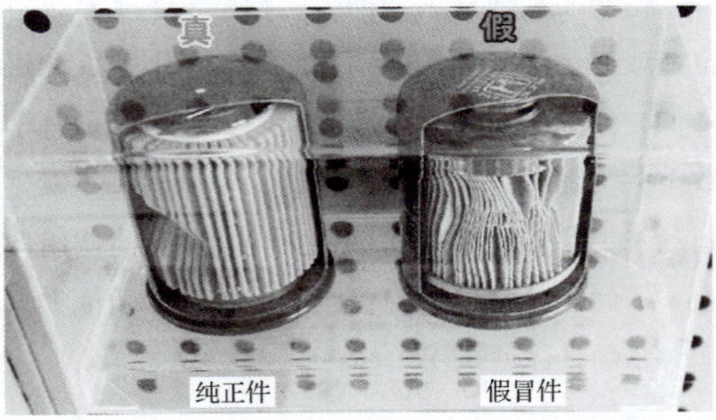
</td></tr>
</table>

续表

<table>
<tr><th>配件名称</th><th>纯正件特征</th><th>假冒件特征</th><th>使用假冒件的危害</th></tr>
<tr><td rowspan="2">空气滤清器</td><td>制造材料优质、密封效果好、除尘效率高，为发动机发挥最佳工作性能提供保障</td><td>材料粗糙、过滤效果差、匹配精度低，不能有效地滤除空气中的悬浮颗粒物</td><td>假冒件的密封效果差，杂质颗粒容易被吸进发动机，轻则加速发动机气缸与活塞的磨损，重则造成气缸拉伤，缩短发动机的使用寿命</td></tr>
<tr><td>真假对比图片</td><td colspan="2"> 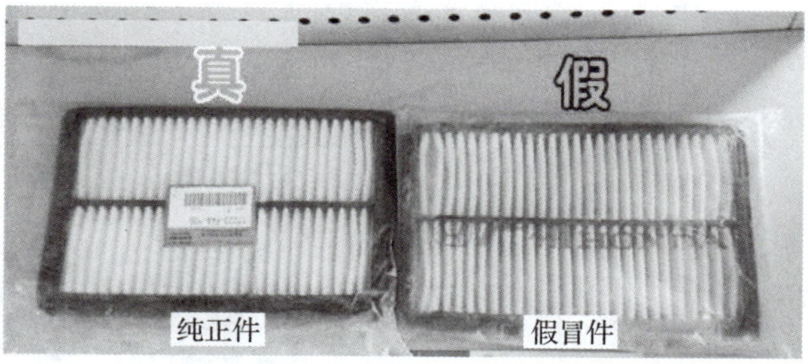</td></tr>
<tr><td rowspan="2">火花塞</td><td>采用优质金属材料，侧面电极是一体加工完成的，并非焊接上去的，间隙均匀，导热性能出色，即使车速到达 200 km/h，电极的温度也只有 800 ℃。内部有专门设计的电阻，可减少外界电波的干扰</td><td>绝缘材质差，甚至有气孔，绝缘性能相对较弱，内部一般没有专门设计的电阻，所以容易受到外界电波的干扰。电极间隙一般不够均匀，导热性能差。车速超过 130 km/h 后电极温度会达到 1 100 ℃，临近电极熔断点</td><td>由于火花塞的工作环境是高温高压，所以伪劣产品的电极非常容易熔断，造成电极间隙过大，火花塞放电能量不足，进而导致冷启动困难，发动机内部积炭增多，起步、加速性能下降，油耗增加</td></tr>
<tr><td>真假对比图片</td><td colspan="2"> 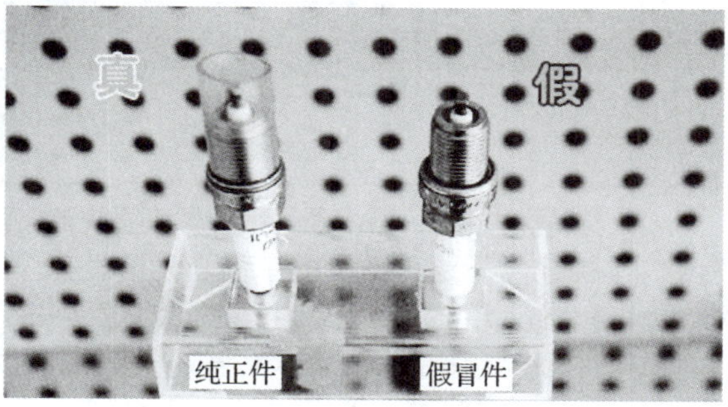</td></tr>
</table>

续表

配件名称	纯正件特征	假冒件特征	使用假冒件的危害
制动片	正规厂家生产的制动片包装印刷比较清晰，印有许可证号、指定摩擦系数、执行标准等。包装盒内有合格证、生产批号、生产日期等。纯正件采用先进材料制作而成，可最大限度地降低制动盘的磨损和热损。制动性能稳定可靠，保证车辆能安全、快速地停车	假冒件的厚度及形状通常与纯正件不一致，材质手感粗糙，噪声和振动大，质量和制动性能不稳定	使用假冒制动片，可能导致制动力不足或制动失灵等情况的发生，或导致车辆不能正常制动，危害行车安全
	真假图片对比	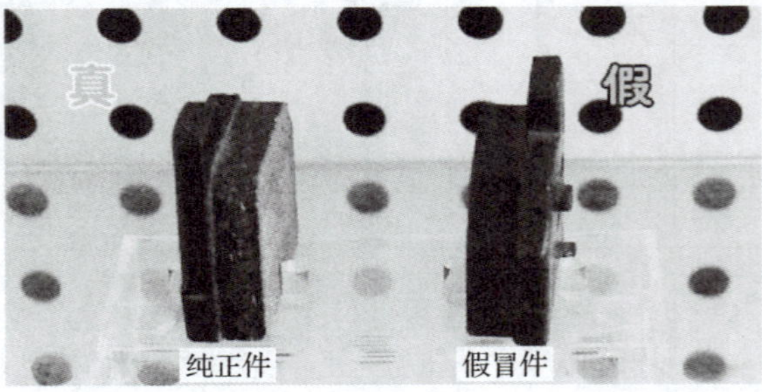	
正时传动带	采用优质复合材料，无明显气味，制造工艺精良，匹配精度高，抗疲劳性能好	制造材料及工艺粗糙，有臭胶味，匹配精度差，容易磨损和断裂	假冒正时传动带的使用寿命短，影响发动机工况，高速行驶时安全隐患较大
	真假图片对比	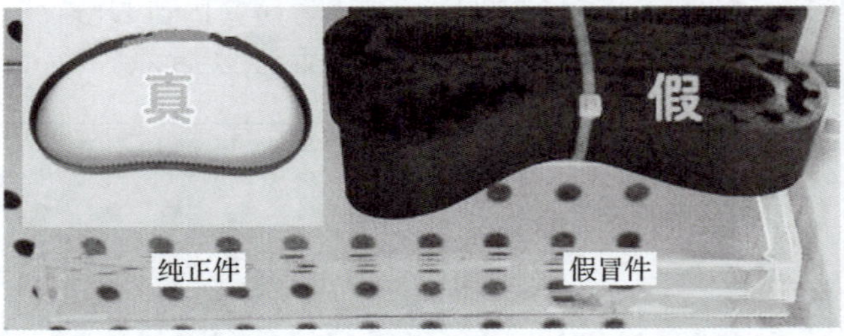	
前照灯	纯正件与假冒件的区别	从外观上看，纯正件表面光洁，照射范围精准，而假冒件表面粗糙，不易安装。伪劣产品的质量很差，劣质前照灯的灯内产生雾气、亮度不足、焦距不集中、射程太近等都会严重影响行车安全。劣质灯具本身密封不严，在雨天行驶或洗车时，水渗入灯内易生锈，甚至造成线路短路，着火烧车	

续表

<table>
<tr><th>配件名称</th><th>纯正件特征</th><th>假冒件特征</th><th>使用假冒件的危害</th></tr>
<tr><td>防冻液</td><td>纯正件与假冒件的区别</td><td colspan="2">假防冻液的外包装与真防冻液非常相似，但在打开瓶盖后瓶颈上有溢漏的痕迹，这是因为制假厂家的灌装设备达不到标准要求，真防冻液则无溢漏状况。假防冻液的腐蚀性过大，危害严重，甚至会出现腐蚀发动机缸体的情况</td></tr>
<tr><td>制动总泵</td><td>纯正件与假冒件的区别</td><td colspan="2">纯正件有色标和生产编号，内部精细，制动皮碗耐腐蚀性好，制动性能好；假冒件则表面光洁但内部不精细，无色标，无生产编号，皮碗耐腐蚀性差，制动性能差，影响行车安全</td></tr>
</table>

总之，在鉴别汽车配件时，方法是多种多样的，只要根据不同的配件种类采取不同的鉴别方法，并综合运用，就一定能鉴别配件的真伪。

（4）过磅称重

凡是需要称重的物资，要全部过磅称重并记录重量，以便计算、核对。称重时要注意正确使用计量方法和计量单位。

（5）归堆建卡

要根据配件本身的性能特点，安排适当的货位放置。归堆时一般按“五五堆码”原则（五五成行、五五成垛、五五成层、五五成串、五五成捆）的要求，排好垛底，并与前、后、左、右的垛堆保持适当的距离。对于批量大的配件，可以另设垛堆。但必须整数存放，标明数量，以便查对。建卡时，要注明分堆寄存位置和数量，同时在分堆处建立分卡。

（6）入库登记

产品通过验收后应立即办理登账、立卡、建档等入库手续，妥善保管产品的各种证件、说明、账单资料。

1）登账

仓库对每一种规格及不同质量（级别）的产品都必须建立收、发、存明细账，以及时反映产品的存储动态。登账时必须要以正式的收发凭证为依据。

2）立卡

料卡是一种活动的实物标签，反映库存产品的名称、规格、型号、级别、储备定额和实存数量。料卡一般直接挂在货位上。

3）建档

历年的产品技术资料及出入库有关资料应存入产品档案，以便查询并积累产品报告经验。产品档案应一物一档，统一编号，做到账、卡、物三者相符。

"汽车配件入库单"见表 3–4–3。

表 3–4–3　汽车配件入库单

供货商名称：＿＿＿＿＿＿

仓库名称：＿＿＿＿＿＿　日期：＿＿＿＿＿＿　入库单号：＿＿＿＿＿＿

规格					进价	数量	金额
品名	规格型号	品牌	车型	单位			

经办人：　　　　　　　　　　　　备注：

仓库账务管理人员要根据进货单和仓库保管员安排的库、架、排、号以及签收的实收数量，逐笔逐项记账，并保留入库单据的仓库记账联，以此作为原始凭证，保留归档。另外两联分别退还业务部门和财务部门，作为业务部门登录商品账和财务部门冲账的依据。

4. 验收记录

产品验收结束应当及时做出验收记录。验收记录的内容主要包括产品名称、规格、供货单位、出厂日期（或批号）、运单号、到达日期、验收完毕日期、应收数量、实收数量、抽查数量、质量情况等。凡遇数量短缺或包装破损的，应注明短缺数量及残损程度，并进行原因分析，附承运部门的现场验收签证或照片，应及时与供货单位交涉，或报上级管理部门处理。处理期间，产品应另行存放，不得与合格产品混存，更不得发放使用，但仍须妥善保管。

任务实施

通过以上配件入库相关知识的学习，小李掌握了汽车配件入库验收的基本要求和入库程序，下面就可以将配件按照入库依据和入库程序进行验收。

一、进行入库验收

1. 检查入库凭证和合同

根据发动机型号、规格、零件编码、生产厂家、单位、数量等反映待入库配件准确信息的内容进行验收，核对无误后，应查看并确认合同上对配件产品规格、质量等方面的约定是否符合入库要求。

2. 入库验收

（1）点收发动机数量

仔细盘点要入库的 LJ465QE5 发动机数量，确认为 5 台，符合入库要求。

（2）核对包装，开箱点验

检查发动机外包装，确认与入库单所填信息相符，并按照开箱点验的数量对发动机进行检验，确认其质量也符合规定。

（3）将发动机归堆建卡

将 5 台发动机入库到发动机仓库，按“五五堆码”原则的要求就地放好，各垛堆之间保持适当的距离，建立账卡，并注明此次发动机分堆寄存的位置和数量，同时在分堆处建立分卡。

二、入库验收问题的处理

对于技术性强、需要用仪器测定的问题，应该由专职技术人员负责解决。对入库验收工作中可能遇到的问题的处理如下：

1. 在验收大件时，若发现少件或者有多出件，应及时与有关负责部门和人员联系，征得他们的同意后，方可按照实收数目签收入库。

2. 凡是配件质量有问题，或者品名、规格出错，证件不全，包装不符合保管、运输要求的配件一律不能入库，应将其退回有关部门再行处理。

3. 零星小件的数量误差在 2% 以内、易损件的损耗在 3% 以内的，可以按规定自行处理，若超过上述比例，则应报请有关部门处理。

凡是因为开箱点验被打开的包装，一律要恢复原状，不得随意损坏或者丢失。

思考题

1. 汽车配件入库验收的基本要求是什么？
2. 汽车配件入库验收的程序是什么？

模块四

汽车配件仓储管理

任务1　汽车配件仓储保管

任务目标

- 掌握汽车配件的分区分类方法并能编写货位。
- 掌握汽车配件的堆码方法并能进行货物堆码。
- 掌握汽车配件的盘点方法并能进行盘点结果申报。

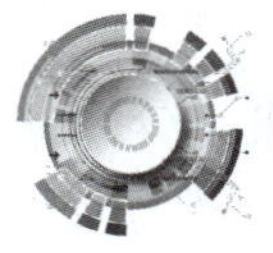

任务引入

客户张先生的捷达汽车需要进行发动机修理，急需购买活塞组件，他来到位于修配厂附近的长春市迅驰汽配经销店购买。新员工小王先是检索到有活塞组件，账簿显示它放置在 1–1–3 中货位。可是小王来到库房后，面对众多的货架，找了半天，也无法确定活塞组件的放置位置，最终客户不耐烦地离开了。第二天，商店又购进一批汽车配件，经理让小王把经过验收的配件堆码好，并盘点库存。面对一大批汽车配件，小王感到无从下手。

作为汽配经销店的工作人员，怎样才能找到客户需要的汽车配件呢？本任务要求学生能完成汽车配件的分区、编码、堆码、盘点等工作。

任务分析

本次客户流失是因为小王不清楚该公司的配件分类方法及货位编号原则。在配件仓库及时找到客户所需要的配件是工作人员经常要遇到的问题，这属于汽车配件仓储管理范畴，如果小王能够掌握配件货位编号方法就可以很快找到配件。

汽车配件销售企业在为客户服务的过程中，要做大量的工作，最后一道工序就是通过仓库保管员，将客户所需要的配件发给客户，满足客户的需求，以实现销售企业服务交通运输、服务客户的宗旨。

汽车配件的仓储保管工作是仓储管理中最基本的作业，在具体工作中，要求做到保质、保量、及时、低耗、安全地完成仓库保管工作中的各项任务，并节省保管费用。

汽车配件的分区分类、货位编码、货物堆码、盘点和库存调整是汽车配件仓储保管的常规性工作，下面就来学习与此类工作相关的知识。

相关知识

一、汽车配件的分区分类

分区分类既是一种科学的商品保管及保养方法，也是一种仓储管理制度。分区分类就是根据商品性质、保管要求、消防方法及设备条件等，将库房、货棚、货场划分为若干保管商品的区域，进行分类储存的方法。分区分类的好处是可以使储存条件和环境满足商品储存保管的需要，同时也便于查找。

1. 汽车配件分区分类的工作流程

汽车配件分区分类的工作流程如下。

规划分区分类之前，首先要了解分类的主要依据，包括以下几个方面。

（1）汽车配件的品种、数量与进出库的批量。

（2）汽车配件的性能、包装状况及其所需的保管条件、消防要求。

（3）汽车配件收发、装卸、搬运等所需的机器设备和工作量的大小。

（4）仓储汽车配件的收发方式、大致流向和周转期。

（5）有无特殊的保管、验收和理货要求等。

通过调查与分析，确定在性能、养护和消防方法上一致的各类商品所需的仓容，考虑对储存、吞吐条件的要求，结合仓库具体设备条件，即可进行分区分类。

2. 汽车配件的分区分类方法

汽车配件的分区分类方法有多种，详见表 4–1–1。

表 4–1–1　　汽车配件的分区分类方法及说明

<table>
<tr><th>分区分类方法</th><th>说明</th><th>优缺点</th><th>举例</th></tr>
<tr><td>按部、系、品种系列分库</td><td>即所有配件不分车型，一律按部、系、品种系列集中存放。凡是品名相同的配件，不论适配什么车型，均放在一个仓库内</td><td>优点是仓容利用率较高，库容库貌整齐、美观，方便安排储存品种。缺点是提货不太方便，收发货物时容易出错</td><td>发动机仓库、通用仓库</td></tr>
<tr><td>按车型系列分库</td><td>按所属的不同车型分库存放配件</td><td>优点是提货方便，减少了收发货的差错。缺点是仓容利用率较差，且对保管员的业务水平要求较高</td><td>东风汽车配件仓库、解放汽车配件仓库、桑塔纳汽车配件仓库</td></tr>
<tr><td rowspan="3">依据配件其他属性进行分区分类</td><td>按配件种类和性质进行分区分类：一种是分类同区仓储；另一种是单一货物专仓专储</td><td>提高了仓容利用率，贵重配件专储，专人保管，不易丢失</td><td>主仓库、油品仓库、配件仓库</td></tr>
<tr><td>按配件发往地区进行分区分类</td><td>便于安排交通运输工具，不会将货发错地点</td><td>中转仓库或待运仓库</td></tr>
<tr><td>按配件危险性质进行分区分类</td><td>以免相互接触而发生燃烧、爆炸等反应</td><td>特种仓库</td></tr>
</table>

对于配件来说，不论按哪种分库方式储存，凡是大件重件（包含驾驶室、车身、发动机、前后桥、大梁等）都要统一集中储存，这样可以充分发挥仓库各种专用设备，特别是机械吊装设备的作用。不仅可以提高仓容利用率，而且可以减轻装卸工的劳动负担，提高劳动效率。

具体采用哪一种配件存储管理方法，需要根据各个单位配件保管员的专业知识水平、仓库设备、库存配件流量等具体情况，综合考虑后再做决定。但不管选择哪种管理办法，仓库储存的物资和配备的保管员一经确定，就不要随意变动，以便仓库根据储存货物的性能和特点，配备必要的专用设备（如专用货架、格架、开箱工具、吊装设备等），从而适应仓库生产作业的需要。同时，不论采用哪种方式管理，都要为配件建卡立账，以便更好地核对、盘点和沟通，这样做也有利于提高工作效率。

3. 汽车配件分区分类的注意事项

（1）按商品性质和仓库设备条件安排储存。如怕高温的商品（如酚醛塑料制品、橡胶类配件）要存放在保温库、地下室、半地下室或温度适宜的库房内；怕冻配件要安排在保温库或暖库储存；怕潮、易溶、易锈的配件要安排在仓库货架的上层或比较干燥的库房内储存。

（2）互相影响、不宜混存的汽车配件一定要隔离存放。化学危险品与一般配件不能混存于同一仓库。

（3）按作业安全、方便分区的原则分类。如出入库频繁的汽车配件，要安排在靠近库门处；粗、笨、重、长、大的配件不宜放在库房深处；易碎配件（如汽车玻璃、灯泡）要避免与粗大商品存放在一起，以免在搬运时影响易碎配件的安全。

（4）消防灭火方法不同的汽车配件严禁储存在一起。

二、汽车配件货位编号

1. 货位编号的方法

（1）整个仓库的编号

可根据仓库结构和布局，按库房、货棚、货场分别给予顺序编号，在编号后面分别加“库”“棚”“场”字样。

货场可以按照进入仓库正门方向自左至右的顺序编号；或按左单右双的顺序编号；

或按东南西北等方向编为东货场、南货场、西货场、北货场；或按存储汽车配件类别编为东风汽车配件库、解放汽车配件库等，如图 4–1–1 所示。

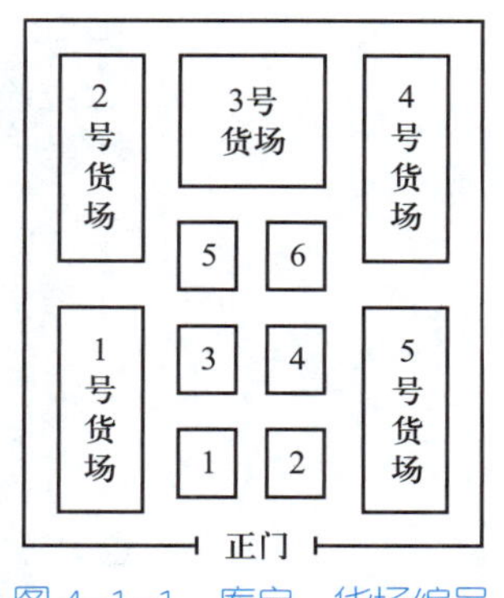

图 4–1–1 库房、货场编号

库房（货棚）可按进入仓库正门方向自左向右的顺序编号，如 1 号库房、2 号库房、3 号库房，或按储存汽车配件类别编为发动机库、通用库等。

（2）库房内的货位编号

货位是货物在仓库中存放的确切位置，便于工作人员迅速找到货料。为做好汽车配件仓储工作，要进行合理的仓位设计，以提高配件出库的速度，方便配件仓储的日常管理。

库房可根据面积大小、储存汽车配件的数量和种类，划分为若干货位。一般以中心通道为轴线，将货垛按左单右双或自左而右的顺序排列，编上号码，用油漆把货位编号写在水泥地面、柱子、房梁或天花板等处。某库房内的货位编号如图 4–1–2 所示。

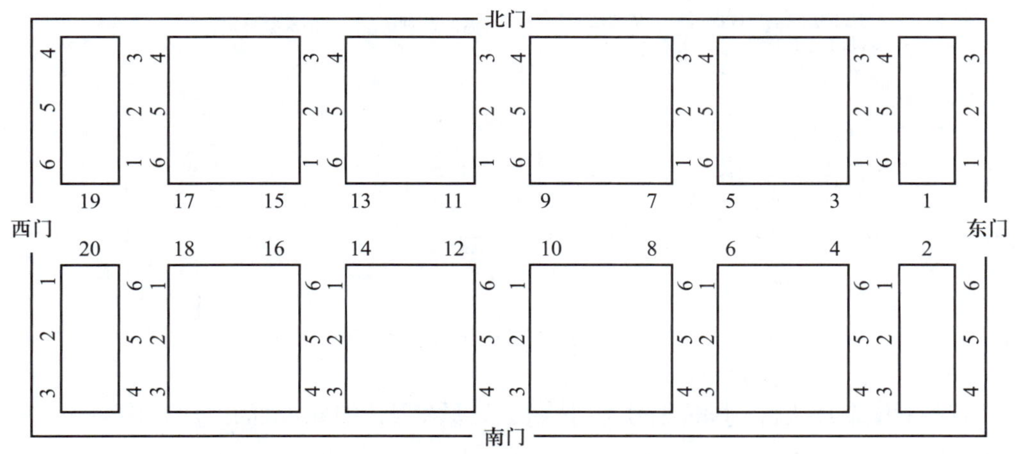

图 4–1–2 某库房内的货位编号

常见的货位编号方法有以下两种：

第一种是与货物大小相等的 2 层或 3 层货架（见图 4–1–3），即用砖木或型钢制作的货架，用于堆放整件的汽车配件。为了快速、准确地找到所需配件，需要对配件存放位置进行定位。一般采用仓位编号来表示，货位编号包括货架号、层号、列号，如图 4–1–4 所示。

图 4-1-3　配件货架

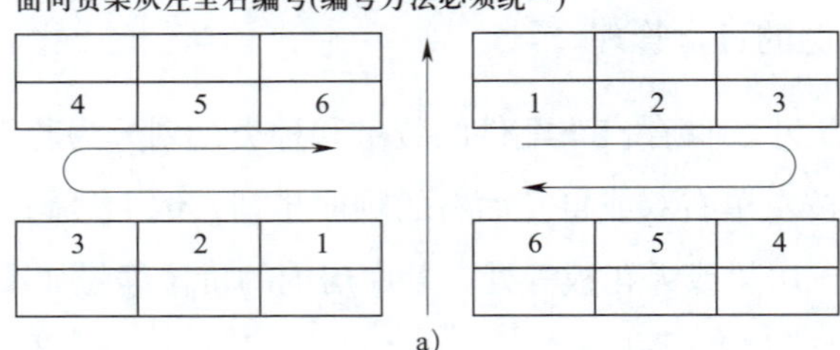

从下层向上层依次编号，货架层变动时易于处理

6
5
4
3
2
1

b)

面对货架从左向右依次编号

1 2 3 4 5 6 7

c)

图 4-1-4　仓位编号

a）货架号　b）货架层号　c）货架列号

有些货位编号从属于段位编号（列号），只要在段位编号末加注“上、中、下”字样即可。如 4 号库 6 号货架 3 段中层，可写为“4–6–3 中”，就可以按号找货。

第二种是在已拆箱付零的仓库里，由于汽车配件零星，很多汽车配件需要拆件分类放在货架的格眼里，以便发货，如图 4–1–5 所示。这种情况下，一般以排为单位对货架进行编号。例如，在库房内，有 16 排 4 层货架，每排有 16 个格眼，编号时可按 1 排 1 ~ 16 号，2 排 1 ~ 16 号，依此类推，逐排逐号按顺序编排号码，以便存取，仓位编号如图 4–1–6 所示。如 5 号仓库第 9 排货架第 4 号格眼，可写为“5–4/9”，以示与货架编号的区别。

图 4-1-5 带格眼的货架及小零件存放盒

货架					货架				
4	1~4	5~8	9~12	13~16	5	1~4	5~8	9~12	13~16
3	1~4	5~8	9~12	13~16	6	1~4	5~8	9~12	13~16
2	1~4	5~8	9~12	13~16	7	1~4	5~8	9~12	13~16
1	1~4	5~8	9~12	13~16	8	1~4	5~8	9~12	13~16
16	1~4	5~8	9~12	13~16	9	1~4	5~8	9~12	13~16
15	1~4	5~8	9~12	13~16	10	1~4	5~8	9~12	13~16
14	1~4	5~8	9~12	13~16	11	1~4	5~8	9~12	13~16
13	1~4	5~8	9~12	13~16	12	1~4	5~8	9~12	13~16

库门

图 4-1-6 带格眼货架的仓位编号

2. 货位编号的使用

货位编号是汽车配件在仓库中的“地址”，标志必须明显而清楚，使工作人员一目了然。保管员、记账员必须使用仓库统编的货位编号，对号收发货物。货位编号的书写方法在一个仓库内必须一致。例如，把各个号码用短线连接起来就组成一个货位编号，写成 4–2–3，即 4 号库房 2 货位 3 段。

汽车配件入库时，保管员应根据汽车配件堆码的位置，把货位编号注明在入库凭证上，以便在记账时附注货位编号；在汽车配件出库时，要把货位编号注明在出库凭证上，以便按号找货。

在库的汽车配件由于整理货垛使存放位置发生改变时，保管员应立即填制“内部汽车配件倒并垛通知单”，将汽车配件转移后所在货位（除自己更改货位编号外）及时通知做账人员，以防发生差错。

在对配件进行管理的过程中，涉及货位编号的读取工作。货位编号的读取主要结合计算机操作系统完成，其读取流程如图 4–1–7 所示。

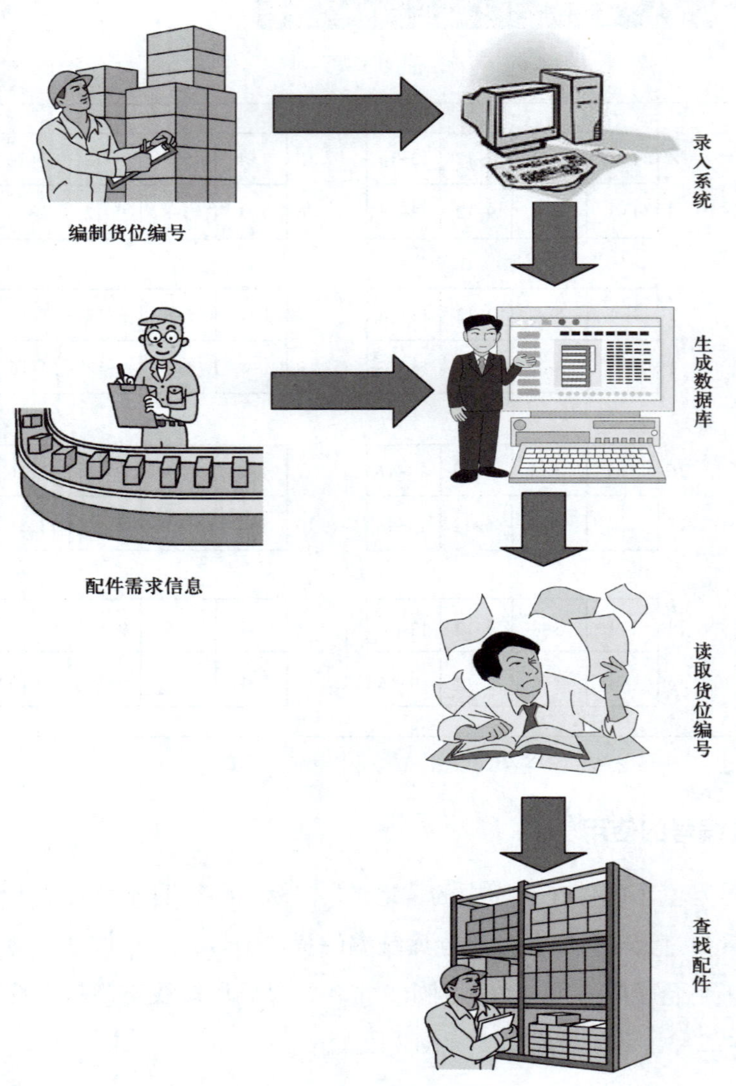

图 4–1–7　货位编号读取流程

三、汽车配件的堆码方法

根据仓库储存规划确定货位后，即应对汽车配件进行堆码和苫垫（苫是指在货垛上加盖遮盖物，垫是指在商品垛底加衬垫物）。妥善的堆码和苫垫是配件保管、保养中的一项重要工作，也是保证配件质量和提高仓库利用率的必要措施。

1. 汽车配件堆码技术要求

仓库里的配件堆码必须贯彻“安全第一”的原则，无论在任何情况下，都要保证仓库、配件和人身的安全。同时还要做到文明生产，配件的陈列堆码一定要美观、整齐。

（1）合理

垛形必须适合配件的性质及特点，便于配件保管保养，并有利于配件的先进先出。

（2）牢固

货垛必须不偏不斜，不能压坏底层的货物和地坪。

（3）安全“五距”，定额管理

“五距”是指：货垛顶面距离楼顶或者横梁 0.5 m，若屋顶呈现人字形，则货垛顶面不得超过横梁；照明灯与货垛之间的距离不应小于 0.5 m，避免火灾；库内货垛与内墙之间的距离不得小于 0.3 m，与外墙之间的距离不得小于 0.5 m；货垛与柱子之间的距离一般为 0.1 ~ 0.2 m；货垛相互之间的距离一般为 1 m。

（4）实行“五五化”堆码

“五五化”堆码就是以五为基本计算单位，堆码成各种总数为五的倍数的货垛，即大的配件堆码成五五成方，小的配件堆码成五五成包；长的配件堆码成五五长行，短的配件堆码成五五成堆，带眼的商品堆码成五五成串。“五五化”堆码是一种科学、简便、常用的堆码方式，过目成数、清点方便、数量准确、不易出现差错、收发快、效率高，适用于按件记数的配件。

（5）堆码货物的包装标志必须一致向外，不得倒置

若发现包装破损应及时调换。货物沿通道、支道画线堆码，货垛货架排列整齐、有序，横看成行，竖看成线，堆码清洁、美观。

（6）节省

要节省货位，提高仓库利用率，减少作业环节，提高作业效率。

2. 汽车配件堆码方法

常见的汽车配件堆码方法有重叠法、压缝法、牵制法、通风法、行列法等。

（1）重叠法

重叠法即按入库汽车配件批量，视地坪负荷能力与可利用高度来确定堆高的层数，先摆正底层汽车配件，然后逐层重叠加高，上一层的每个配件直接置于下一层的配件之上并对齐，如图 4-1-8 所示。重叠法适用于硬质整齐的汽车配件包装、正方体的包装和占用面积较大的钢板等。采用重叠法堆码的垛体整齐、稳固，操作较易。但不能堆太高，尤其是孤立货垛和以单件为底的货垛，若垂直叠得过高会容易倒垛。

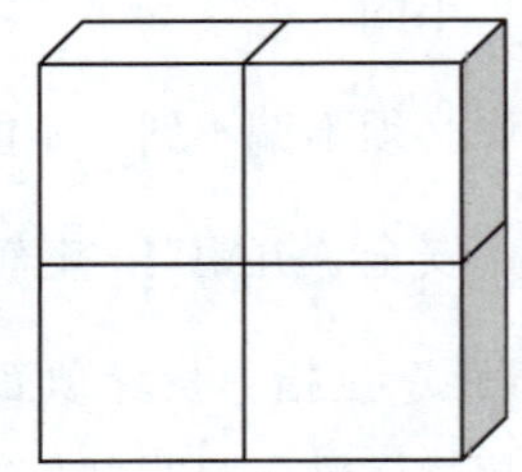

图 4-1-8　重叠法堆码

（2）压缝法

压缝法指对包装成长方体的汽车配件可采用的每层交错压缝堆码的方法，如图 4-1-9 所示。即上一层汽车配件跨压下一层两件及以上的汽车配件，每层的堆码方向可以相同也可以不同，货垛四边对齐，逐层堆高。用此法使每层汽车配件互相压缝，既可使堆身稳固、整齐、美观，又可按小组出货，操作方便，易于腾出整块可用空间。每层和每小组等量，便于成批标量，易于核点数量。

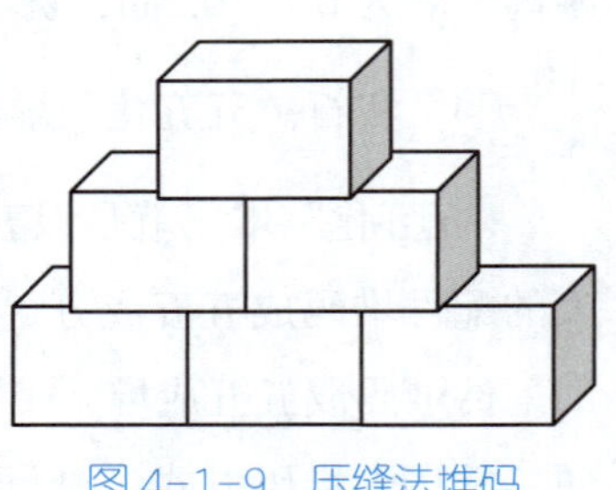

图 4-1-9　压缝法堆码

（3）牵制法

当汽车配件包装不够平整、高低不一、堆码不平衡时，可在上、下层汽车配件间加垫，并夹放木板条等，使层层持平，有所牵制，防止倒垛，如图 4-1-10a 所示，此法可与重叠法、压缝法配合使用。有些配件宜竖直采取一些牵制措施存放，如图 4-1-10b 所示。

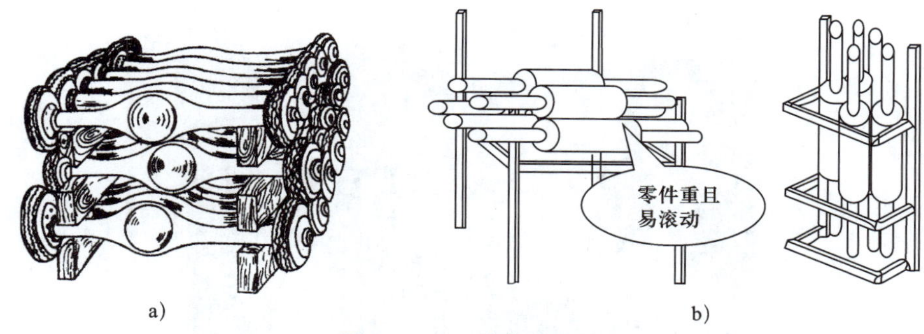

图 4-1-10 牵制法堆码

a）前、后桥专用枕垫的堆码 b）竖直牵制堆码

（4）通风法

为了防止有的汽车配件潮湿、发霉、锈蚀，需要通风散热、散潮，堆放时件与件之间不能靠紧，前后左右都要留一定空隙，即要堆成通风垛。汽车配件常见的通风法堆码方式有旋涡形、“井”字形、“非”字形、“示”字形等，如图 4-1-11 所示。

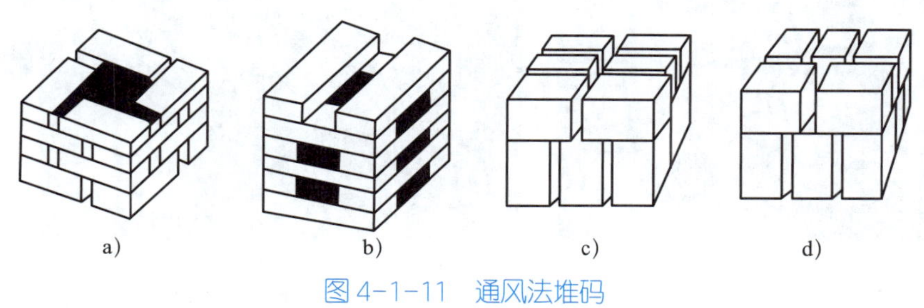

图 4-1-11 通风法堆码

a）旋涡形 b）“井”字形 c）“非”字形 d）“示”字形

桶装、瓶装的液体汽车物品，应排列成前后两行，行与行、桶与桶之间都应留有空隙；上层对下层可压缝堆高，即上一件跨压在下两件“肩”部，以便检查有无渗漏。桶装、瓶装物品的堆码如图 4-1-12 所示。

（5）行列法

零星的小批量汽车配件，不能混合堆垛，应按行排列，不同汽车配件背靠背成两行，前后都面临走道，形成行列式堆码，避免堆“死垛”（指堆垛中无通道，存取不便）。

3. 专用货架堆码

汽车上的许多配件在存储堆码时需配备专用货架。例如，为防止轮胎受压变形，需要用专用货架进行保管，这种货架有固定的，也有可以装拆的，其堆码方法如图 4-1-13a 所示，存放铝合金轮毂的专用货架如图 4-1-13b 所示。

图 4-1-12　桶装、瓶装物品的堆码

a)

b)

图 4-1-13　专用货架堆码

a）轮胎专用货架及堆码　b）铝合金轮毂专用货架及堆码

四、库存配件的盘点

在配件仓储管理过程中，配件的进出库作业是频繁发生的。因工作的疏漏或失误，可能会出现配件库存记录与实物数量不符的现象；也可能会出现因存放时间较长或保管方法不当导致配件质量受影响的现象。为了及时发现和处理这些情况，需要对库存配件进行清点和查看，这就是盘点作业。另外，在直接负责配件保管的库房保管员离岗换人时，也需要进行库存配件的交接盘点。

汽车配件盘点是保证储存货物账、货、卡完全相符的重要措施之一。盘点作业的目的：查找并纠正账、货、卡不一致的现象；为企业计算损益提供真实的依据；检讨仓储管理的绩效。盘点作业不仅仅是作为工作质量评比的手段，更重要的是可以分析出现漏洞的原因，找出今后改进工作的方法。

1. 盘点的内容

（1）盘点数量

对于计件的汽车配件，应该全部清点；对于货垛层次不清的汽车配件，应进行必要的翻垛整理，逐批盘点。

（2）盘点重量

对于计重的汽车配件，可会同有关业务部门，根据实际情况逐批抽检过秤。

（3）核对账与货

根据盘点的汽车配件实数，逐笔核对汽车配件仓库保管账簿所列结存数，不能含糊。

（4）核对账与账

汽车配件仓库保管账簿应定期与业务部门的汽车配件账簿进行核对。

在盘点时若发现问题或对盘点工作有意见，应及时做出记录，并及时追查原因。在未查明问题之前，对溢余、短缺、差错等现象，应及时按规定报送业务部门处理，以保证汽车配件库存的真实性。不能随便以溢余抵冲短缺，防止事后无从查对。若在盘点时发现汽车配件霉烂、变质、残损等情况，应采取积极的挽救措施。

2. 盘点的方式

常用的盘点方式有以下几种：

（1）日常盘点

日常盘点又称永续性盘点或动态盘点，指保管人员每天对有收发动态的配件盘点一次，并汇总成表，见表 4-1-2。

表 4-1-2　　销存明细表　　2020 年 3 月 5 日

提货单号	仓位	车型	零件编码	零件名称	销量	账面存量
S67132	M113/D01	HONDA	KP710-00150	油底壳密封胶	1	7

这是保证库存商品账、货、卡相符的基本方法，能及时发现和防止收发差错，是一种不定期的、局部性的盘点。日常盘点的特点：一是动态复核，即对每天出库的货垛，在发货后随即查点结存数。这种核对费时少，发现差错快，可以有效地提高账、货、卡的相符率。二是巡回核对，即日常翻仓整垛、移仓、过户分垛后，对新组合的货垛或零散的货垛，安排巡回核对。

（2）定期盘点

定期盘点又称全面盘点，是库存盘点的主要方式。由仓库主管领导会同仓库保管员按月、季、年度，对库存商品进行一次全面的清查盘点，故又称为全面盘点、期末盘点，通常用于清仓查库或年终盘点。定期盘点的工作量大，检查内容多，一般把数量盘点、质量检查、安全检查结合在一起进行。开展盘点前，要对账、卡进行一次核对，盘点必须由两人进行，采取以货找账的方法，要求对全部库存商品逐垛、按品种核对。账、货相符的，要在账页上和货垛上做出盘点标志；账、货不相符的，要逐笔做出记录。盘点完毕，需把账页从头到尾仔细检查一遍，如发现无盘点标志的账页，应立即查明原因，及时处理。盘点结束后，保管员应做出盘点记录，注明账、货相符情况，在规定时间内向上级报告。

（3）临时盘点

临时盘点又称突击性盘点，这种盘点是指根据工作需要或在台风、梅雨、严寒等季节进行的临时性突击盘点。若商品突击出、入库时，日常盘点没有及时跟上，在突击出、入库结束后，必须要进行临时性的局部或全部盘点。当仓库保管员调离工作岗位与接替人员交接工作时，在仓库主管或组长的监督下，交接双方应进行临时盘点，以划清所保管商品的数量和质量责任界限。当发生意外事故（如失窃），或对库房、货垛有疑问时，也可以组织有关人员进行临时盘点。

（4）循环盘点

循环盘点也称连续盘点，是指按照商品入库的先后顺序，不论是否发生过进出库业务，都要有计划地循环进行盘点的一种方法。每天、每周按顺序对部分商品进行盘点，到月末或期末则每项商品至少完成一次盘点。

（5）重点盘点

重点盘点是指对进出动态频率高、易损耗、价值昂贵的商品的一种盘点方法。由于库存配件品种多、数量大，每次盘点都要花费大量时间。为了提高盘点效率，平时必须要做到货垛标识清楚，货位编号准确，分层分批拆垛，零头尾数及时进行合并。

3. 盘点结果的申报

（1）报盈亏业务

报盈亏业务是将在仓储管理中合理的商品损耗填制盈亏报表，报领导批准的过程。

（2）报损业务

在仓储管理中，若商品损耗超过允许损耗范围，应填制报损表，并写明损耗原因，经领导处理、审批后报损。一般情况下，保管员应承担一定的经济责任。

4. 盘点后的处理工作

（1）核对盘点单据

盘点开始时发给盘点人员的盘点单，须经统一编号和记数；盘点后按编号将发出的盘点单全部收回，以防计算上出现疏漏。

（2）核账

将盘点单与商品账、卡进行核对，确认是否有盈亏。

（3）追查发生盈亏的原因

将盘点单与商品账、卡进行核对后，若发现盈或亏，要分析追查原因。发生盈亏可能有以下几个方面的原因：商品入库登账时看错数字；运输途中发生的损耗在入库时未发现；盘点工作计数的错误；由于自然特性，某些商品因挥发、吸湿而使重量增加或减少；因气候影响而发生腐蚀、硬化、变质、生锈、发霉等；液体商品因容器破损而流失；单据遗失，收发商品未予过账；捆扎包装错误使数量短缺；衡器准确度问题或使用方法错误。

（4）盘盈或盘亏的处理

查清盈亏原因之后，要研究处理方法，办理调整商品账、卡的手续。

（5）编表与分析

商品盘盈、盘亏与金额增减处理完毕后，编制商品盘点分析表，作库存商品管理考核用。

任务实施

通过相关知识的学习，掌握了汽车配件分区分类、货物堆码和库存盘点的方法，接下来需要完成“任务引入”中提出的任务。

一、配件分类和货位编号

长春迅驰汽配经销店是一家专营一汽捷达轿车配件的商店。公司按品种系列对汽车配件实行分区分类管理，分库集中存放。有发动机库、底盘库、车身电器库和通用库等。发动机库编为1号库，活塞组件就存放在发动机库中。

该公司根据库房面积大小、储存汽车配件的数量和种类，将库房划分为曲柄连杆机构货架，配气机构货架，冷却系、润滑系、燃油供给系、起动系和点火系货架。曲柄连杆机构货位编为1号货架，活塞组件存放在曲柄连杆机构货架。

该公司库房内采用的是与货位大小相等的3层货架，即用型钢制作的货架，用于堆放整件的零星汽车配件。这种货位编号一般从属于段位编号，只要在段位号末加注“上、中、下”字样即可。如“任务引入”中的1号库1号货架3段中层，可写为“1–1–3中”。

小王根据该公司配件分类方法和货位编号方法，知道活塞货位编号是1–1–3中，如图4–1–14所示，即1号库房1号货架3段中层，很快就找到了活塞组件。

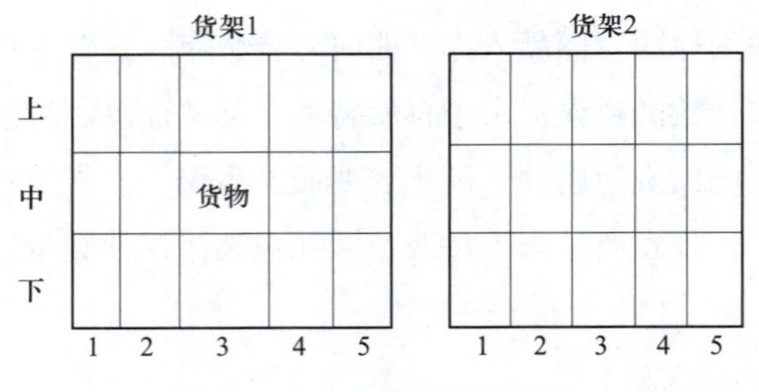

图4–1–14 出库配件的货位

二、发动机配件的堆码

小王要将单位购进的一批汽车发动机配件入库，然后堆码。其中收料单样式见表4–1–3。这些发动机配件有：发动机凸轮轴5个、连杆总成10个、节温器20个、发动机油底壳10个。

表 4-1-3 收 料 单

存放仓库

库区排号：________ 发货方发票日期：________ 号码：________ 承付期：________

供货单位：________ 发运日期：________ 航次：________ 运单号：________

货号：________ 合同号：________ 调拨号：________

零件名称	规格或零件编号	产地	厂家	应收 / 实收	数量	单价 / 元	总价 / 元
发动机凸轮轴	EH/EX 系列	上海	上海 ×× 设备有限公司	应收	3	460	1 380
				实收	3	460	1 380
潍柴配套发动机凸轮轴	61500050096A	潍坊	济南 ×× 有限公司	应收	2	260	520
				实收	2	260	520
发动机油底壳	H2151026010	上海	上海 ×× 设备有限公司	应收	10	180	1 800
				实收	10	180	1 800
连杆总成	8N1721	杭州	浙江 ×× 汽配制造有限公司	应收	10	280	2 800
				实收	10	280	2 800
节温器（75 ℃）	226B	潍坊	潍坊 ×× 汽配制造有限公司	应收	20	90	1 800
				实收	20	90	1 800

5 个发动机凸轮轴放在 1–2–1 货位，即 1 号库房 2 号货架 1 段。

10 只连杆总成放在 1–3–1 中货位，即 1 号库房 3 号货架 1 段中层，按“五五堆码”堆成 2 堆。分别将节温器、发动机油底壳等按以前的存储位置进行放置，并编好卡片，将货位编号记录下来。

三、汽车配件的盘点

到了每个月的固定盘点时间，小王要对仓库的汽车配件进行盘点。目前汽车维修企业和物流中心均已使用专用的汽车配件管理系统，如图 4–1–15 所示。使用汽车配件管理系统可以轻松实现对汽车配件的进货管理、销售管理、库存管理、统计报表、日常管理等。下面简单介绍使用汽车配件管理系统进行“库存管理”时的盘点操作过程。

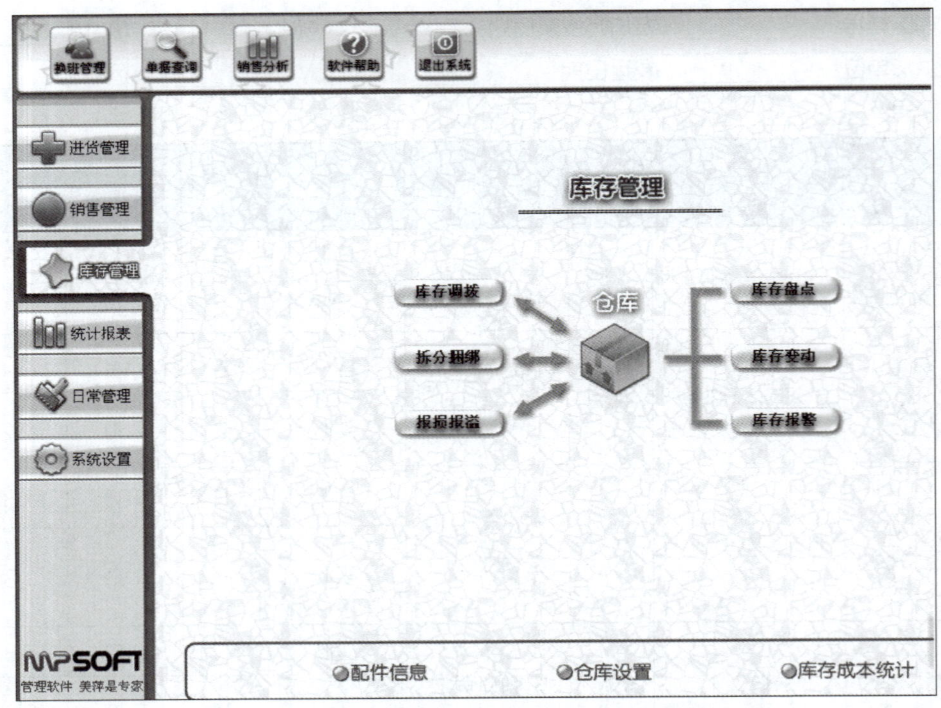

图 4-1-15　汽车配件管理系统软件界面

1. 盘点配件数量

经过盘点，库内计件的汽车配件数量完全正确，并且账与账、账与货也完全对应。

2. 盘点盈亏操作

点击库存管理中的“库存盘点”按钮，选择要盘点的仓库，输入该仓库所有需要盘点的配件，如图 4–1–16 所示。点击“盘盈盘亏”，即可得到该仓库配件的盈亏数量，如图 4–1–17 所示。点击图 4–1–17 中的“打印”生成一个盘点报表，见表 4–1–4。点击“盘盈盘亏信息”（见图 4–1–17）中的“数量误差配件列表”，再点击“打印”，生成一个“数量误差配件列表”。

3. 报损报溢

经过盘点后，小王发现主仓库中有一配件翼子板损坏，应调出该仓库，在配件账簿上修改登记后，还需要利用“库存管理”（见图 4–1–15）中的“报损报溢”生成一个报损表，见表 4–1–5，并注明造成损坏的原因。

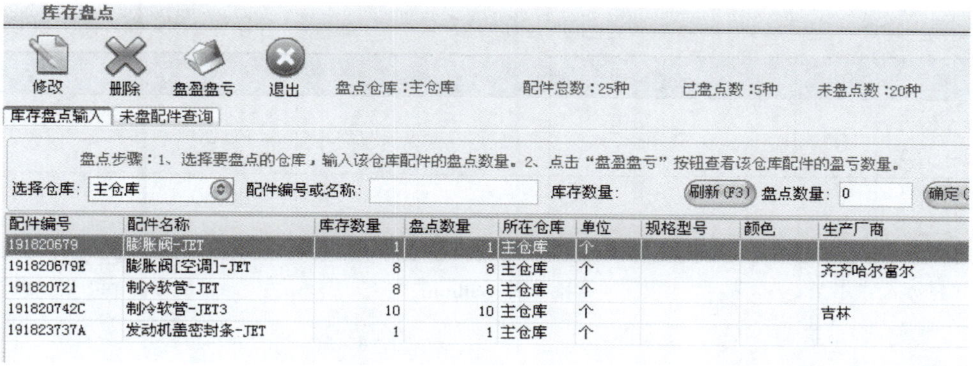

库存盘点

修改 删除 盘盈盘亏 退出 盘点仓库：主仓库 配件总数：25种 已盘点数：5种 未盘点数：20种

库存盘点输入 | 未盘配件查询

盘点步骤：1、选择要盘点的仓库，输入该仓库配件的盘点数量。2、点击“盘盈盘亏”按钮查看该仓库配件的盈亏数量。

选择仓库：主仓库 配件编号或名称： 库存数量： 刷新（F3） 盘点数量：0 确定

配件编号	配件名称	库存数量	盘点数量	所在仓库	单位	规格型号	颜色	生产厂商
191820679	膨胀阀-JET	1	1	主仓库	个			
191820679E	膨胀阀[空调]-JET	8	8	主仓库	个			齐齐哈尔富尔
191820721	制冷软管-JET	8	8	主仓库	个			
191820742C	制冷软管-JET3	10	10	主仓库	个			吉林
191823737A	发动机盖密封条-JET	1	1	主仓库	个			

图 4-1-16　库存盘点输入

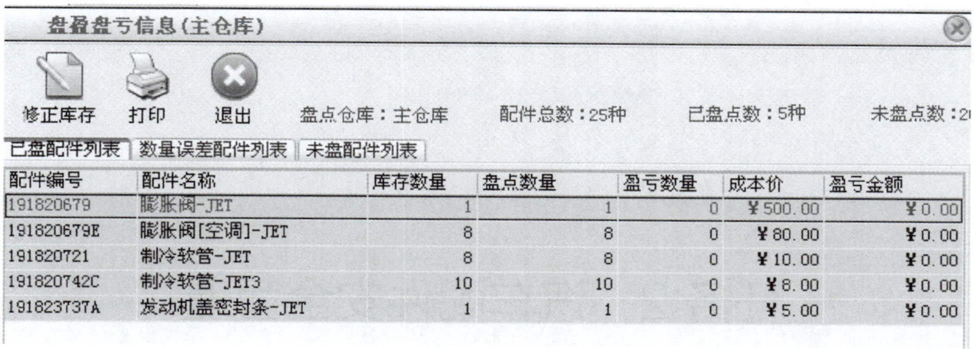

盘盈盘亏信息（主仓库）

修正库存 打印 退出 盘点仓库：主仓库 配件总数：25种 已盘点数：5种 未盘点数：2

已盘配件列表 | 数量误差配件列表 | 未盘配件列表

配件编号	配件名称	库存数量	盘点数量	盈亏数量	成本价	盈亏金额
191820679	膨胀阀-JET	1	1	0	￥500.00	￥0.00
191820679E	膨胀阀[空调]-JET	8	8	0	￥80.00	￥0.00
191820721	制冷软管-JET	8	8	0	￥10.00	￥0.00
191820742C	制冷软管-JET3	10	10	0	￥8.00	￥0.00
191823737A	发动机盖密封条-JET	1	1	0	￥5.00	￥0.00

图 4-1-17　盘点盈亏信息

表 4-1-4　　盘 点 报 表

盘点仓库：主仓库　　打印日期：2020-7-6

配件编号	配件名称	库存数量	盘点数量	盈亏数量	盈亏金额
191820679	膨胀阀 -JET	1	1	0	0
191820679E	膨胀阀 [空调]-JET	8	8	0	0
191820721	制冷软管 -JET	8	8	0	0
191820742C	制冷软管 -JET3	10	10	0	0
191823737A	发动机盖密封条 -JET	1	1	0	0
合计	品种合计 5	28	28	0	0

表 4-1-5 配件报损表

调出仓库：主仓库　　日期：2020-7-7　　单号：BS060410010001

配件名称	单位	规格型号	颜色	数量	单价 / 元	总金额 / 元	备注
翼子板 L 前 -STA	个			1	20.00	20.00	
本页合计				1		20.00	
备注	损坏						

经办人：小王　　操作员：admin　　当前第 1 页 / 共 1 页

思考题

1. 汽车配件分区分类应该注意哪些事项？
2. 常见的汽车配件堆码方式有哪几种？
3. 汽车配件仓库的盘点方式有哪些？

任务 2　汽车配件安全管理

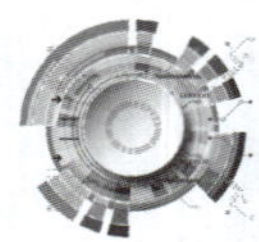

任务目标

- 了解汽车配件更换周期。
- 掌握仓储保管的条件和安全管理常识。
- 掌握汽车配件更换周期。
- 能根据保管条件和安全管理常识进行仓储管理。

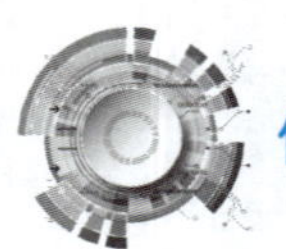

任务引入

刚当上配件管理员不久的小王接到通知，几天后上级领导要来检查配件的保管和日常保养情况，以及配件仓库的消防安全情况。经理让小王将仓库中的配件全部检查一遍，该除锈的除锈，该做清洗和养护的进行清洗和养护，并将消防、防盗等各项安全设施也检查一遍。小王觉得安全设施没有什么可检查的，因此就没有检查。对于汽车配件，也不知道该怎样维护，只是清点了数量，打扫了库房卫生。上级领导来到仓库后，发现了几处火灾隐患，而且发现有些配件已经过了储存期限，有的配件放错了库房，有的配件应该加垫保管，有的配件已经生锈和老化等。小王因此受到了经理的严厉批评。

如果你是配件管理员，你要怎样做好配件的保养和仓库的安全管理工作呢?

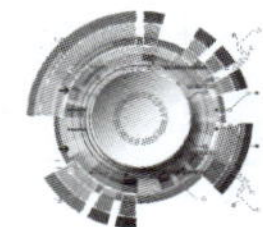

任务分析

仓库环境管理和安全管理是仓库管理的重要组成部分，是关系到企业财产和人员生命安全的大事，一定要给予足够的重视。小王既不重视仓库安全，也不了解仓库环境管理、安全管理方面的常识，不知应该怎样仔细检查。作为一名配件管理员，应该了解一些汽车配件保管、保养、维护和仓储管理方面的知识。

相关知识

一、汽车配件更换周期

汽车零部件由于结构和功能的区别，使用寿命和最佳使用时限都不同，所以对于配件管理员来说，掌握汽车上各个零部件的更换周期很重要。

1. 轮胎：轮胎的更换周期为 30 000 ~ 40 000 km，如图 4-2-1 所示。

图 4-2-1 轮胎

再耐用的轮胎也有固定的寿命。在正常情况下，一个轮胎的更换周期是 30 000 ~ 40 000 km。轮胎侧面若出现裂纹，即使没有达到行驶里程，为安全起见也要更换。另外，当胎纹深度低于 1.6 mm，或者胎纹已经达到磨损指示标记时，必须更换轮胎。

2. 蓄电池：蓄电池的更换周期为 50 000 ~ 60 000 km，如图 4–2–2 所示。

图 4–2–2　蓄电池

蓄电池通常在 2 年左右视检查情况更换。值得注意的是，平时在车辆熄火时，要尽量少使用车辆的电气设备，防止蓄电池亏电。

3. 制动片：制动片的更换周期为 30 000 km，如图 4–2–3 所示。

制动系统的检测尤为重要，直接影响到生命安全。一般情况下，制动片会随着行驶里程的增加而逐渐磨损。当制动片厚度不到 0.6 cm 时就必须更换。正常行驶的情况下，每 30 000 km 更换一次制动片。

4. 刮水器：刮水器的更换周期为 1 ~ 2 年，如图 4–2–4 所示。

图 4–2–3　制动片

图 4–2–4　刮水器

刮水器最好一年更换一次。日常使用刮水器时，要避免“干刮”，这样很容易损伤刮水器，严重时还会造成汽车玻璃的损伤。

5. 空气滤清器：空气滤清器的更换周期为 20 000 km，如图 4–2–5 所示。

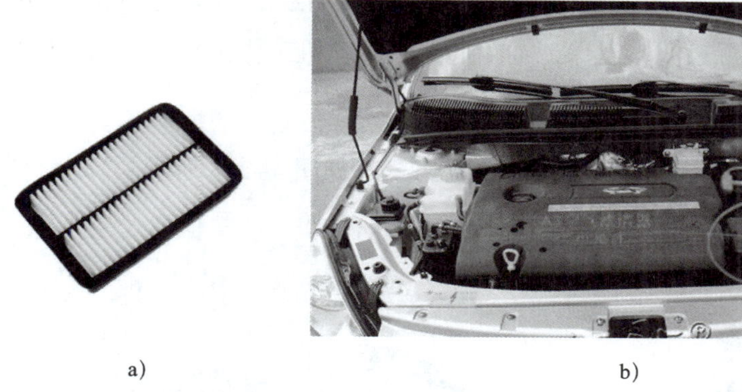

图 4–2–5　空气滤清器及其安装位置

a）空气滤清器　b）空气滤清器的安装位置

空气滤清器的主要作用是阻隔发动机在进气过程中吸入的粉尘和颗粒，如果过滤网长期得不到清洁和更换，就无法将灰尘和颗粒过滤掉。若发动机内吸入粉尘，会造成气缸非正常磨损。空气滤清器最好每 20 000 km 更换一次，每 5 000 km 清洁一次，用气泵吹干净即可，不要用液体清洗。

6. 机油滤清器：机油滤清器的更换周期为 5 000 km，如图 4–2–6 所示。

图 4–2–6　机油滤清器及其安装位置

a）机油滤清器　b）机油滤清器的安装位置

为确保机油油路的清洁，防止杂质混入机油中造成氧化而产生胶质和油泥堵塞油路，发动机在润滑系统中装有机油滤清器。机油滤清器应在行驶 5 000 km 后与机油同时更换。

7. 汽油滤清器：汽油滤清器的更换周期为 10 000 km，如图 4–2–7 所示。

随着国六标准的实施，汽油质量在不断提高，但难免会混入一部分杂质和水分，因此汽油进入汽油泵必须进行过滤，以保证油路通畅，发动机工作正常。汽油滤清器是一次性使用件，每隔 10 000 km 需进行更换。

8. 火花塞：火花塞的更换周期为 30 000 ~ 50 000 km，如图 4–2–8 所示。

图 4–2–7　汽油滤清器

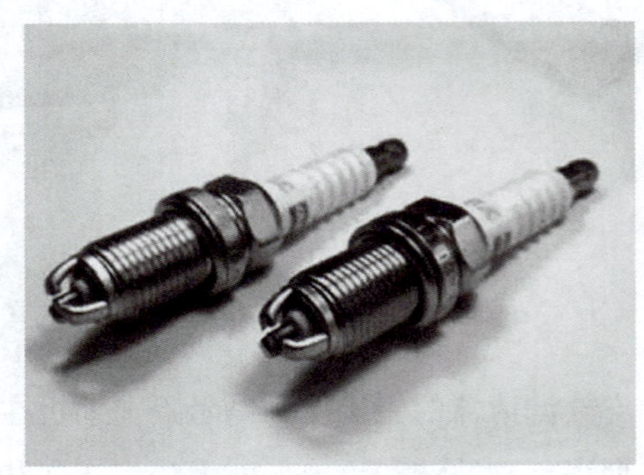

图 4–2–8　火花塞

火花塞直接影响发动机的加速性能与油耗表现，如长时间缺乏保养或没有按时更换，将导致发动机严重积炭，气缸工作失常。火花塞每 30 000~50 000 km 需更换一次，需要更换的标志是不跳火，或电极放电部分因烧蚀而成圆形。选择火花塞时，需先确定汽车所使用的火花塞的型号、热度等级等。

9. 减振器：减振器的更换周期为 100 000 km，如图 4–2–9 所示。

漏油是减振器损坏的先兆，另外，在坑洼路面上行驶时颠簸明显加剧或制动距离变长也是减振器损坏的征兆。

10. 前照灯：汽车前照灯的更换周期为 50 000 km 或 2 年，如图 4–2–10 所示。

汽车前照灯担负着夜间行车的照明工作，相当于汽车的双眼。一般来说，每行驶 50 000 km 或者 2 年左右，前照灯灯泡的亮度就会减弱，如果确实有亮度不足的情况，建议更换灯泡，推荐左右两侧同时更换以免两侧亮度不同。

11. 油类：自动变速箱油每 40 000 km、手动变速箱油每 60 000 km 或 3 年、差速器油每 60 000 km 或 3 年都需要定期更换。

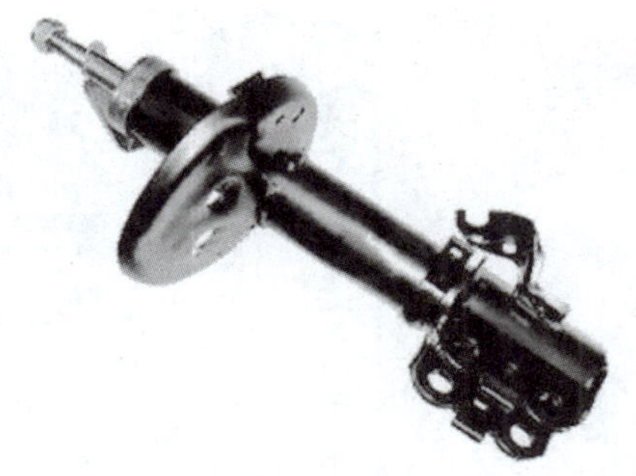

图 4-2-9 减振器

图 4-2-10 前照灯

12. 发动机相关零部件：发动机是汽车正常行驶的重要部位，定期更换发动机相关零部件，对维持车辆的正常使用有重要的作用。

（1）正时传动带的更换周期为 50 000 ~ 60 000 km；传动 V 带的更换周期为 40 000 km 左右；汽油软管的保养周期大约为 80 000 km。

（2）防冻液的有效期一般为 1 ~ 2 年，正常更换防冻液的周期是车辆行驶两年，但也有例外，尤其是夏季防冻液更容易过期。有些防冻液使用一年会出现大量颗粒沉淀，这时则应更换防冻液，如图 4-2-11 所示。在更换汽车防冻液时，要更换同种品牌，不能混加，而且最好选择一年四季都可以使用的防冻液。

13. 汽车底盘零部件：汽车底盘性能良好是汽车安全出行的重要保证，尤其是雨季。专业数据显示，汽车底盘零部件的更换周期为：底盘制动片约 10 000 km，离合器零部件约 80 000 km，自动变速箱油约 40 000 km，其他零部件的更换周期视情况而定。汽车底盘零部件的检修和更换如图 4-1-12 所示。

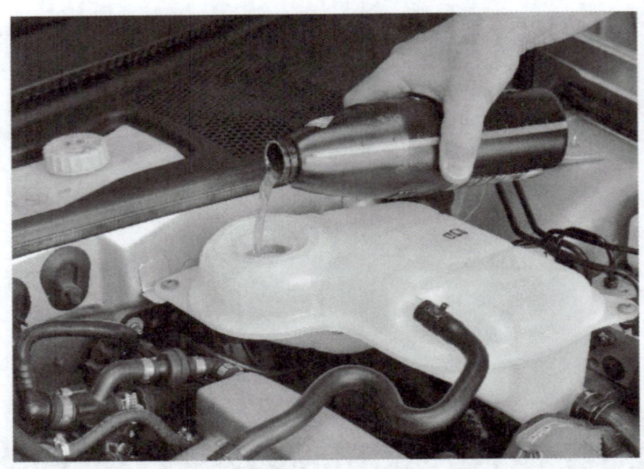

图 4-2-11　更换防冻液

图 4-2-12　汽车底盘零部件的检修和更换

二、汽车配件的存储

汽车配件的存储必须根据不同的材料、结构形态和质量以及技术性能等多方面的要求，提出不同的存储条件；为了保障汽车配件的存储安全，避免存储期间产生配件霉变、失准、变形、破碎等损失，必须采取相应措施。做好保管工作，不仅要求保管过程中配件的品名、规格、数量账实相符，更应保证其质量不受损坏。一旦发现库存配件异常，必须及时报告，以便采取维护措施，尽早和尽可能地挽回产品在保质期内的损失。

1. 配件的存储条件

（1）密封

仓库密封就是把整库、整垛或整件商品尽可能地密封起来，降低外界不良气候条件的影响，以达到商品安全存储的目的。

密封存储的形式有四种：整库密封、按垛密封、货架 / 柜 / 橱密封和按件 / 箱密封，日常仓库中采用按件 / 箱密封。

（2）通风

通风就是利用库内外空气温度不同而形成的气压差，使库内外空气形成对流，来达到调节库内温湿度的目的。

按通风目的的不同，可分为利用通风降温或增温、利用通风散潮两种情况。

（3）吸潮

吸潮是与密封配合，用以降低库内空气湿度的一种有效方法。在梅雨季节或阴雨天，当库内湿度过大，又无适当通风时机时，可在密封库里采用吸潮的方式来降低库内的湿度，常采用吸潮剂或去湿机吸潮。

2. 配件存储的影响因素

汽车配件的品种繁多，因为使用材料和制造方法的不同而各具特点，它们有的怕潮、有的怕热、有的怕光、有的怕压等。配件在存储中会受到诸多因素的影响而发生变化，甚至会影响到这些配件的质量和正常使用。另外，在配件存储的过程中，若不注意，还可能引发火灾。

（1）火灾

在汽车配件仓库中有许多可燃物质，如仓库中储存的一些油类和液体；氧气、乙炔、油料、漆类等物品；维修和保养中更换下来的废油；洗涤配件后的废油液；沾有易燃液的抹布；工作中使用的油类、破布棉纱等。因此，在汽车配件仓库中一定要按规范操作，否则很可能会引发火灾。

（2）温度

汽车配件适宜的储存温度有一定的范围。例如，橡胶类配件在 25 ~ 30 ℃时，柔软而富有弹性；在温度高于 40 ℃时，则软化发黏；在 10 ℃以下时，又会变硬变脆，失去弹性，强度下降。软木纸及垫的适宜储存温度为 18 ~ 25 ℃。一些酚醛塑料制品在温度达 40 ℃以上时，会发生变形，某些有油漆防护层的配件也会出现龟裂现象。金属制品对温度也有一定的要求，因为金属配件表面涂有保养油或蜡，遇到高温后，保养油或蜡易融化，所以必须关注仓库内的温度变化。一般来讲，配件适宜的存储温度为 20 ℃左右。

（3）湿度

配件存储环境的湿度也会影响配件的质量。例如，金属配件本身虽不吸潮，但当湿度大时，在金属表面会凝结一层极薄的水膜，甚至形成水珠，加速其氧化生锈。因此对于金属配件，特别是精密配件，尤其应注意防潮。

石棉制品也怕潮湿，如汽车各类衬垫（片）受潮后，会出现片状雪斑，使其使用性能降低。相对湿度大于 85%，温度在 30 ℃以上时，会使电器配件及绝缘制品受潮，性能下降。相反，还有一些配件，当相对湿度过低（一般小于 50%）时，也会对其使用性能产生不良影响。如油封用的橡胶和皮革在相对湿度过低时会干裂、发脆，各种纸垫块、木纸等也会发生伸缩变形。一般库内的相对湿度应保持在 70% 左右为宜，但是不同材质的汽车配件对相对湿度的要求又各不相同。例如，轮胎存储的相对湿度以 50% ~ 80% 为宜，软木纸存储的相对湿度以 40% ~ 70% 为宜。

（4）锈蚀

钢铁是汽车配件使用较多的黑色金属材料，其特点是在潮湿的环境中容易氧化生锈，表面形成一层淡红色或暗褐色的细状粉末（即氧化铁）。由于氧化铁结构疏松，容易继续吸湿，若不及时清除保养，会促使金属进一步氧化锈蚀，出现蚀坑，破坏其表面精度。根据实践经验，若配件上油（蜡）前清洗较彻底，油（蜡）配方合格，配件一般可储存 5 年以上不锈蚀。否则，一年内配件表面即呈黑灰色或出现片状黑色污斑痕迹。

铜、铝等有色金属也是汽车配件的常用材料。铜制产品与空气中的氧气、二氧化碳、水蒸气接触后，会生成绿锈，这就是铜制品的锈蚀表现。铝与空气中的氧气接触，会产生一层氧化铝薄膜，也就是铝锈，氧化铝薄膜能够阻止其继续氧化。但氧化铝若与空气中的酸及碱接触则会被破坏，产生白色粉末状的腐蚀物，加速铝的氧化。

为防止氧化，很多金属配件都镀有防护层，如镀铬配件呈青光色，外表光亮，抗腐蚀性强。但若灰尘长期包裹表面，镀层会失去光泽，逐渐变暗。镀锡配件呈灰白色，有轻微光泽，但容易被坚硬物质划伤，划伤后若室内湿度太大，会从镀层内部生锈。镀铜配件呈淡红色，不宜久放，储存时间稍长即变成白红色，特别是与二氧化碳及酸接触后，表面会产生绿斑，影响美观。有油漆防护层的配件，表面坚韧而光亮，装饰性和抗蚀性均好，但受阳光辐射的影响，会发生褪色和脆裂。如果遇到油脂，也容易使漆层脱落。

除镀防护层和涂漆外，还可以采用涂防锈油、涂防锈脂、包裹可剥性塑料胶囊等方式来防止金属锈蚀。此外，对于金属制品等忌潮汽车配件，一般应加枕垫，以防锈蚀。枕垫的高度一般为 10 ~ 30 cm，作用是隔潮和通风。

（5）老化

高分子材料在汽车上的应用越来越多。高分子材料在外界因素的作用下，品质可能发生变化，出现色差、脆裂、僵硬、发黏等现象，引起各种性能的改变，这些现象就是老化。严重的老化会使配件失去使用价值。高分子制品老化的原因：一是受外界因素的影响，如光、热、气等使高分子制品老化；二是高分子制品内的增塑剂挥发，也会使制品老化。

防老化的方法：严格控制高分子制品的存储条件，库房要清洁干燥，避开热源，避免日光直射，控制和调节好库房温湿度，合理堆码，防止重压。也可以采取涂漆、涂蜡、涂油、涂防老化剂等方法，防止老化。

（6）辐射与干裂

适宜的日光能蒸发多余的水分，对有些配件能起到良好的保护作用。但是，过强的日光经常照射在配件上，也会产生不良影响。如橡胶制品和塑料制品、转向盘、分电器盖、蓄电池壳等配件，若长期处于光照下，会很快失去光泽，并老化、龟裂、发黏和失去弹性。汽车玻璃在长期日照和冷热温度变化较大的环境下，会发生自然碎裂。金属制品、收音机等也应避免日光照射。油漆类、润滑油类、汽车养护用品等汽车用品在阳光辐射下有易燃和变质的可能性，要注意避免阳光对上述配件产品的强辐射。

（7）油类腐蚀

轮胎、水管接头、V 带等橡胶制品怕沾上柴油、润滑脂、机油、凡士林和全损耗系统用油，尤其怕沾汽油。若经常与这些油类接触，就会使上述橡胶配件膨胀、老化，加速损坏报废。

干式纸质空气滤清器滤芯不能沾油，否则灰尘、砂土黏附会将滤芯糊住，导致气缸的进气阻力增大，气缸充气不足，影响发动机的功率。

发电机、起动机的碳刷和转子若沾上凡士林、润滑脂油和机油，会造成电路断路，工作异常，甚至不能起动汽车。

散热风扇传动带和发电机传动带若沾上油，就会导致传动带打滑，影响冷却和正常发电工作。

干式离合器的各个制动片应保持清洁干燥，若沾上油就会打滑。同样，制动蹄片如果沾上油，则会影响制动效果。

散热器沾上机油、润滑脂后，砂尘会黏附其上，不易脱落，会影响散热效果。

（8）脏污等其他因素

尘土和杂物不仅影响仓库的清洁卫生，而且会严重威胁库存配件的质量和安全，会加速金属配件的锈蚀，并使电器元件的绝缘性能变差，影响仪器仪表的精密度和灵敏度，还会影响收录机的使用效果。各种虫害对库存配件的质量和安全影响也很大。蛀虫、老鼠等常常咬坏一些线织布质的配件和汽车坐垫，咬坏配件的包装物（包装木箱、纸箱、纤维板箱等），而且会毁坏建筑物的木质部分以及木质垫板、枕垫等。

三、特殊配件的存放

1. 爆振传感器的存放

爆振传感器受到重击或从高处跌落会损坏。为防止取放时失手跌落，这类配件不应放在货架或货柜的上层，而应放在底层，且应分格存放，每格放一个，下面还应铺上海绵等软物作保护。

2. 减振器的存放

减振器在车上是承受垂直载荷的，长时间水平放置会使减振器失效。因此，在存放减振器时，要将其竖直放置，水平放置的减振器在装上汽车之前，要在垂直方向上进行几次手动抽吸。

3. 塑料油箱的存放

为减轻整车装备质量，越来越多的车型采用塑料油箱。塑料油箱在存放过程中有两个方面要引起注意：第一是因为塑料容易变形，应将有塑料螺纹安装孔的塑料盖子盖上并拧好，防止长时间存储发生变形，使盖子拧不上或者拧上后密封性较差，而发生燃油泄漏事故；第二是所有孔都要盖上防尘盖，以防灰尘杂质进入油箱。因为塑料油箱上没有放油螺塞，一旦带有灰尘杂质的油箱装上车后，如果要将杂质排出，只能将油箱拆下来清洗。

四、汽车配件的消防工作

为做好汽车配件的消防工作，一定要确定防火责任人和建立岗位防火责任制，把防火工作落实到人，并通过岗位责任制将防火工作制度化、经常化。

1. 仓库防火安全管理制度

（1）目的：加强工厂仓库管理工作，确保库存物品安全。

（2）适用范围：适用于工厂范围内所有仓库的管理。所属各部门可依据本规定，结合实际制定具体的规定。

（3）管理规定主要包括：

1）所有仓库，应设专（兼）职仓库保管员，负责库房的日常管理。

2）所有物料，无论是新购入还是领后收回，必须履行验收入库登记手续。

3）库房应通风，照明良好，门窗完好，不漏雨。

4）库房应有醒目的安全警示标志，无关人员不得随意出入。库管人员离开时必须锁门。

5）库房内禁止吸烟，动用明火必须经生产部门安全管理者批准，并采取相应的安全措施。

6）库房应配置消防器材，消防器材应当设置在明显和便于取用的地点，周围不准堆放物品和杂物。库管人员应能熟练使用。

7）库房内敷设的配电线路，需穿金属管或用非燃硬塑料管保护。应当在库房外单独安装开关箱，保管人员离库时，必须拉闸断电。禁止使用不合规格的保险装置。

8）库房内不准人员住宿、休息，不准使用电炉、电烙铁、电熨斗等电热器具和电视机、电冰箱等家用电器。

9）物料的存放应符合以下要求：

①物品应分类存放，置放有序。应保持一定的通道，严格按照安全“五距”进行堆码，且主要通道的宽度不小于 2 m。

②库管员应根据物料说明书的要求，采取适当的保存措施，确保物料存储环境符合规定。

③易燃、易爆、易腐蚀等化学危险品应单独设库，确无条件时，也必须隔离，单独存放，并做好专门的标识，在醒目处标明储存物品的名称、性质和应急处置方法。

④易燃、易爆、易腐蚀等化学危险品的包装容器应当牢固、密封，发现破损、残缺、变形和物品变质、分解等情况时，应当及时进行安全处理，严防跑、冒、滴、漏。

10）要严格控制易燃易爆、有毒有害化学用品和化工用品的发放，需要领用时必须经有关领导同意。

11）库房管理人员应定期检查库存物资状况，仓库管理单位（部门）应定期组织盘点。

12）仓库管理单位（部门）应把库房作为日常安全巡逻、例行安全检查的重点，及时发现、处置安全隐患，防止安全事故的发生。

2. 仓库防火工作注意事项

严格实行仓库分区分类管理。为了防止火灾的发生，要注意做好以下防火工作：

（1）严禁生火取暖、加注汽油等操作，严禁抽烟和乱丢烟火。

（2）库内不准用汽油擦地，工作中使用的油类、破布棉纱、沾有易燃液的抹布等，用后必须及时清理，存放在固定的桶内并加盖，不用的浸油棉纱要定期清除，防止自燃。

（3）油料库内不准存放化学物品和易燃易爆物品，凡进入油料库的人员，严禁携带易燃易爆物品，不准穿钉子鞋，以免擦碰出火花。

（4）油料库必须有防火、避雷装置和消防设施。例如，要设置泡沫灭火剂，它适用于扑灭一般固体和石油及其他油类发生的火灾，另外要有给水装置和简易工具（太平斧、铁锹、砂箱、梯子等）以及消防信号等。要将各种消防设备存放在固定地点，排放整齐，各种消防器材应注明设置日期和保管人，定期检查消防砂箱、水桶、灭火器等确保其处于使用状态，不得任意挪动和他用。

（5）能自燃的物品和化学易燃物品应放置在温度较低、通风良好的场所，必须分库储存，并标明储存物品的名称、性质和灭火方法。应有专人定时测温。

（6）化学易燃物品的包装容器应牢固、密封，发现破损、残缺、变形和物品变质、分解等情况时，应立即进行安全处理。

（7）仓库内的照明线路、电线和电器设备，必须装有符合要求的保险装置，要经常检查是否有破损、金属裸露及老化等现象，严防因短路或超负荷影响安全。

五、汽车配件的防盗工作

仓库是企业存放生产设备和产品的地方，仓储是企业生产和经营的重要一环，企业为了避免财产损失要做好仓库防盗工作，可以从以下三方面进行。

1. 人防

仓库管理人员看管的都是比较贵重的物品，为了应对特殊情况，企业应尽可能安排年轻力壮者负责这项工作，重点仓库应多安排人手。在仓库管理人员上岗前应进行一些被盗应急措施方面的培训，当然也要熟悉仓库周边环境。

2. 仓库设计

因为仓库里存放的大多是贵重或者对生产很重要的物品，因此在仓库建立时期就要考虑到防盗的需要。除了墙体要厚，防止暴力破坏之外，对一些重要的地方也要进行多重加固，例如多装几重锁具，提高围墙的高度，在围墙顶端装一些尖锐的物品并在墙上贴上警示语，在仓库大门等有门窗的地方进行特别的加固处理等。以上措施虽然不能完全制止偷盗，但因为偷盗难度增大，增加了作案的成本和风险，对保护仓库中的重要物资也会取得良好的效果。

3. 安装视频监控设备

在仓库内部和附近的围墙、进出口、窗户等地方安装红外对射、手机视频监控等安防监控产品，其强大的实时报警和摄像功能让管理人员无论身处何地都能查看仓库里面和周围的情况，无论是对震慑行窃者还是协助警方破案都有成效。此外，安装视频监控设备不仅对防盗有作用，还能有效防止火灾等意外情况的发生。

保卫工作是仓库安全管理的重要组成部分，要建立健全保卫机构，成立群众性的治安保卫委员会，还可以与周围单位共同组建治安联防组织，并加强与当地公安机关的联系，以保证汽车配件仓库的安全。

任务实施

在领导进行安全检查之前，小王应该按照如下流程对仓库进行检查：检查防火设备及火灾隐患→检查仓库防盗工作→检查仓库的温湿度→检查配件的养护情况→检查仓库内外卫生等，并对发现的问题进行适当的处理。

一、检查防火设备及火灾隐患

1. 检查防火设备

仓库中的2个灭火器挂在仓库外面墙上，离地面高度1.5 m左右，符合要求，可以随手使用，经检查喷嘴无堵塞现象，消防水桶内的水也是满的。

经检查，仓库内的消防警报信号和防盗报警信号均正常。

2. 检查火灾隐患

所有油品、易燃品均分类保存在阴凉处，附近无火源。洗涤和更换后的废油液、不用的棉纱、抹布等已统一送到安全的地方并销毁。地上的油迹和污渍已清理。经检查，仓库内所有用电设备的保险装置及线路等情况均符合防火要求。

二、检查仓库防盗工作

仓库是财产的集中地，小王对仓库的防盗工作进行了检查。经检查，仓库建筑物已进行多重加固，仓库内和附近的围墙、进出口、窗户等位置已安装红外对射、手机视频监控等安防监控设备，且仓库工作人员上岗前已进行被盗应急措施方面的培训，汽车配件仓库的安全能够得到保证。

三、检查仓库温湿度

在仓库中部放置温、湿度表，在仓库外适宜的地方放置百叶窗箱，内置温、湿度表，以便对比观察仓库内外温、湿度的变化数值。

仓库内温、湿度的检查结果：因为正值夏季，仓库又在顶层，仓库内温度为26 ℃（偏高），相对湿度为70%（偏大）。

应当采取通风的方法进行降温，开启仓库门窗，让库内外的空气进行自然对流。另外，在仓库上部装设有排气扇，下部装设有送风扇，打开风扇，以加速空气的交换，将配件仓库内的温度控制在20 ℃左右。

在仓库密封的条件下利用机械吸潮或吸潮剂来降低库内的湿度，使湿度保持在50%左右。

四、检查配件的养护情况

1. 清洗汽车配件

（1）清洗金属配件

金属配件的清洗有两种方法。一是冷洗法，即将配件放于盛有煤油、汽油的盆里清洗干净并吹干。二是热洗法，即将氢氧化钠溶液加热至 70 ~ 90 ℃后，将配件放入，煮 10 ~ 15 min 后取出，用清水冲净并吹干。铝合金零部件不能用氢氧化钠溶液清洗。

（2）清洗非金属配件

橡胶配件应用酒精或制动液清洗，皮质配件（如油封的皮圈）须用干布擦拭。

（3）清洗电气配件

电气配件只能用汽油擦拭，不能用煤油、柴油或金属清洗剂清洗。

电气配件表面污物分水溶性和非水溶性两类。水溶性污物可用碱性溶液清洗，非水溶性污物可用石油溶剂清洗。

1）碱性清洗液对轻度的油污清洗有效，如氢氧化钠溶液、碳酸钠溶液、磷酸三钠溶液、硅酸钠溶液等。如需提高清洗效果，可加入少量的表面活性剂。

2）石油溶剂清洗液是机械产品的常用清洗液，但易燃、易挥发，使用时必须注意安全。常用的主要有：200 号溶剂汽油或工业汽油；煤油，主要用于清洗几何形状较为简单的钢铁配件；添加防锈剂的汽油或煤油，添加剂一般为 204–1 号防锈油，加入量为总量的 2% ~ 3%。

2. 检查配件的储存期限

各类汽车配件出厂时，都规定了保证产品质量的储存期限，如各类金属配件在正常保管条件下，自出厂之日起，生产厂保证在 12 个月内不锈蚀。还有一些橡胶制品、制动片、离合器片、蓄电池等都有一定的储存期限。如果超出期限，就会影响使用性能或使用寿命。小王应将即将到期但还不影响使用的配件逐一登记，以便优先出库。

3. 执行汽车配件在库检查

汽车配件在库检查是指对库存汽车配件的质量情况进行检查。

（1）为汽车配件排队

检查之前，应对库存汽车配件进行排队，并把排队要检查的品种登记在记录簿上，以备开箱检查。按以下四种情况检查并为配件排队：

1）容易发生异状和包装较潮湿的汽车配件。

2）已有异状尚未处理的汽车配件。

3）接近失效期或储存已久的汽车配件。

4）储存条件较差的汽车配件。

（2）检查配件包装

凡有包装的配件，一定要保持其内外包装完好，如果损坏了包装，在某种意义上讲，就等于影响了配件的质量。因为包装的目的是防潮、防尘、防碰撞，以保护配件质量。

（3）检查记录

检查之后，要把检查结果详细填写在“库存汽车配件质量检查卡（记录）”中，并在检查过的汽车配件包装上粘贴检查标记（保留到最后出库）。

（4）建立配件保养制度和进出库制度

应该建立配件保养制度，定期对滞销积压及受损配件进行必要的保养。库存配件应严格执行先进先出的原则，尽量减少配件在库时间，使库存不断更新。

（5）维护汽车配件

1）注意检查配件是否有生锈和磕碰伤。如检查活塞销、气门、气门挺杆、推杆、摇臂轴、曲轴、凸轮轴等，若发现生锈或磕碰伤，轻微的可以用机械抛光或用 00 号砂纸轻轻打磨的办法予以去除，然后重新涂油防护。情况严重而影响其使用质量的，需要进行修复并降价处理。

2）配件的铸锻毛坯面往往由于清砂或清洗不净，残留氧化皮或热处理残渣，虽然经过涂漆或蜡封，但在储存中仍极易生锈，严重的会有大块剥蚀现象。这种情况必须彻底清除和清洗干净，然后重新涂漆或蜡封。

3）电器仪表配件往往由于振动、受潮导致绝缘强度遭到破坏、触点氧化、气隙走动、接触电阻增大等故障，保管过程中要保证其工作性能。

4）蓄电池和蓄电池正负极板往往由于包装不善或未注意防潮，短期内便造成极板的氧化发黄，长时间后则会造成极板的硫酸铅化，因此在储存时必须注意防护。

5）由铸铁制成的配件，如制动鼓、气缸体、气缸盖、起动机壳等，往往容易在搬运中磕碰，造成破裂或缺损，除端盖可以更换外，其他均无法修复，终成废品。

6）注意检查玻璃制品有无破损，橡胶配件有无自然老化，石棉制品有无损伤裂缺等现象。若有，这些都无法进行修补。

4. 检查库房和货位是否合适

在安排库房和配件进库的具体货位时，应把不同类型、不同性质的配件，根据其对储存条件的要求，分别安排在适当的仓库和货位。例如，小王应将忌潮的金属配件集中放在通风、向阳的位置；将忌高温、易挥发的配件放在避光的、温度较低的库房；当温度较低时，将怕冻的汽车配件存放在暖库或保温库内。

另外，性质互相抵触或易串味的汽车配件不应存放在一起，以免相互产生不良的影响。对于化学危险物品，应按照相关规定，严格分区分类安排存储场所，以免发生事故。

五、检查仓库内外卫生

存储环境的清洁是安全存储汽车配件的重要条件。应根据仓库卫生制度和卫生标准，将仓库内外彻底打扫一遍，保证地上无垃圾和尘土；在仓库死角喷洒灭虫剂，杀死虫卵；检查仓库内的孔洞、缝隙以及配件包装、建筑的木质结构等，保证其不能有虫害。

思考题

1. 汽车配件存储的影响因素有哪些？
2. 如何做好汽车配件的消防工作？

任务 3 汽车配件的出库

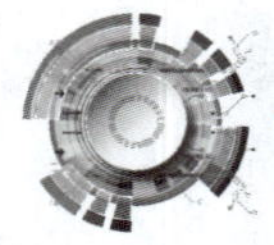

任务目标

- 掌握汽车配件出库的要求和流程。
- 能根据出库要求进行汽车配件的出库作业。

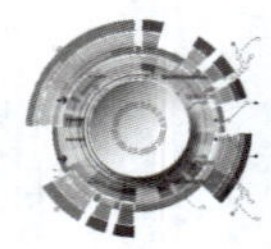

任务引入

河北省某企业根据需要，在 2020 年 3 月 5 日从某物流配送中心订购了氙气灯、倒车雷达、空气滤清器、汽油滤清器和机油滤清器，要求 3 月 10 日前发货。在物流配送中心做仓管员的小李于 3 月 8 日接到提货单（见表 4-3-1），根据经理要求，他要在 3 月 10 日前完成这些配件的出库作业。

表 4-3-1 提货单

操作卡：__________

车牌：__________

挂账账户：__________ 开单日期：2020 年 3 月 8 日

品名	型号	产地 / 公司	单价 / 元	提货数量	金额 / 元
汽油滤清器	1GD 127 401	温州某汽配制造有限公司	16	100	1 600
空气滤清器	TK2136	香港通汽	16	100	1 600
机油滤清器	JX0604A	河北固安	50	100	5 000
氙气灯	YR-802	浙江元润	670	50	33 500
倒车雷达	佳能 3113	广东 ×× 公司	570	50	28 500
发往地：	河北 ×× 汽车贸易公司				

备注：

营业员：________ 仓务员：________ 领料：________ 合计金额：70 200 元

任务分析

汽车配件出库标志着存储保管阶段的结束，把好“出货关”是仓库管理工作的重要一环。与入库验收环节一样，配件出库也意味着配件管理责任的转移。作为仓库保管员，虽然出库等于把管理责任从自己的手中移交到别的部门，但同样要做到认真负责、精心作业，不能出任何差错。

仓库中的新件和旧件、合格和不合格的配件一定要严格区分，出库时应该仔细查看清楚。下面就来学习配件出库作业的要求和程序。

相关知识

一、汽车配件出库的要求

配件的出库一定要做到迅速、准确，必须根据合法的出库凭证，同时要贯彻合理的出库原则，防止长期积压、生锈和辅料过期变质；通过不同的出库核算方法对库存进行核算；出库凭证不全的一定不出库，在出库后要做好配件出库的登记。

1. 汽车配件出库相关制度

以下为某品牌汽车专营店的配件出库管理制度：

出库管理规定

第一条 仓管部门应在下列几种情况下出货：

□ 维修作业领料

□ 维修换件借用

□ 顾客购买

□ 索赔

第二条 除上述各项出库情况外，公司仓管部门可视实际情形的需要出库。

第三条 各项出库均须有统一的领料单证，同时由领取人亲笔签名方可领取。

第四条　使用部门急需用料的情形下，库管员可事先电话通知部门负责人，然后按领用人的要求正确填写出库单并出库，但事后要补全手续。

第五条　任何出货仓管人员均应于出货当日将有关资料入账，以便存货的控制。

第六条　各部门人员向仓管部门领货时，应在仓库的柜台办理，不得随意自行进入仓库内部，各仓管人员应阻止任何人擅自入库。

第七条　发料人在配件出库时应详细检查商品的性能品质及附件是否优良和齐全。

第八条　配件领出后严禁擅自将所领出的物品转给其他人或部门。

第九条　库存配件的外借一律限于当天归还仓库。

2. 出库要求

汽车配件出库要求做到先进先出，准确及时，坚持“三不三核五检查”。

（1）先进先出

仓管人员一定要坚持配件管理中“先进先出、出陈储新”的原则，以免造成配件积压时间过长而变质报废，给企业造成不必要的经济损失。因为汽车型号和汽车技术的更新换代很快，配件制造工艺也在不断地更新，如果配件积压时间过长，很可能因为淘汰老、旧产品而使配件报废。

（2）准确而及时

一般大批量配件发货不超过两天，少量货物要做到随到随发。凡是注明发快件的，一定要在装箱单上注明“快件”字样。发出配件的车型、品种、规格、数量、产地、单价等信息要符合单据内容。因此，出库前的复核一定要细致，需要过磅称重的货物要仔细核对重量，以免因超重而发生事故。

（3）“三不”要求

“三不”即未接单据不登账、未经审单不备货、未经复核不出库。

（4）“三核”要求

“三核”即在发货时要核实凭证、核对账卡、核对实物。

（5）“五检查”要求

“五检查”即对单据和实物要进行品名检查、规格检查、包装检查、件数检查和重量检查。

二、汽车配件出库的流程

配件出库作业与入库作业的要求基本一致，即要求对出库配件的数量、品种、规格进行核对，经复核与发货凭证所列项目完全一致后，当场与领料单位办妥交接手续，以明确责任。为保证配件及时、准确、迅速出库，配件出库必须按一定的程序进行。出库流程如图 4–3–1 所示。

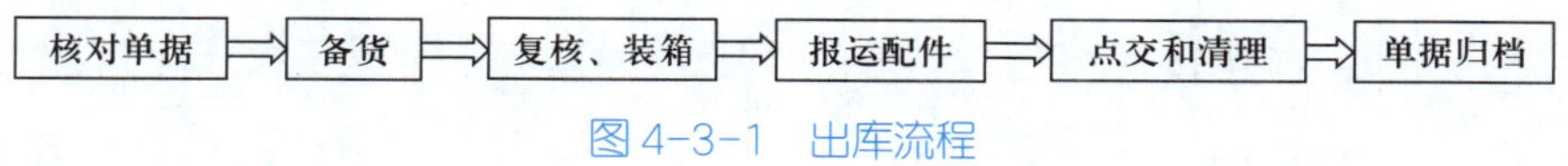

图 4–3–1　出库流程

1. 核对单据

业务部门开出的供应单据（包括供应发票、转仓单、商品更正通知单、补发单、调换单、退货通知单等）是仓库发货、换货的合法依据，仓库保管员一定要先核对和审查领料单据，根据领料单据发货。如果单据内容有误、填写不符合规定或手续不完备，保管员可以拒绝发货。零件取货单见表 4–3–2。

表 4–3–2　零件取货单

操作卡：__________

车牌：__________

挂账账户：__________　　　　开单日期：　年　月　日

数量	车系	零件编码	名称	仓位	单价 / 元	提货数量	金额 / 元

营业员：______　仓务员：______　领料：______　合计金额：______

2. 备货

备货前应将供应单据与卡片、实物核对，核对无误后方可备货。备货要本着“先进先出”的原则。备货有两种形式：一种是将配件发到理货区，按收货单位分别存放，并整齐堆码，以便复点；另一种是外运的大批量发货，为了节省人力，可以在原垛堆就地发货，但必须要在单据上注明件数和尾数（即不足一个原箱的零数）。无论采用哪一种备货形式，都应及时记卡、记账，核对结存实物，以保证账、卡、物三相符。

3. 复核、装箱

备好货以后，一定要认真复核。复核无误后，用户自提的货物可以当面点交，外运的货物可以装箱发运。仓库装箱清单见表 4–3–3。

表 4–3–3　仓库装箱清单

收货单位：　　　　制单日期：　年　月　日　　　　发货仓库：

<table>
<tr><td rowspan="3">发票号码</td><td rowspan="3">品名</td><td rowspan="3">规格</td><td rowspan="3">数量</td><td colspan="5">装箱情况</td><td>合计质量 /g</td></tr>
<tr><td colspan="2">木箱</td><td colspan="2">纸箱</td><td rowspan="2">捆</td><td></td></tr>
<tr><td>原箱</td><td>拼箱</td><td>原箱</td><td>拼箱</td><td></td></tr>
<tr><td></td><td></td><td></td><td></td><td></td><td></td><td></td><td></td><td></td><td></td></tr>
<tr><td></td><td></td><td></td><td></td><td></td><td></td><td></td><td></td><td></td><td></td></tr>
<tr><td></td><td></td><td></td><td></td><td></td><td></td><td></td><td></td><td></td><td></td></tr>
<tr><td></td><td></td><td></td><td></td><td></td><td></td><td></td><td></td><td></td><td></td></tr>
<tr><td rowspan="4">货款结算</td><td colspan="3">货款及管理费</td><td colspan="2">运杂费</td><td rowspan="2">合计金额</td><td>托收时间号码</td><td>运输工具</td><td></td></tr>
<tr><td>单据</td><td>货款</td><td>管理费</td><td>单据</td><td>金额</td><td></td><td>标签号</td><td></td></tr>
<tr><td></td><td></td><td></td><td></td><td></td><td></td><td></td><td>货票号</td><td></td></tr>
<tr><td></td><td></td><td></td><td></td><td></td><td></td><td></td><td>承运时间</td><td></td></tr>
</table>

在复核时，要按照单据内容逐项进行核对，然后将单据的随货同行联和配件一起装箱。如果是拼箱发运的，应在单据的仓库联上注明；如果编有箱号，应注明拼在几号箱内，以备查证。无论是整箱或拼箱，都要在箱外表面上书写运输标记，以防在运输途中发错客户。

配件从仓库到用户手中，中间需要经过数次装卸和运输。因此，一定要保证其包装完好，避免在运输途中造成损失。

4. 报运配件

经过复核、装箱后的配件要及时过磅称重，然后将装箱清单内容逐项填写清楚，报送运输部门向承运单位申请准运手续。

配件在未离库前的待运阶段，仍要注意安全管理。例如，对于忌潮的配件要加垫，怕阳光暴晒的配件要放在避光通风处。

配件在发货过程中的单据与实物流程见表 4–3–4。

表 4–3–4 发货单据与实物流程

发货方式	单据与实物流程	说明
港站发货	销减合同	根据发货清单销减合同
	开票、下账	开票并销商品账
	分票、交单	接收货单位分票、登记、交仓库签收
	登票、下库	仓库将票登记，交保管员签收
	对单、备货	保管员审核财务收款印戳，核对供货单据备货
	销卡、销账	仓库备货后保管员销卡，核对库存销账
	复核、装箱	出库复核无误，将随货同行单据与配件一同装箱
	称重、填装箱单	除原箱重量外，其余要称重，按要求填写装箱单
	报运	仓库将填好的装箱单，向运输单位报请准运
	发货	凭仓库装箱单到仓库提货，收回提单装订保管
	托运	货到港交清后，办理托运凭证
	收款	根据合同或运输凭证向收货方收款
	归档	货款收回后，原供货单据存根归档
发货自提	销减合同	根据发货清单销减合同
	开票、销卡	开票并销商品账
	收款	供货并经提货人签字后收款或托运
	发货、销卡	供应单据经财务收款盖章，提货人签字后发货
	复点	物资出库、逐票复核，点交提货人
	放行	发货交接手续办好后开门证并放行
	销账	仓库账务员审核单据，手续办齐后进行销账
	归档	供应单据销账后，按月装订成册

5. 点交和清理

运输部门在凭装箱单向仓库提货时，仓管人员要先审查单据内容、印章以及经手人签字等，然后再按单据内容如数点交。点交完毕后，应立即清理现场、整理货位，腾出空仓位，以备再用。用户自提货时一般不需备货，随到随发，按提货单内容当面点交，并随时结清，做到卡、物相符。

6. 单据归档

发货完毕后，应及时将提货单据（盖有提货印章的装箱单）归档，并按照时间顺序分月装订，妥善保管，以备将来查考。

三、出库配件的退库处理

在汽车维修企业的售后服务中，配件出库后又退回库房的情况时有发生，基本有以下两类产生退货的情况，应该分别进行处理。

1. 有质量问题配件的退库

配件出现质量问题的原因有以下三种。

（1）配件在生产时就有质量缺陷，而在入库验收过程中漏检。

（2）在存储过程中因为保管不当而引起的质量问题。

（3）维修部门在配件使用过程中操作不当引起的质量问题。

配件管理人员在接到有质量问题配件的退库请求后，应该及时通知采购管理部门和企业质量检查人员，共同对有质量问题的配件进行检视分析，确认产生质量问题的具体原因，在分清责任后，需要填写退库报告，然后再做进一步处理。

因为质量问题退回库房的配件应该单独存放，属于厂家生产质量问题的配件应放在索赔区。

［案例］

某维修企业修理了一辆离合器打滑的车辆，经检查，离合器压盘和制动片都需要更换。维修人员到仓库领取了配件并进行了更换，装车后却发现离合器不能分离。经检查，离合器的其他部件正常，因此怀疑是新更换的离合器压盘质量不好。车主见这种情况生气地说："你们维修店的配件以次充好，以后让我们怎么再相信你们？若再换一个离合器压盘质量还是不好怎么办？"经仓库认真查询得知，该离合器压盘曾经装到其他车上使用过，但因同样的原因被拆下。于是，维修人员立即给车主换上新的、质量好的离合器压盘，最后故障排除。此配件本应放在索赔区，但由于保管员的疏忽，误将其放到配件货区，而仓库在出库时又没有认真检查，导致了此次事故的发生。

2. 无质量问题配件的退库

无质量问题配件的退库原因一般有：规格、型号或品牌不符，需要换货；车辆维修过程中，经进一步检查后，确认不需要更换此配件。

对于无质量问题的配件，退库时也要对其进行质量检查，并经过相关审批程序，填写退库报告，写清退库原因，然后再办理退库。

无质量问题退库的配件可以放回原仓位，但要在配件包装上进行简单标记或批注，便于在日后发现问题时再进行追溯。对于已经拆除商品包装的退库配件，应当采取必要的保护性包装措施。

任务实施

通过以上配件出库相关知识的学习，掌握了汽车配件出库的基本要求和程序，接下来对汽车配件进行出库作业。

一、核对单据、备货

该物流配送中心的 1 号仓库为发动机仓库，2 号仓库为电器及通用配件仓库。根据发货凭单可知：汽油滤清器的货位编号为 1–4–5 中，空气滤清器的货位编号为 1–4–5 上，机油滤清器的货位编号为 1–4–5 下，氙气灯的货位编号为 2–3–1 中，倒车雷达的货位编号为 2–3–2 中。

小李核对单据确认无误后，从两个仓库的货架中取出这些配件，并将这些货物五五成堆，码好放在理货区，以便进行复点。

二、复核、装箱、报运

由于货物需要装箱外运，因此小李经过复核、装箱后，将装箱单内容逐项填写完毕，报送运输部门，申请准运手续。

三、点交、清理、单据归档

小李审查单据内容、印章以及经手人签字后，按单据内容如数点交。点交完毕后，应立即清理现场，整理货位，腾出空仓位，以备再用，并及时将提货单据（盖有提货印章的装箱单）归档，按照时间顺序分月进行装订保管。

思考题

1. 汽车配件出库的要求是什么？
2. 简述汽车配件出库的流程。

模块五

汽车配件物流管理与电子商务

任务1　汽车配件物流管理

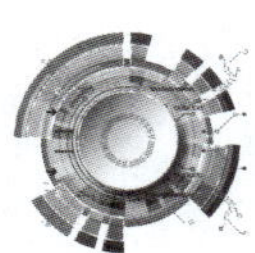

任务目标

- 了解汽车配件物流管理的基本知识。
- 掌握汽车配件物流运作模式。
- 了解汽车配件第三方物流的优势和应用难点。

任务引入

张浩即将大学毕业，他应聘到长春一汽福成大众物流有限公司物流仓储岗位工作。该公司是长春一汽福成集团有限公司的子公司，主要为一汽大众汽车有限公司提供汽车售后零部件的仓储、配送以及售后索赔零部件的仓储和销毁业务。

张浩在进入公司之前，通过互联网对该公司有了一定的了解，他想尽快熟悉岗位工作，同时对自己的职业做一个规划，希望通过自己的努力，晋升到该企业管理层岗位。

对于张浩而言，对汽车配件物流管理相关知识的了解和掌握是必不可少的。本任务要求学生对汽车配件物流管理的基本知识、汽车配件物流运作模式和第三方物流等内容有一个全面的认识。

任务分析

近年来，随着我国汽车制造业产能和技术的快速提高，车价不断下跌，整车利润下降极快。汽车品牌的竞争由技术、价格更多地转向售后服务。对于大多数汽车销售商而言，汽车销售所获得的利润只占总利润的 10%，零部件销售占 10%，二手车经营占 20%，售后服务却高达 60%。如今，车辆的日常维修保养已经形成了一个巨大的售后服务市场，这个市场足以引起众多整车厂商以及专业维修提供商的关注。因此，对于汽配工作人员而言，掌握汽车配件物流管理的相关知识是至关重要的。

相关知识

一、汽车配件物流管理概述

国家标准《物流术语》（GB/T 18354—2006）中将物流定义为：“物品从供应地到接收地的实体流动过程。根据实际需要，将运输、储存、装卸、搬运、包装、流通加工、配送、信息处理等基本功能实施有机结合。”一般认为物流具有七大功能：运输功能、储存功能、配送功能、装卸搬运功能、包装功能、流通加工功能和信息处理功能。

汽车配件物流管理是集现代运输、仓储、保管、搬运、包装、产品流通及物流信息于一体的综合性管理，是沟通原料供应商、生产厂商、批发商、零售商、物流公司及最终用户的桥梁。对汽车配件企业而言，汽车配件物流包括生产计划制订、采购订单下放及跟踪、物料清单维护、供应商的管理、运输管理、进出口、货物的接收、仓储管理、发料及在制品的管理和生产线的物料管理、整车的发运等。

我国现行的主体汽车物流模式是供产销一体化的自营物流，即汽车产品原材料、零部件、辅助材料等的购进物流、汽车产品的制造物流与分销物流等物流活动全部由汽车制造企业完成。汽车制造企业既是汽车生产活动的组织者与实施者，又是企业物流活动的组织者与实施者。

二、汽车配件物流运作模式

由于汽车配件物流具有多批次、少批量的特点，其运作要求与运作难度远远高于成品物流，而且成本核算相对困难。目前，国内大部分汽车配件企业选择自营物流模式，外包程度相对偏低，第三方物流应用较少，市场潜力有待挖掘。但随着生产模式和销售模式的改变，已经有小部分企业将汽车配件采购物流和售后物流进行外包，而且外包比例有逐年增长的趋势。

1. 企业自建配送系统

传统的汽车企业一般自建原材料库或配送中心，配送模式如图 5-1-1 所示。他们一般有自己的运输队伍，或者把配件的运输交给运输公司。这种方式并不是根据需要来供给，有些配件因为体积或数量的不同，并不一定能刚好装满一辆货车，但为了节省物流成本，运输商经常装满一车才送销售商，这样就造成了库存的积压。而且，企业自建配送系统在信息交流、运输安全等方面会有各种各样的问题，而且会耗费大量的时间和人力资源。

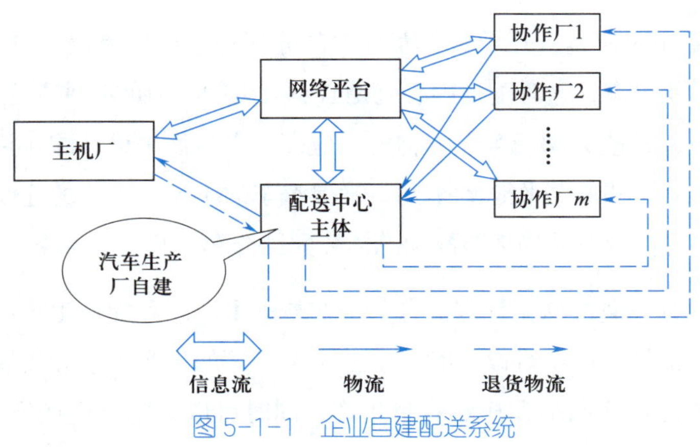

图 5-1-1 企业自建配送系统

2.“循环取货”模式

在第三方物流企业整合的基础上，为了不浪费运输车辆的运能，充分节约运输成本，对于有些用量很少而且是本地供应商所生产的配件可采用循环取货模式。循环取货是一种常用的配送模式，承运商携带须从客户返还给供应商的货物出发，依次到达每个供应商，将返还给供应商的货物卸下并装载上须从供应商处收集的货物回到客户处。这样做的好处是省去了所有供应商空车返回的资源浪费。“循环取货”模式如图 5-1-2 所示。

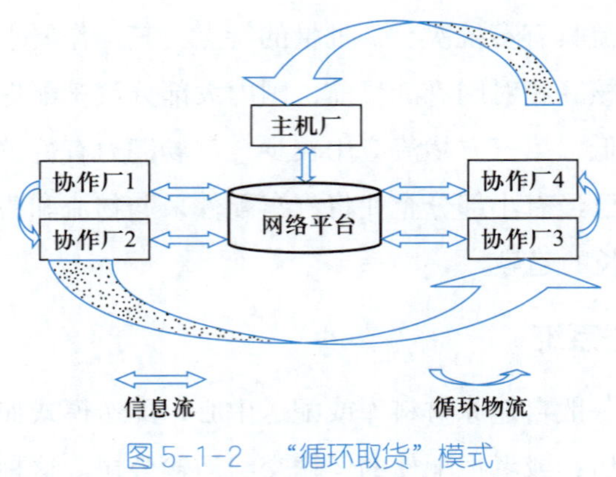

图 5-1-2 “循环取货”模式

“循环取货”模式的优点是显而易见的，不但使配件生产厂家省去了每天将配件直接送到生产线上的运输费用，同时因为原材料不进入原材料库，所以保持了很低或接近于“零”的库存，省去了大量的资金占用。

3. 第三方物流企业整合模式

由于汽车配件的种类达几千种，而且大部分配件生产厂离汽车制造商距离较远，有些配件甚至需要进口，这时配送中心就是必不可少的。与前两种配送模式不同的是，汽车厂商由自行配送改为聘请第三方物流供应商，由他们来设计配送路线，然后到不同的供应商处取货，再将货物送到车间，确保汽车的生产。提货的连续性进一步减小了仓储压力，并且把汽车的局部装配和总体装配结合在一起。

第三方物流企业通过物流管理信息系统在整车生产厂和配件生产厂之间建立起一个信息通道，使配件生产厂可以及时了解整车生产厂的生产需求和发展规划，避免由于信息滞后造成配件产品的积压和盲目生产，同时可以为整车生产厂提供有效的 JIT（Just in time，准时）配送，保证整车生产厂生产的高效性和连续性。同时，物流公司通过合理安排运输工具和仓库的使用，减少了物流成本。图 5-1-3 所示为第三方物流企业整合模式。

4. 汽车配送运输流程

（1）主机厂 – 配送中心的作业流程，如图 5-1-4 所示。

（2）配送中心 – 协作厂的作业流程，如图 5-1-5 所示。

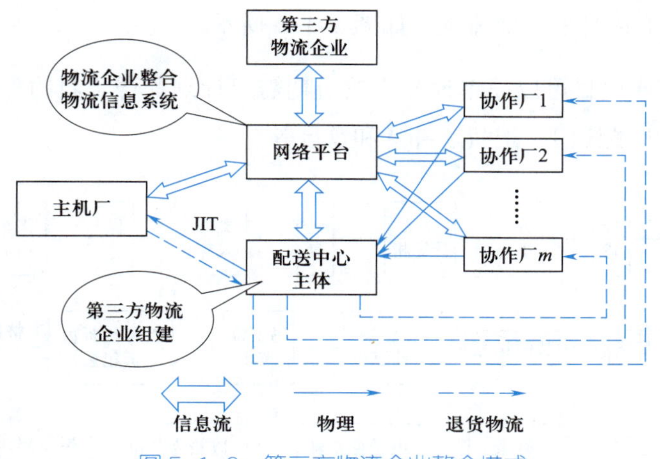

图 5-1-3 第三方物流企业整合模式

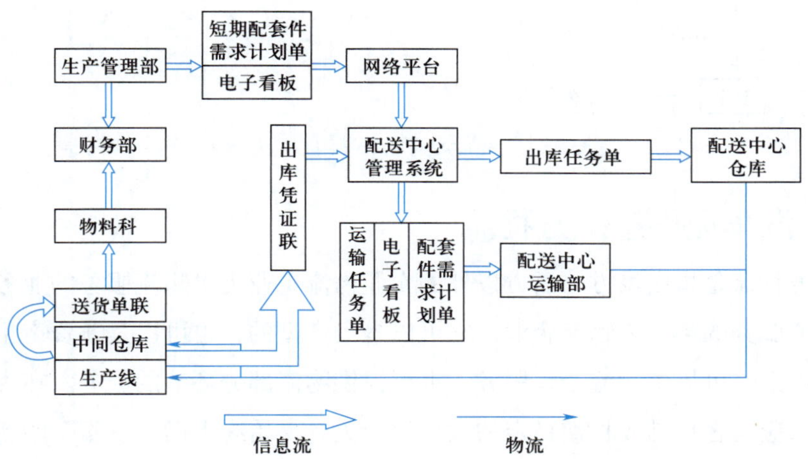

图 5-1-4 主机厂－配送中心的作业流程

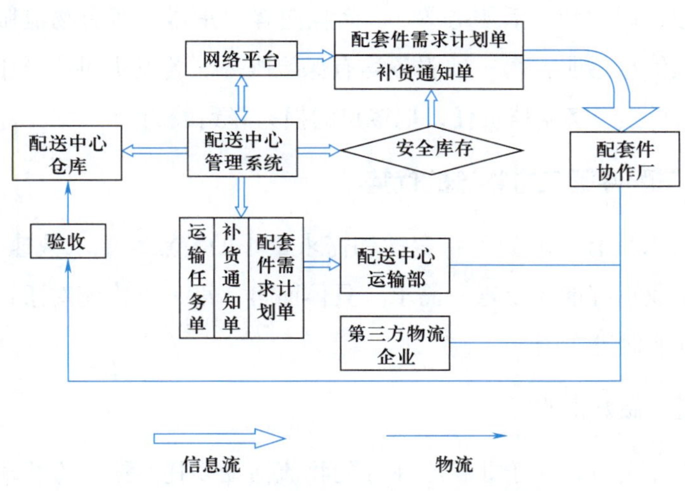

图 5-1-5 配送中心－协作厂的作业流程

（3）配送中心内部的作业流程，如图 5-1-6 所示。

配送中心作业项目可以简单地分为按短期需求计划配送（履约配送）、按电子看板配送（JIT，即时配送）、退货、补货和盘点等。

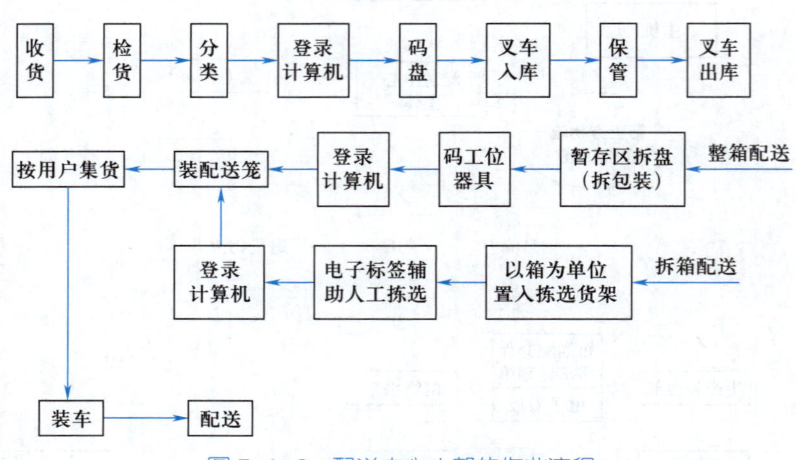

图 5-1-6 配送中心内部的作业流程

三、汽车配件第三方物流

第三方物流是指由供方与需方以外的专业物流企业提供物流服务的业务模式。作为提供物流服务的第三方物流企业，它可以是资产型的，也可以是非资产型的。它根据客户的需求，可提供物流全程服务，也可提供物流部分环节的服务。在为客户服务的过程中，应与客户结成长期稳定的战略伙伴关系，始终贯彻“双赢”的新理念。第三方物流服务直接贴近客户，凡是客户需要的服务项目不仅全球承包（包括采购、仓储、分销、运输、通关和售后服务等），而且向客户承诺，所有物流服务项目从始发地到终到地全程信息透明，每一项服务均有保险服务。若发生供应链中断等事故，均按照合同约定，承担经济赔偿责任，把客户的损失降到最低。

1. 发展汽车配件第三方物流的优势

汽车配件需求具有明显的不稳定性和需求量小的特点，要求快速、小批量配送，而第三方物流企业正好能满足这一需求。具体而言，第三方物流对于汽车配件企业提升竞争力具有以下促进作用：

（1）集中精力做好主业

汽车配件企业通过将属于非核心业务的物流活动委托给第三方物流企业，可以充分发挥分工的经济优势，将干线运输接发货、储存、组配、流通加工、配送等工作外包，最大限度地减少了物流设施、设备的投入和物流人员的占用，使企业可以将有限的资源集中在其核心业务上，有利于提高自身的经济效益，增强企业的核心竞争力。

（2）降低物流成本

众所周知，汽车配件物流具有多批次、少批量的特点，其运作要求与运作难度远远高于成品物流。将汽车物流从汽车制造业中剥离出来，成为一个独立的产业，可以达到优化资源配置的目的，并且能够发挥其规模效应，降低物流成本。有数据显示，欧美汽车制造企业的物流成本占销售额的比例约为 8%，日本汽车企业只有 5%，而我国汽车企业普遍在 10% ~ 15%。也就是说，国内汽车物流成本是国外的 2 ~ 3 倍，具有很大的下降空间。

（3）减少库存

汽车工业的目标之一就是在物流管理中把库存降到最低限度。第三方物流企业凭借精心策划的物流计划、信息沟通平台和适时的运送手段，能够最大限度地减少库存，改善企业的现金流量，实现成本优势。

（4）提升企业形象

第三方物流企业与汽车生产企业不是竞争对手，而是战略伙伴，它们通过全球性的信息网络使供应链管理完全透明化，汽车生产企业可以随时通过互联网了解供应链的情况。同时，第三方物流提供者通过遍布全球的运送网络大大缩短了交货期，帮助汽车生产企业优化服务，树立品牌形象。而且，第三方物流企业通过“量体裁衣”式的设计，制定以客户为导向、低成本、高效率的物流方案，使汽车生产企业能够在同行中脱颖而出。

2. 汽车配件第三方物流的应用难点

尽管汽车配件企业发展第三方物流具有重大的现实意义，是发展的必然趋势，但目前国内的汽车配件企业中，自营物流的比重仍然较高。影响汽车配件企业发展第三方物流的因素如下：

（1）对第三方物流的认知不够，有效需求不足。在以整车厂为中心的供应链模式下，由于配件企业仅能服务于特定的整车生产企业，导致不同体系的配件企业之间无法交叉供货。无法与其他品牌的汽车生产企业进行物流方面的合作，客观上造成了汽车配件生产企业对第三方物流的有效市场需求不足，影响了设施利用效率的提高和物流成本的降低。此外，国内汽车配件企业长期以来形成了“肥水不流外人田”的观念，总是希望自己的企业“大而全”“小而全”，企图获取全部的业务利润，这些思想观念严重制约着第三方物流的应用。

（2）自营物流退出成本过高。我国部分汽车配件企业已经投入了大量的资金，实行产供销一体化的自营物流，如果实施物流外包，则意味着企业前期的投入将被浪费，同时还会导致裁员，影响企业的稳定。所以，汽车配件企业不会轻易采取业务外包。

（3）第三方物流企业整体水平有待提高。目前，国内虽然有安吉天地、博科等规模、技术和服务等软硬件都比较突出的第三方物流企业，但多数第三方物流企业普遍存在规模小、信息化程度低等问题。因此，汽车配件企业对第三方物流企业的经营绩效缺乏信心，对第三方物流能否有效降低运营成本、提供优质服务等持怀疑态度。同时，企业还担心自己的一些内部资料会因为业务外包而泄露。

任务实施

通过相关知识的学习，掌握了汽车配件物流管理的基本知识、汽车配件的物流运作模式和第三方物流等方面的内容，接下来需要完成“任务引入”中提出的任务。

一、了解汽车配件物流管理的基本知识

对汽车配件企业而言，汽车配件物流包括生产计划制订、采购订单下放及跟踪、物料清单维护、供应商的管理、运输管理、进出口、货物的接收、仓储管理、发料及在制品的管理和生产线的物料管理、整车的发运等。长春一汽福成大众物流有限公司经过多年的发展，已成为仓储面积达25万平方米，资产总额达5.66亿元，储备大众及奥迪系列零部件8万余种，仓库吞吐额超过120亿元的综合性物流公司。目前，公司仓储物流采用国内先进的液压升降平台、消防喷淋系统和监控显示系统，同时配备德国进口林德叉车和各种运输车辆一百多台，确保零部件仓储物流的安全、及时、准确。

二、了解汽车配件物流运作模式

一汽大众汽车有限公司对于用量很少且是本地供应商所生产的配件采用“循环取

货”配送模式。对于离汽车制造商距离较远，甚至是进口的汽车配件，则采用第三方物流企业整合模式，汽车厂商由自行配送改为聘请第三方物流供应商。张浩所在的公司正是这样一家第三方物流配送公司，为一汽大众完成汽车零部件的物流配送工作。

三、了解汽车配件第三方物流

张浩所在公司具有雄厚的资金实力、良好的经营业绩、完善的管理体系、成熟的管理模式、优秀的人力资源和丰富的仓储及生产物流管理经验，具备强劲的发展态势，并于 2016 年通过了 OHSAS18001 职业健康安全管理体系、ISO14001 环境管理体系和 ISO9001 国际质量管理体系一体化认证。

该公司运用德国先进的 SAP-R/3 网络系统，对整个物流活动进行实时信息管理，仓储管理系统采用中央控制、计算机网络化和仓储自动识别系统相结合的方式，凭借完备的现代化设备、完善的管理体制和优质的服务赢得了客户的肯定和信赖。该公司采用一汽大众零部件物流标准模块化管理系统，辐射全国各地，并采用航空、铁路和公路运输形成三维立体运输网络，承载着北京、西安、成都、济南等九个中转库及全国 800 多家特约经销商的零部件供应，是迄今为止全国最大的单体汽车售后零部件供应中心库。

思考题

1. 汽车配件物流运作模式有哪些？
2. 发展汽车配件第三方物流有哪些优势？

任务 2 汽车配件电子商务

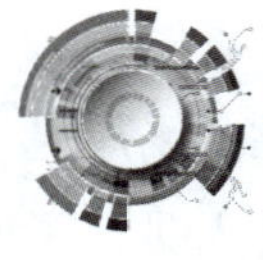

任务目标

- 了解汽车配件电子商务的应用。
- 了解发展汽车配件电子商务的优势。
- 掌握电子商务模式下汽车物流配送中心的相关知识。

任务引入

宋强参加工作十多年，一直在高丽汽贸城从事汽车配件的销售工作。起初企业的效益非常好，业务也十分繁忙。但是近期，他所在企业的门店客流量直线下降，企业效益越来越差，非但没有奖金，就连工资都快发不下去了。公司领导这才意识到，坐店等客上门的好时光已经一去不复返了。随着互联网的兴起，众多汽车电子商务平台应运而生，传统汽车配件企业该如何走出困境是一个值得深思的问题。

如果你是宋强，你需要了解哪些关于汽车配件电子商务的知识，为领导出谋划策，帮企业走出困境呢？

任务分析

在汽车配件销售这个传统的行业中，存在着大量配件、管理系统与人员之间需要交换的内容，这就是汽车配件管理和商务信息。在这些信息中，包括配件的基本信息（配件名称、配件编码、适用车型等）、管理、商务信息（库存、价格、市场需求等）以及客户信息（客户名称、经营范围、经营规模）等。因此，信息是汽车配件管理和商务活动的基础。

现代汽车种类繁多，结构日趋复杂，汽车配件营销人员需要掌握大量的与配件相关的信息。例如，某一客户需要订购奔驰 S320 的右前照灯，配件销售人员应该通过车辆识别代码（VIN）确定该车的年款、生产厂家以及车型等信息，进而确定该配件的生产厂家、配件编码、进货价格、销售价格以及更换配件所需的工时等信息，有时还需要通过配件手册等资料进一步核实所订购配件信息的准确性。

为了提高汽车配件销售人员的工作效率，保证所订购配件信息的精确性，采用电子化或网络化的汽车配件目录不失为一种好的办法。作为一名汽车配件销售人员，了解一些电子商务的基础知识和汽车配件电子商务的应用、电子商务模式下的物流配送中心的相关知识是十分必要的。

相关知识

一、汽车配件电子商务

作为新一代的信息存储与交换媒体，互联网为汽车配件行业的发展创造了新的契机。实践证明，只要信息技术有新的发展变化，就会推动汽车配件行业的进步。尤其是汽车配件查询与配件库房管理电子化的普及，为配件商务的电子化奠定了良好的基础，同时网络电子商务技术的日趋成熟也为配件商务的网络化提供了技术支持，使客户可以完全通过电子商务交易平台实现配件的直接订货、直接付款等。

客户（如二级配件批发商、汽车维修企业等）可以通过互联网登录电子配件商务平台，使用网络化的电子配件查询系统查找本企业需要采购的配件并订购，并向配件供货商发送电子订单，如图 5-2-1 所示。

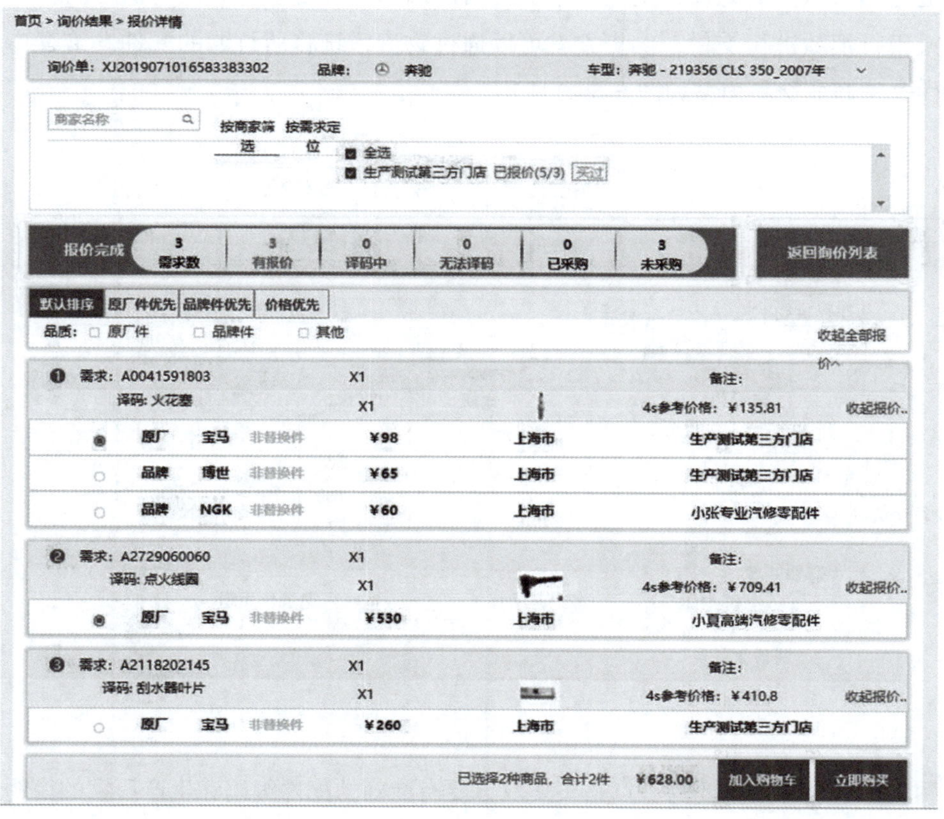

图 5-2-1　配件电子订单

汽车配件经销商在收到用户的电子订单以后，同样通过互联网向客户发送订货处理结果通知单，同时可以在通知单中告知客户货款的交付方式等，如将企业的电子银行账户也一并告诉客户。客户在收到配件订货的电子通知单后，又可以通过网上电子银行将货款划拨给配件经销商，完成整个配件的采购工作。

汽车配件行业的电子商务，最关键的就是各种信息（供求、价格等）的共享、实现在线采购和所谓的“零库存”概念。

传统汽车配件行业的信息交换是通过报纸、杂志、电话等方式实现的，由于这类媒体受地域、渠道和时间限制，信息总是封闭在一个相对较小的范围内。这样就会出现用户急于订购配件但无采购渠道，而某些经销商又苦于配件长期积压的情况。另外，由于供求信息的相对封闭，使配件的营销环节增加，导致最终销售价格较高。

当各种配件信息通过网络全面公开后，客户找商家将变得更加简单，同时也可能出现商家找客户的情况。成熟、完善的电子商务网站是可以直接进行网上交易的，即在网上选择所需要的配件，生成订单发送给网站的商务处理中心或者供应商，并通过网络或银行汇款进行支付，供货方就可以通过物流系统将所订购的配件发给客户。汽车配件电子商务交易模型如图 5-2-2 所示。

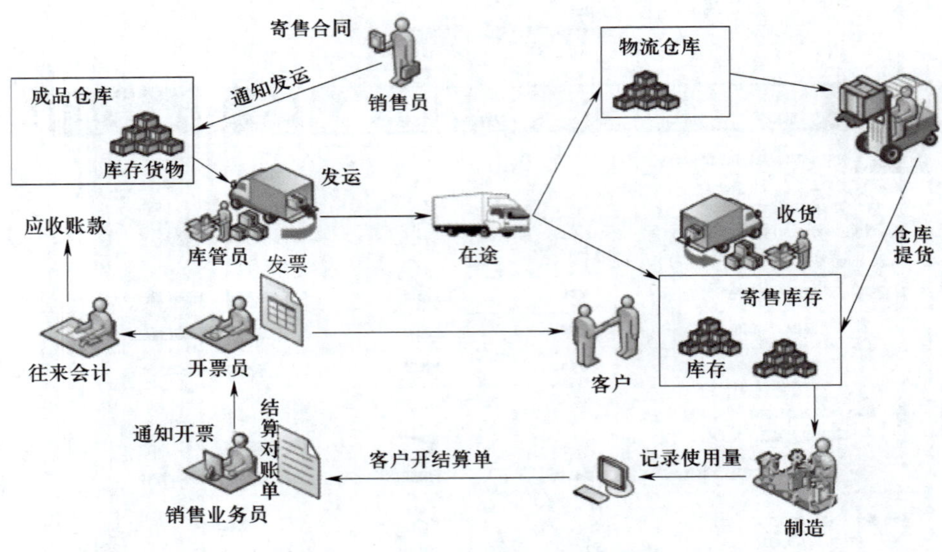

图 5-2-2　汽车配件电子商务交易模型

网上配件交易最重要的一点是买卖双方要有准确的配件编码和生产厂家的说明，因为只有通过配件原厂编码，才能保证所订购配件的准确性。由于一种配件有原厂件、配套件和副厂件，质量和价格差异很大，因此网站必须对配件的生产厂家和品质加以说明，使客户能够在网络上采购到货真价实的商品，这就要求电子商务的运营商有较高的诚信度。

二、汽车配件电子商务的优势

1. 提高效率，降低成本

汽车配件电子商务将企业的大部分商业活动利用互联网开展，将传统的商务流程数字化、电子化，不但突破了时间和空间的限制，还能为企业提高效率，降低成本。

2. 掌握信息，降低库存

利用汽车配件电子商务平台实时更新的信息和便捷的服务，汽配企业可以及时得知汽车销售商的库存情况和销售情况，从而有针对性地调整生产计划，能够有效地帮助汽配企业降低库存压力，加快资金流转。

3. 数据可视化，防止客户流失

汽车配件电子商务平台具有专业的数据库系统，对于客户而言，产品信息更加专业化、全面化、可视化。规范、海量的数据能够帮助客户迅速找到需要的产品，节约搜索产品需要耗费的时间和精力，也避免了在传统的销售模式下，由于汽配销售人员不够专业而造成客户流失的现象。

三、电子商务模式下的汽车配件物流配送中心

物流配送是连接汽车配件生产和消费的关键环节，它使用可以产生时间和场所效益的管理办法、合理的资源配置、合适的经营方式和运作类型的选择等向客户提供所需的产品。

在汽车配件物流供应链上，配件配送中心的建设尤为重要，它是连接中央配件总库和销售商（4S 店和特约维修站）的桥梁。电子商务模式下，影响汽车配件中转库物流配送效率的主要因素有配件物流配送中心的运行模式和配件物流的配送模式。

1. 电子商务模式下配件物流配送中心的运行模式

客户对于汽车售后服务的要求是永无止境的，从图 5-2-3 可以看出，汽车配件物流服务水平不可能达到客户需求的 100%。物流服务水平与物流成本之间并非呈线性关系，而是受“收获递减法则”的支配。物流服务如果处于低水平阶段，在点 A 和点 B 之间增加物流成本 ΔC，则物流服务水平可上升 ΔS；如果处于高水平阶段，同样增

加物流成本 ΔC，则服务水平只能上升 $\Delta S'$，$\Delta S' < \Delta S$。与处于竞争状态的其他企业相比，在处于相当高的服务水平的情况下，想要超过竞争对手，获得并维持更高的物流服务水平就需要有更多的投入。所以，汽车配件物流配送中心要以较少的成本确保较高的即时供应率与销售率尤其重要。

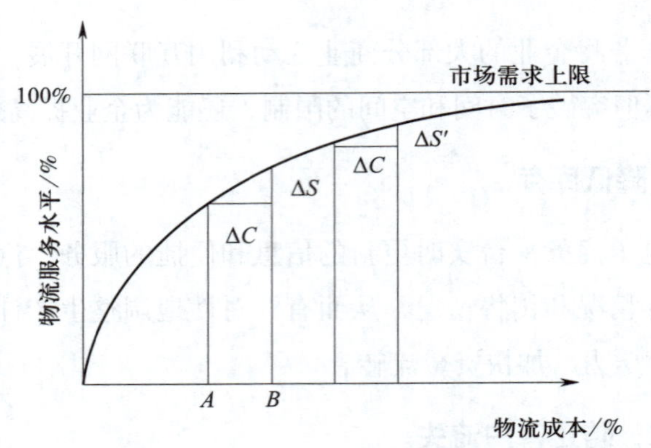

图 5-2-3　物流服务水平与物流成本的关系

即时供应的意义是无论在任何情况下都能满足所有客户的需求。如果不能即时供给，那么就会降低客户的信赖度，损失了获得利益的机会，这种损失是无法以金钱来计算的，因此其重要性常被忽视。

在电子商务模式下，订货更为简单、及时，订货费用更低，订货周期缩短，配件区域配送中心在没有相应库存时可以向中央仓库（CDC）订购，满足客户的需求。因此，多层次的电子商务运作模式可以以较小的成本大大提高即时供应率。

（1）信息共享的配件配送中心运行模式

在中央配件仓库（CDC）和区域配件配送中心（RDC）之间通过远程的数据交换获得配件需求和供给信息，建立了一种类似 B2B 的电子商务模式。同层次的配件区域配送中心之间又通过网络联系，可以在最近的配件区域配送中心中查询获取信息，并快速地调拨配件，比直接从距离相对较远的中央仓库调拨配件速度更快。同时，区域配件配送中心对各 4S 店或特约维修站等配件中转库也实施 B2B 的电子商务。由于成本压力，各 4S 店和特约维修站不会备大量的库存，这些 4S 店或特约维修站在接到车主需要服务的电话并检测需要更换配件的同时，要检查所需配件的库存量，对于本站没有的配件需要向区域配件配送中心申请调拨，争取快速响应，满足车主的需求。信息共享的配件配送中心运行模式如图 5-2-4 所示。

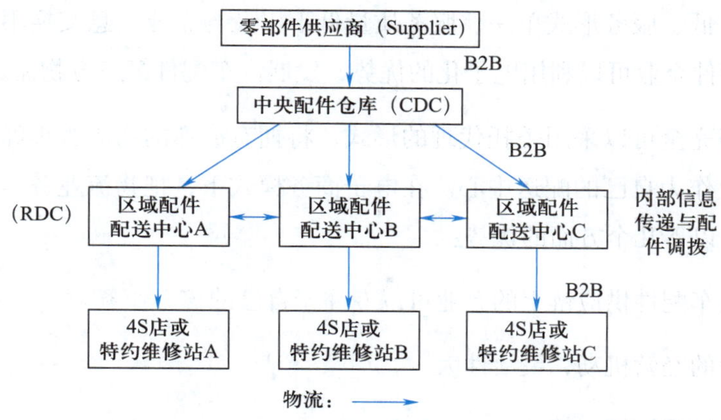

图 5-2-4　信息共享的配件配送中心运行模式

（2）全面信息共享的配件配送中心运行模式

目前，我国各个经销商的 4S 店或特约维修站之间相对比较独立，没有业务合作往来，在国外比较成熟的汽车销售商之间有成熟的配件销售网络，同城或相近的维修站之间可以共享维修配件库存信息，不至于在车主紧急需求时因本店短缺相应配件而错失销售机会。这种 4S 店或特约维修站的配件共享模式很值得我国经销商借鉴，具体运行模式如图 5-2-5 所示。

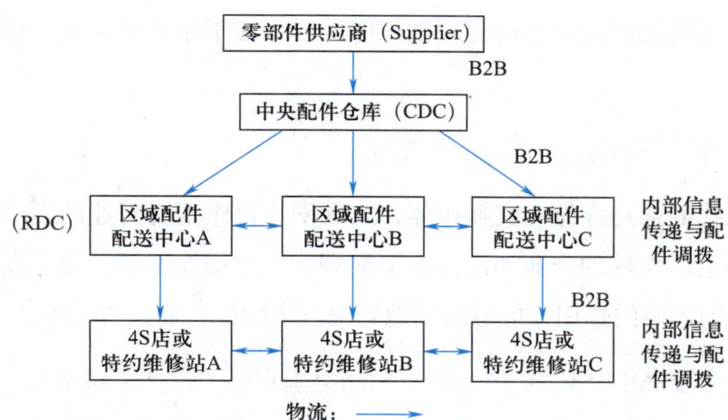

图 5-2-5　全面信息共享的配件配送中心运行模式

2. 电子商务模式下配件物流的配送模式

目前，我国的物流企业在数量上供大于求，因此物流网络资源丰富。但在服务能力上则是明显的供不应求，物流企业提供的服务大都满足不了客户的要求，这是由于物流管理水平低、服务形式单一、服务质量低下以及与企业信息交换不及时等原因造成的，汽车配件企业可以利用电子化的优势，发展汽车配件第三方物流。

电子商务完全可以采用委托代理的形式，将拥有成熟的物流管理经验和技术的第三方物流企业作为自己的配送中心。在电子商务模式下，把物流业务运作外包给第三方物流企业有以下几个方面的优势：

（1）使汽车配件供应链上的企业可以专注于自己的核心业务。

（2）企业的经营机动，灵活性大。

（3）便于实现物流一体化。

（4）有利于物流信息系统的建设。

（5）节约汽车配件企业的物流成本。

任务实施

通过相关知识的学习，掌握了电子商务的基础知识、汽车配件电子商务的应用和电子商务模式下物流配送中心的相关知识等内容，接下来需要完成“任务引入”中提出的任务。

一、汽车配件电子商务的应用

作为新一代的信息存储与交换媒体，互联网为汽车配件行业的发展创造了新的契机，汽车配件电商领域的企业如雨后春笋般崛起，如御途网等。充分发挥电子商务平台在汽车配件销售中的作用，能够有效地解决汽车配件企业销售量下滑等难题。

御途网成立于 2014 年，定位为汽车用品类垂直电子商务零售平台，强调 C2B（消费者驱动供应）的核心商业价值理念，主张个性化用车体验，100% 车型覆盖，并针对女性、儿童、户外、商务等特定人群提供专属的全方位解决方案。通过与汽车消费者在购物和使用过程中的互动，以及网购大数据分析来决定商品供应内容，并为汽车消费者提供导购服务。

同时，在网络社区化建设方面，御途网正在与汽车用户、汽车用品供应商建立多点共面的网络化社区关系，计划将本网站打造成为消费者值得信赖的汽车用品供应平台，车生活的娱乐、资讯平台，汽车用品流行趋势的信息互动展示平台，并建立金融、保险角色互补的供应链生态圈衍生系统。

御途网于2016年提出了场景化，通过构建丰富精准的用车场景，为用户带来不同的购物体验。具体而言，场景化导购引入的是用户在某种场合中所适用的精致商品推荐的概念，用户只需要结合自己的使用场景，进入相关推荐的专题类文章，就能方便地购买到自己真正需要的商品。

宋强所在的企业可以参考御途网等成熟的汽车配件电子商务平台，构建自己的配件销售电商平台，帮助企业走出销售困境。

二、电子商务模式下的配件物流配送中心

物流配送是连接汽车配件生产和消费的关键环节，在汽车配件物流供应链上，配件物流配送中心的建设尤为重要。在电子商务模式下，影响汽车配件配送效率的主要因素是配件物流配送中心的运行模式和配件物流的配送模式。

宋强所在的企业构建起配件销售电子商务平台后，可以充分发挥汽配城的区域人文环境优势，与汽配城的其他企业共享配件库存信息，提高即时供应率，避免在客户有紧急需求时因本店短缺相应配件而错失销售机会。同时，为了满足客户对物流服务的需要，企业可以采用委托代理的形式，将拥有成熟的物流管理经验和技术的第三方物流企业作为自己的配送中心，使企业能够更加专注于自己的核心业务，节约企业的物流成本。此外，企业可以参考其他具有代表性的汽配电商领域企业的运作模式，加快电商平台的布局，更好地开展汽车配件的销售业务。

思考题

1. 简述汽车配件电子商务的交易流程。
2. 发展汽车配件电子商务有哪些优势？